최신
생활법률 100선

法

한병호저

도서출판 중앙법률사무교육원

최신 생활법률 100선을 만들면서

이 책을 저술하고 출판한 **중앙법률사무교육원(부설 중앙법률사무교육학원, 중앙법률원격평생교육원)에서는** 법률사무직원 양성 및 연수와 기업체 재직자 법률교육을 담당하면서 동시에 변호사 및 법무사 사무실, 기업체 법무(채권)팀에 취업을 희망하는 분들에 대하여 법률실무교육과 동시에 무료로 취업을 알선하고 있습니다. **(홈페이지 참조: http://www.linklaw.co.kr)**

중앙법률사무교육원에서 실시하는 모든 강좌는 법률에 대한 상식이나 지식이 부족하더라도 누구나 이해하기 쉽도록 하되 가급적 절차법 중심의 법률실무위주로 진행되고 있으며, 그동안 출판한 도서들도 모두 법률실무위주로 구성하면서 이해하기 쉽도록 제작하였습니다.

교육원에서 강의를 진행하시는 약 40여명의 교수진들은 대부분 변호사 또는 법무사 자격을 갖추었거나 법학 관련 석·박사 학위를 가지고 계시면서 풍부한 법률실무 경험을 가진 분들로 구성되었습니다.

온라인 및 오프라인 강좌를 진행하고 있으며, 법률사무직원 취업교육과정 등 다양한 법률관련 강의를 국비지원(근로자/취업희망자 국민내일배움카드, 사업주 국비지원 등)으로 운영되어 수강료에 대한 부담도 적습니다.

집체교육을 시작으로 원격평생교육원을 설립하여 온라인에서 컴퓨터와 모바일로 학습이 가능합니다.

본 도서는 총 25개의 주제로 구성하였으며, 각 주제별 4개의 소주제를 중심으로 핵심(100개)을 정리하여 한눈에 볼 수 있도록 구성하였습니다.

모쪼록 본서가 **나홀로 소송을 하실 분이나 직장생활과 실생활에 도움이 되시기를 기원하며, 추가로 필요한 내용은 위 중앙법률사무교육원 홈페이지를 방문하시어 확인하시기 바랍니다. 감사합니다.**

2021. 01.

중앙법률사무교육원장

한 병 호 拜上

목 차

1장 계약

2장 근로기준

3장 근로자 해고와 구제

4장 대출과 이자

5장 부동산

6장 상가분쟁

7장 상속

8장 손해배상

9장 세금

10장 소비자분쟁

11장 소송

12장 반려동물

13장 이혼과 재산분할

14장 임금

15장 자동차

16장 자영업과 법인

17장 주택

18장 증여와 유언

19장 지적재산권

20장 청소년과 아동

21장 출생과 가족관계

22장 치매와 후견인

23장 허위광고

24장 형사고소

25장 회생파산

1장 계약

LAW

1. 계약과 계약해

계약의 의의

양 당사자의 의사표시가 서로 합치되어
법률효과를 발생하도록 하는 법률행위를 계약이라고 한다.

이는 일방의 의사표시에 의하여
법률행위의 효과를 발생시키는 단독행위와 구별된다.

계약의 의의

계약에 관한 사항은 당사자의 자의(自意)에 의하여 자유롭게(계약자유의 원칙) 정할 수 있다는 것으로서, 계약의 상대방, 내용, 범위, 방식 등 합법적인 테두리 내의 모든 계약사항을 당사자가 자유롭게 정할 수 있는 것이 원칙이다.

다만, 강행법규에 위반하는 계약은 무효이며, 법률행위의 외형은 합법적이지만 내용이 불법적인 경우 그 계약은 무효가 된다.

청양과 승낙

계약은 당사자의 청약에 대한 상대방의 승낙으로 성립

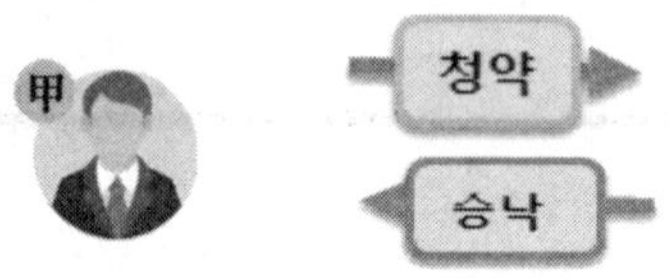

청약은 청약자가 일정한 내용의 계약을 체결하고자 상대방에게 제의하는 것이다.
청약은 반드시 명시적일 필요는 없으며, 불특정 다수에 대한 청약도 유효하다.

승낙은 청약에 대한 상대방의 동의의 의사표시이다.
청약과 달리 승낙은 불특정 다수에 대하여는 할 수 없고,
특정의 청약자에 대하여 하여야 한다.

해지, 해제권

계약 또는 법률의 규정에 의하여
당사자의 일방이나 쌍방이 해지 또는 해제의 권리가 있는 때에는 그 해지 또는 해제는 상대방에 대한 의사표시로 한다.(민법 제543조)

이행지체와 해제

당사자 일방이 그 채무를 이행하지 아니하는 때에는
상대방은 상당한 기간을 정하여 그 이행을 최고하고
그 기간내에 이행하지 아니한 때에는 계약을 해제할 수 있다.

이행불능과 해제

채무자의 책임 있는 사유로 이행이 불능하게 된 때에는
채권자는 계약을 해제할 수 있다.

계약금

실무상 매매계약을 체결함에 있어 대금전체의 10%정도를 매수인이 매도인에게 '계약금'으로 교부하는 것이 거래의 관행이다.

계약금은 매매대금의 일부에 충당되어 매수인은 추후 나머지 잔금만을 이행하면 되며, 이는 계약이 체결되었음을 증명하는 성질(증거금)도 갖고 있다.

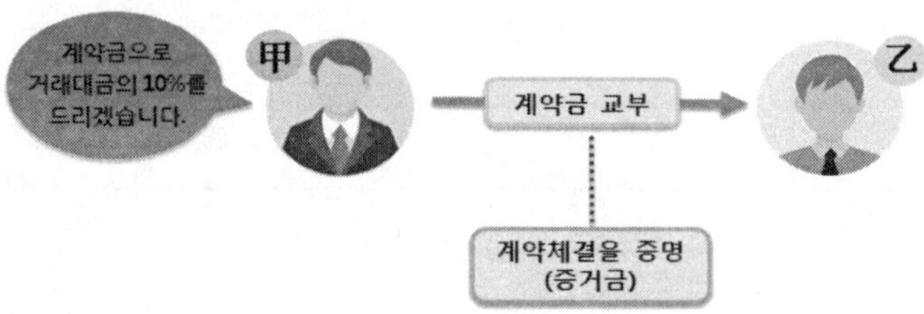

판례

● **관련판례(1) / 대법원 2017. 10. 26. 선고 2017다242867 판결 계약의 성립을 위한 당사자 사이의 의사 합치의 정도**

▶ 계약이 성립하기 위해서는 당사자 사이에 의사의 합치가 있을 것이 요구되고 이러한 의사의 합치는 당해 계약의 내용을 이루는 모든 사항에 관하여 있어야 하는 것은 아니지만

▶ 본질적 사항이나 중요 사항에 관하여는 구체적으로 의사의 합치가 있거나 적어도 장래 구체적으로 특정할 수 있는 기준과 방법 등에 관한 합의는 있어야 하고,

▶ 그러한 정도의 의사의 합치나 합의가 이루어지지 아니한 경우에는 특별한 사정이 없는 한 계약은 성립하지 아니한 것으로 보는 것이 타당하다.

판례

● **관련판례(2) / 대법원 2018. 12. 27. 선고 2016다274270, 274287 판결**

계약의 합의해지의 의의 및 요건?

▶ 계약의 합의해지는 계속적 채권채무관계에서 당사자가 이미 체결한 계약의 효력을 장래에 향하여 소멸시킬 것을 내용으로 하는 새로운 계약으로서,
▶ 이를 인정하기 위해서는 계약이 성립하는 경우와 마찬가지로 기존 계약의 효력을 장래에 향하여 소멸시키기로 하는 내용의 청약과 승낙이라는 서로 대립하는 의사표시가 합치될 것을 요건으로 한다

판례

● **관련판례(3) / 대법원 2018. 12. 27. 선고 2016다274270, 274287 판결**

계약의 합의해지가 묵시적으로 이루어질 수 있는지 여부(적극) 및 이를 인정하기 위한 요건?

▶ 계약계약의 합의해지는 묵시적으로 이루어질 수도 있으나, 계약에 따른 채무의 이행이 시작된 다음에 당사자 쌍방이 계약실현 의사의 결여 또는 포기로 계약을 실현하지 않을 의사가 일치되어야만 한다.

판례

● **관련판례(4) / 대법원 2018. 12. 27. 선고 2016다274270, 274287 판결**

계약 당시 당사자 일방의 책임으로 계약이 해지되면 계약이행보증금이 상대방에게 귀속된다고 정한 경우, 계약이행보증금은 손해배상액의 예정으로 추정되는지 여부(적극) ?

▶ 계약 당시 일방의 책임으로 계약이 해지되면 계약이행보증금이 상대방에게 귀속된다고 정한 경우 계약이행보증금은 위약금으로서 민법 제398조 제4항에 따라 손해배상액의 예정으로 추정된다.

▶ 손해배상액을 예정한 경우 다른 특약이 없는 한 채무불이행으로 발생할 수 있는 모든 손해가 예정액에 포함된다.

이상

2. 매매계약

매매의 의의

매매는 당사자 일방이 재산권을
상대방에게 이전할 것을 약정하고,
상대방이 그 대금을 지급할 것을 약정함으로써 그 효력이
생긴다.

매매의 효력

① 매도인은 매수인에 대하여 매매의 목적이 된 권리를 이전하여야 하며 매수인은 매도인에게 그 대금을 지급하여야 한다.
② 전항의 쌍방의무는 특별한 약정이나 관습이 없으면 동시에 이행하여야 한다(민법 제 568조).

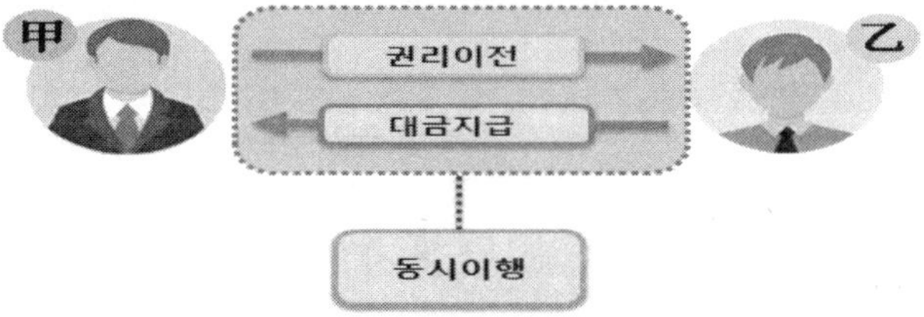

매매계약의 비용부담

매매계약을 체결하는데 소요되는 비용은 당사자 쌍방이 균분하여 부담한다.
다만, 이는 임의규정이므로 당사자 사이에 다른 약정이 있으면 그 약정에 따른다.

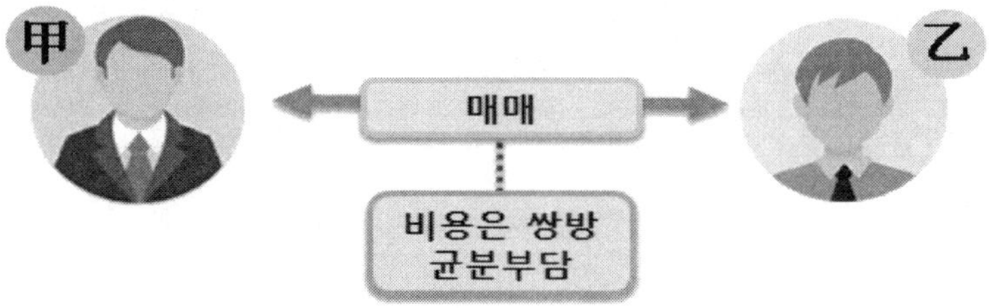

부동산매매계약에 있어서 소유권이전등기에 따른 등기비용은 계약비용에 해당하지 않는다.
이는 거래의 관행으로 매수인이 부담하는 것으로 실무상 정착되어 있다.

물건의 하자로 인한 매도인의 담보책임

매매의 목적물에 **하자가 있는 경우에 매도인의 담보책임이** 있다. 다만, 선의나 무과실의(귀책사유 없는) 매수인에 한하여 위 권리를 행사할 수 있다.

특정된 목적물에 하자가 있는 때에는 계약의 해제 또는 손해배상청구를 갈음하여 **하자 없는 물건**을 청구할 수 있다.

판례

- **관련판례/ 대법원 2009. 1. 30. 선고 2008도9985 판결**

갑이 을에게 이중매도한 택지분양권을 순차 매수한 병·정에게 이중매도 사실을 숨긴 채 자신의 명의로 형식적인 매매계약서를 작성해 준 사안에서, 갑이 직접 매매대금을 수령하지 않았더라도 병·정에 대한 사기죄가 성립하는지 여부적극)

▶ 갑이 을에게 이중매도한 택지분양권을 순차 매수한 병·정에게 이중매도 사실을 숨긴 채 자신의 명의로 형식적인 매매계약서를 작성해 준 사안에서, 갑이 직접 매매대금을 수령하지 않았더라도 병·정에 대한 사기죄가 성립한다고 판단한 사례 -이상-

3. 할부계약

할부매매

할부매매는 매도인의 대금채권을 담보하기 위하여 매수인에게 인도된 목적물의 소유권은 대금이 모두 지급될 때까지 매도인에게 유보되어 있는 것으로 약정하는 것이 실무이며, 이를 '소유권유보부 매매'라고도 부른다.

할부매매

할부매매에서 목적물의 소유권은 대내외적으로 매도인에게 있으며, 매수인은 장래에 대금을 모두 지급할 것을 조건으로 하는 조건부 권리를 취득할 뿐이다.

매수인이 대금 완납 이전에 타인에게 목적물을 처분할 수는 있으나, 이는 계약인수에 해당되어 매도인의 동의를 필요로 한다.

청약의 철회

가. 소비자는 다음 각 호의 기간(거래당사자가 그 보다 긴 기간을 약정한 경우에는 그 기간) 이내에 할부계약에 관한 **청약을 철회**할 수 있다(할부거래법 제8조).

1) 할부 계약서를 받은 날부터 7일

다만, 그 계약서를 받은 날보다 재화 등의 공급이 늦게 이루어진 경우에는 재화 등을 공급받은 날부터 7일

청약의 철회

2) 다음 어느 하나에 해당하는 경우에는 그 주소를 안 날 또는 알 수 있었던 날 등 청약을 철회할 수 있는 날부터 7일

I) 할부계약서를 받지 아니한 경우

II) 할부거래업자의 주소 등이 적혀 있지 아니한 계약서를 받은 경우

III) 할부거래업자의 주소 변경 등의 사유로 제1호의 기간 이내에 청약을 철회할 수 없는 경우

3) 할부계약서에 청약의 철회에 관한 사항이 적혀 있지 아니한 경우에는 청약을 철회할 수 있음을 안 날 또는 알 수 있었던 날부터 7일

4) 할부거래업자가 청약의 철회를 방해한 경우에는 그 방해 행위가 종료한 날부터 7일

청약의 철회

나. 소비자는 다음 각 호의 어느 하나에 해당하는 경우에는 제1항에 따른 청약의 철회를 할 수 없다.
다만, 할부거래업자가 청약의 철회를 승낙하거나
제6항에 따른 조치를 하지 아니한 경우에는 제2호부터 제4호까지에 해당하는 경우에도 청약을 철회할 수 있다.

1) 소비자에게 책임있는 사유로 재화등이 멸실되거나 훼손된 경우.
   다만, 재화등의 내용을 확인하기 위하여 포장 등을 훼손한 경우는 제외한다.
2) 사용 또는 소비에 의하여 그 가치가 현저히 낮아질 우려가 있는 것으로서 대통령령으로 정하는 재화 등을 사용 또는 소비한 경우
3) 시간이 지남으로써 다시 판매하기 어려울 정도로 재화등의 가치가 현저히 낮아진 경우
4) 복제할 수 있는 재화등의 포장을 훼손한 경우
5) 그 밖에 거래의 안전을 위하여 대통령령으로 정하는 경우

청약의 철회

다. 소비자가 제1항에 따라 청약을 철회할 경우
제1항에 따른 기간 이내에 할부거래업자에게
청약을 철회하는 의사표시가 적힌 서면을 발송하여야 한다.

라. 제1항에 따른 청약의 철회는
제3항에 따라 서면을 발송한 날에 그 효력이 발생한다.

청약의 철회 효과

가. 소비자는 청약을 철회한 경우 이미 공급받은 재화 등을 반환하여야 한다.
나. 소비자가 제8조에 따라 청약을 철회한 경우
할부거래업자(소비자로부터 재화등의 계약금 또는 할부금을 지급받은 자 또는 소비자와 할부계약을 체결한 자를 포함한다.)는 다음 각 호의 어느 하나에 해당하는 영업일 이내에
이미 지급받은 계약금 및 할부금을 환급하여야 한다.

청약의 철회 효과

이 경우 할부거래업자가 소비자에게
재화등의 계약금 및 할부금의 환급을 지연한 때에는
그 지연기간에 따라 「이자제한법」에서 정한 이자의 최고한도의 범위에서 대통령령으로 정하는 이율을 곱하여 산정한 지연이자(지연배상금)를 함께 환급하여야 한다(할부거래법 제10조).
1) 재화를 공급한 경우에는 제1항에 따라 재화를 반환받은 날부터 3영업일
2) 용역을 제공한 경우에는 제8조제3항에 따른
   청약을 철회하는 서면을 수령한 날부터 3영업일

할부거래업자의 할부계약 해제

가. 할부거래업자는 소비자가 할부금 지급의무를 이행하지 아니하면 할부계약을 해제할 수 있다.
　이 경우 할부거래업자는 그 계약을 해제하기 전에 14일 이상의 기간을 정하여 소비자에게 이행할 것을 서면으로 최고하여야 한다(할부거래법 제11조).
나. 할부거래업자 또는 소비자는 제1항에 따라 할부계약이 해제된 경우에는 상대방에게 원상회복하여 줄 의무를 진다.
　이 경우 상대방이 원상회복할 때까지 자기의 의무이행을 거절할 수 있다.

판례

● **관련판례/ 대법원 2006. 7. 28. 선고 2004다54633 판결**

[1] 할부거래에 관한 법률 제12조 제2항에서 매수인의 신용제공자에 대한 할부금의 지급거절권을 인정한 취지 및 간접할부계약에서 신용제공자가 물품매매계약상 해제의 원인이 된 약정 내용을 알지 못한 경우에도 매수인은 위 조항에 따라 신용제공자에게 할부금의 지급을 거절할 수 있는지 여부(적극)

판례

● **관련판례/ 대법원 2006. 7. 28. 선고 2004다54633 판결**

[2] 할부거래에 관한 법률 제4조 제1항에서 할부계약의 주요내용을 서면으로 하도록 한 취지

▶ 할부거래에 있어서는 대금의 지급이 장기간에 걸쳐 계속되기 때문에 계약 내용이 복잡하고 소비자의 충동구매가 이루어지는 경우가 많은 현실을 감안하여,

▶ 매수인으로 하여금 할부계약의 내용을 이해할 수 있도록 함과 동시에 계약체결을 신중하게 하도록 함으로써 부당하게 불리한 특약으로부터 매수인을 보호하고, 분쟁을 사전에 예방하고자 한 데 있다. -이상-

4. 양도계약

채권의 양도성

채권양도는 채권자(양도인)와 채권양수인간의 계약으로 채권자의 채권을 양수인에게 이전하는 것을 말한다.

그러나 채권의 성질이 양도를 허용하지 아니하는 때에는 그러하지 아니하다.

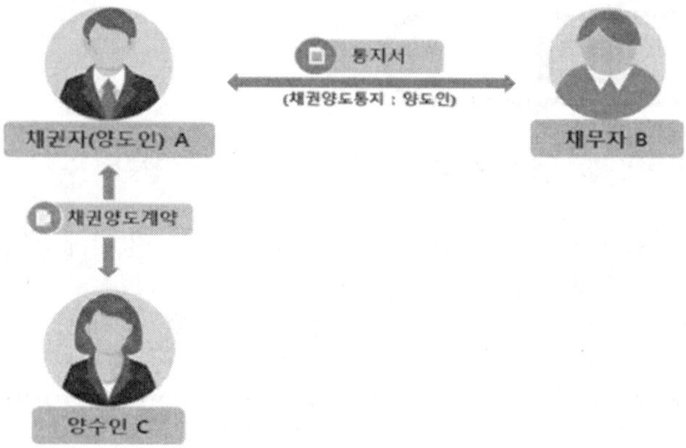

채무자의 대항요건

채권의 양도인이 채무자에 대하여 **통지**를 하거나,
채무자에 의한 **승낙**이 있어야 한다.
통지란 채권양도의 사실을 알리는 행위로서 관념의 통지이다.
통지는 반드시 **양도인**이 주체가 되어 채무자에게 하여야 하며, 양수인이 한 통지는 효력이 없다.

채무자의 대항요건

채권양도인은 채권양도계약으로 인하여 자신의 채권(권리)를 잃는 자이기 때문에 비교적 신뢰도가 높은 채권양도통지의 당사자에 해당하고, 이러한 점 때문에 **양도인**에게 채권양도통지 의무를 부과하고 있다.
채무자에 대한 대항요건을 갖추게 되면
양수인은 변제기 도래 시 채무자에 대하여 채무이행을 청구할 수 있고, 채무자는 이를 거절할 수 없다.
위의 통지 또는 승낙을 **확정일자 있는 증서**에 의하는 경우 채무자 뿐만 아니라 **제3자**에 대하여도 모두 대항할 수 있다.

판례

- **관련판례/ 대법원 1999. 8. 20. 선고 99다18039 판결**

갑과 을이 일부씩 임차보증금을 부담하여 임대인 병과 임대차계약을 체결하면서 계약기간 종료 후 임차보증금 전액을 갑이 반환받는다는 의미에서 임차인을 갑 단독의 명의로 한 경우, 갑과 을이 공동임차인이고, 다만 을은 그의 임차보증금 반환채권을 갑에게 양도하고 병은 이를 승낙한 것으로 볼 것인지 여부? (적극)

▶ 갑과 을이 임대차보증금 중 각 일부를 부담하기로 하되 갑이 을로부터 지급받아야 할 채권이 많았기 때문에 그 임대차기간 종료시 임대차보증금 전액을 갑이 반환받기로 하고,

▶ 이에 따라 갑과 을, 임대인 병 3자 합의에 의하여 임대차계약서를 작성하면서 그 임대차보증금 전액을 갑이 반환받는다는 의미에서 임차인 명의를 갑 단독으로 한 경우,

▶ 그 임대차계약서상의 임차인 명의에 불구하고 갑과 을이 공동임차인으로서 병과 임대차계약을 체결한 것이고,

▶ 다만 을이 병에게 지급한 임대차보증금의 반환채권을 갑의 을에 대한 채권의 지급을 담보할 목적으로 갑에게 양도하고 병이 이를 승낙한 것으로 봄이 상당하다고 한 사례.

2장 근로기준 LAW

1. 근로계약

근로자와 사용자

근로자란 직업의 종류와 관계없이 임금을 목적으로 사업이나 사업장에 근로를 제공하는 자를 말한다.

> 수급인이나 프리랜서 등과 같은 자영업자들은 근로자가 아니므로 이들이 받는 **대가**를 **임금**이라고는 부르지 않음

사용자란 사업주 또는 사업 경영 담당자, 그 밖에 근로자에 관한 사항에 대하여 회사를 위하여 행위하는 자를 말한다.

근로계약서의 작성

① 사용자는 근로계약을 체결할 때에 근로자에게 다음 각 호의 사항을 명시하여야 한다.
근로계약 체결 후 다음 각 호의 사항을 변경하는 경우에도 또한 같다(근로기준법 제17조).

> 1. 임금
> 2. 소정근로시간
> 3. 휴일
> 4. 연차 유급휴가
> 5. 그 밖에 대통령령으로 정하는 근로조건

근로계약서의 작성

② 사용자는 위와 관련한 임금의 구성항목・계산방법・지급방법 및 이러한 내용이 명시된 서면을 근로자에게 교부하여야 한다.
다만, 본문에 따른 사항이 단체협약 또는 취업규칙의 변경 등 대통령령으로 정하는 사유로 인하여 변경되는 경우에는
근로자의 요구가 있으면 그 근로자에게 교부하여야 한다.

취업규칙의 작성과 신고

상시 10명 이상의 근로자를 사용하는 사용자는 다음 각 호의 사항에 관한 취업규칙을 작성하여 고용노동부장관에게 신고하여야 한다.
이를 변경하는 경우에도 또한 같다(근로기준법 제 93조).

1) 업무의 시작과 종료 시각, 휴게시간, 휴일, 휴가 및 교대 근로에 관한 사항
2) 임금의 결정・계산・지급 방법, 임금의 산정기간・지급 시기 및 승급(昇給)에 관한 사항
3) 가족수당의 계산・지급 방법에 관한 사항
4) 퇴직에 관한 사항
5) 퇴직급여, 상여 및 최저임금에 관한 사항

취업규칙의 작성과 신고

상시 10명 이상의 근로자를 사용하는 사용자는 다음 각 호의 사항에 관한 취업규칙을 작성하여 고용노동부장관에게 신고하여야 한다.
이를 변경하는 경우에도 또한 같다(근로기준법 제 93조).

6) 근로자의 식비, 작업 용품 등의 부담에 관한 사항
7) 근로자를 위한 교육시설에 관한 사항
8) 출산전후휴가·육아휴직 등 근로자의 모성 보호 및 일·가정 양립 지원에 관한 사항
9) 안전과 보건에 관한 사항
10) 업무상과 업무 외의 재해부조(災害扶助)에 관한 사항
11) 표창과 제재에 관한 사항
12) 그 밖에 해당 사업 또는 사업장의 근로자 전체에 적용될 사항

판례

- **관련판례(1)/ 대법원 2007. 9. 7. 선고 2006도777 판결**

▶ 근로기준법상의 근로자에 해당하는지 여부는 계약의 형식이 고용계약인지 도급계약인지보다 그 실질에 있어 근로자가 사업 또는 사업장에 임금을 목적으로 종속적인 관계에서 사용자에게 근로를 제공하였는지 여부에 따라 판단하여야 한다.

판례

앞에서 말하는 종속적인 관계가 있는지 여부는

1) 업무 내용을 사용자가 정하고 취업규칙 또는 복무(인사) 규정 등의 적용을 받으며 업무 수행 과정에서 사용자가 상당한 지휘·감독을 하는지, 사용자가 근무시간과 근무장소를 지정하고 근로자가 이에 구속을 받는지,
2) 노무제공자가 스스로 비품·원자재나 작업도구 등을 소유하거나 제3자를 고용하여 업무를 대행하게 하는 등 독립하여 자신의 계산으로 사업을 영위할 수 있는지,
3) 노무제공을 통한 이윤의 창출과 손실의 초래 등 위험을 스스로 안고 있는지 여부

판례

(계속)

앞에서 말하는 종속적인 관계가 있는지 여부는

4) 보수의 성격이 근로 자체의 대상적 성격인지,
5) 기본급이나 고정급이 정하여졌는지 및 근로소득세의 원천징수 여부 등 보수에 관한 사항,
6) 근로 제공 관계의 계속성과 사용자에 대한 전속성의 유무와 그 정도,
7) 사회보장제도에 관한 법령에서 근로자로서 지위를 인정받는지 등의 경제적·사회적 여러 조건을 종합하여 판단하여야 한다.

판례

● **관련판례(2)/ 대법원 1996. 4. 26. 선고 95다2562, 2579 판결**

근로자가 자유로운 의사에 따라 중간퇴직을 하고 퇴직금을 수령한 후 재입사한 경우, 근로계약의 단절 여부적극)

- 노사합의에 의하여 회사의 퇴직금지급률 제도가 누진제에서 단순제로 변경됨으로써 누진율의 상승에 의한 퇴직금의 상승을 기대할 수 없게 되자 근로자들이 자유로운 의사에 기한 선택에 따라 중간퇴직을 하고 퇴직금을 수령한 경우,
- 그 근로자들과 회사 사이의 근로계약 관계는 그 중간퇴직에 의하여 일단 종료되었다고 봄이 상당하고, 그 근로자들의 퇴직의 의사표시를 통정 허위표시 또는 비진의표시로서 무효라고 볼 수는 없다. -이상-

2. 4 대보험

4대 보험의 종류

산업재해보상보험

근로자의 업무상의 재해를 보상하기 위해 강제가입방식으로 운영되는 사회보험

고용보험

감원 등으로 직장을 잃은 실업자에게 실업보험금을 주고, 직업훈련 등을 위한 장려금을 기업에 지원하는 제도

건강보험

국민에게 보험사고가 생겼을 때 의료서비스를 제공받을 수 있도록 하기 위해 법의 의해 강제성을 띠고 있는 사회보험의 일종

국민연금

피보험자의 종신 또는 일정한 기간 동안 해마다 일정 금액을 지불할 것을 약속하는 제도

4대 보험 비교

구분	종류	가입 대상	부담자 및 비율
1	산재보험	시간적 제한 없음 근로형태 제한 없음 전 사업장 의무가입	사업주 100% 부담
2	고용보험	1주 15시간 1개월 60시간 이상 근로할 경우 의무가입	4.5:5.5(근로자:사업주)
3	건강보험	월 8일 이상 근로할 경우 의무가입	5:5(근로자:사업주)
4	국민연금	월 8일 이상 근로할 경우 의무가입	5:5(근로자:사업주)

산재보험 가입대상 특수형태근로 종사자 범위

모든 특수형태근로종사자가 산재보험에 가입할 수 있는 것은 아니다.

산재법 시행령에 열거된 다음의 특수형태근로종사자에 한하여 가입할 수 있다.
(산업재해보상보험법 시행령 제125조)

- 보험 모집인
- 콘크리트믹서트럭 운전기사
- 학습지 교사
- 골프장 캐디
- 택배기사 -이상-

3. 임금의 계산

임금

임금이란 사용자가 근로의 대가로 근로자에게
임금, 봉급, 그 밖에 어떠한 명칭으로든지 지급하는 일체의 금품을 말한다.

평균임금이란 이를 산정하여야 할 사유가 발생한 날 이전 3개월 동안에 그 근로자에게 지급된 임금의 총액을 그 기간의 총일수로 나눈 금액을 말한다.
(근로자가 취업한 후 3개월 미만인 경우도 이에 준함)

미지급 임금에 대한 지연이자

가. 사용자는 근로자가 사망 또는 퇴직한 경우에는
그 지급 사유가 발생한 때부터 14일 이내에
임금, 보상금, 그 밖에 일체의 금품을 지급하여야 한다.

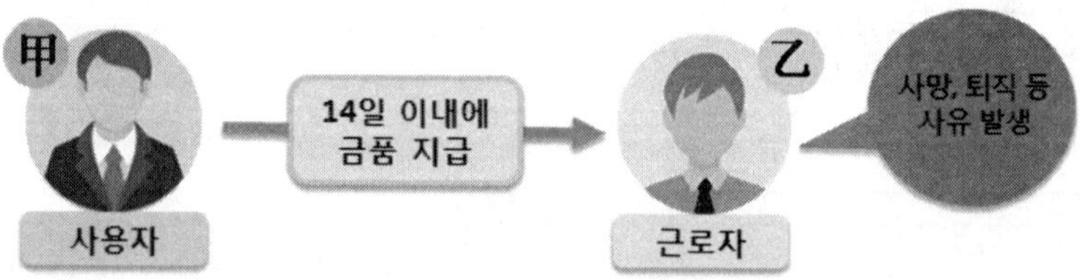

미지급 임금에 대한 지연이자

나. 사용자는 지급하여야 하는 임금 및 「근로자퇴직급여 보장법」 제2조제5호에 따른 급여(일시금만 해당된다)의 전부 또는 일부를 그 지급 사유가 발생한 날부터 14일 이내에 지급하지 아니한 경우 그 다음 날부터 지급하는 날까지의 지연 일수에 대하여 연 100분의 40 이내의 범위에서 「은행법」에 따른 은행이 적용하는 연체금리 등 경제 여건을 고려하여 대통령령으로 정하는 이율에 따른 지연이자를 지급하여야 한다.

시행령 제17조(미지급 임금에 대한 지연이자의 이율) 법 제37조제1항에서 "대통령령으로 정하는 이율"이란 연 100분의 20을 말한다.

임금의 가산

가. 임금을 구성하는 구성 항목으로 기본급, 수당, 상여금, 기타 근로의 대가 네 가지로 나눌 수 있다.

나. 통상적으로 임금 지급 시 근로소득세, 건강보험 등 법적 공과금 등을 공제하고 지급한다.

다. 5인 이상의 사업장에는 연장·야간·휴일 수당 등에 반드시 50프로의 가산임금이 포함되도록 임금의 계산방법을 근로계약서에 표시

판례

● **관련판례/ 대법원 1991. 7. 26. 선고 90다카11636 판결**

[2] 연, 월차휴가근로수당에 대하여도 근로기준법 제46조 소정의 가산임금지급 의무가 있는지 여부?(소극)

근로기준법 제46조가 정하는 할증임금지급제도와 동법 제47조, 제48조 소정의
연, 월차휴가제도는 그 취지가 상이한 제도이고, 각 법조문도 휴일과 휴가를 구별하여 규정하고 있는 점에 비추어,

연, 월차휴가근로수당에 대하여는 동법 제46조 소정의 가산임금(수당)이 포함될 수 없다.

임금의 시효

임금채권은 3년간 행사하지 아니하면 시효로 소멸
(근로기준법 제49조)

판례

● **관련판례/ 대법원 1991. 7. 26. 선고 90다카11636 판결**

[1] 연, 월차유급휴가를 이용하지 아니하고 연, 월차휴가청구권을 행사하지도 아니한 채 계속 근로한 근로자가 퇴직한 경우 사용자의 연, 월차휴가근로수당 지급의무 유무?(적극)

근로자가 연, 월차 유급휴가를 이용하지 아니하고 계속 근로한 경우
사용자에게 그 휴가일수에 해당하는 임금(연, 월차휴가근로수당)을 더 청구할 수 있고, 이러한 임금지급청구권은 근로자가 퇴직하기 전에 연, 월차휴가청구권을 행사하지 않았다 하여도 발생하며, 이러한 연, 월차휴가 근로수당 지급의무는 사용자의 보수규정의 무효 여부와 관계없이 발생한다.

판례

● **관련판례/ 대법원 1991. 7. 26. 선고 90다카11636 판결**

[3] 교대제근무에도 근로기준법 제45조 소정의 유급주휴일제도가 적용되는지 여부?(적극)

"사용자는 근로자에 대하여 1주일에 평균 1회 이상의 유급휴일을 주어야한다"는 근로기준법 제45조는 매일 연속적으로 근로를 제공하는 경우에 한하지 않고,
2일 근무 1일 휴무(비번)를 되풀이하는 이른바 교대제근무에도 적용된다. -이상-

4. 휴가 및 휴일

휴가와 휴일의 의미

휴가는 원래 근로의무가 있는 날,
즉, 근로를 제공하기로 정한 소정근로일임
따라서, 휴가는 당연히 쉬는 날이 아니라
사용자의 지시 or 근로자의 청구로 근로의무를 면제받아야 함

휴가와 휴일의 의미

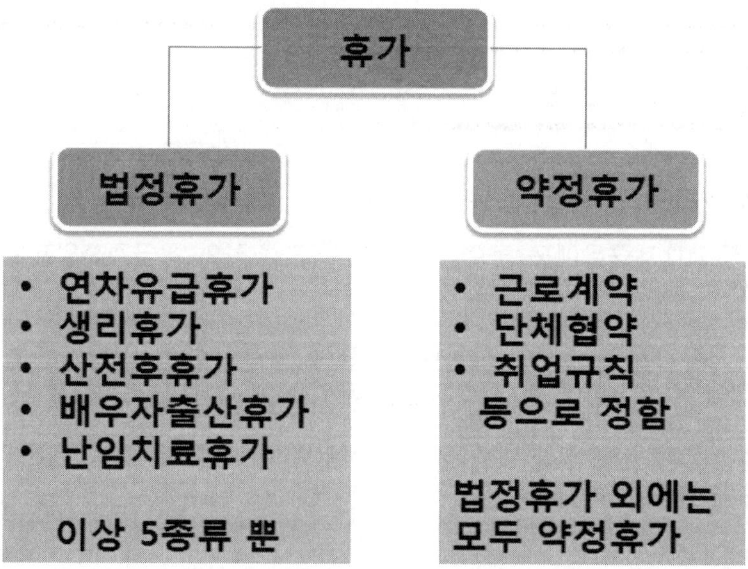

휴가와 휴일의 의미

휴일은

- 애초에 근로자의 '근로제공 의무가 없는 날'
- 근로자가 근로할 것으로 정한 '소정근로일(근로일)'이 아닌 '비소정근로일(비근로일)'을 의미

휴일의 종류

1) 대표적인 유급휴일

: 근로자가 매주 1주일에 1회씩 쉬는 주휴일

근로자가 근로하지 않아도 근로한 것과 동일하며,
1일 소정근로시간에 대한 임금(주휴수당)을 지급받음

2) 주휴일은 소정근로일이 아니므로 근로자는 근로할 의무가 없음

3) 법정 휴일의 특징

•필요하다면 근로계약서에 회사의 사정에 따라
특정 평일을 휴일로 대체할 수 있다'는 '휴일의 대체'를 명시할 필요도 있음

•법정휴일은 유급휴일임

휴일의 종류

공휴일(15일) + 기타	• 국경일 중 3·1절, 광복절, 개천절, 한글날 (제헌절 제외) • 신정, 설·추석 연휴 3일, 석가탄신일, 크리스마스, 어린이날, 현충일 • 공직선거법상 선거일, 기타 수시 지정일(임시공휴일)
대체공휴일	• 설·추석 연휴 및 어린이날이 휴일(일요일) 또는 다른 공휴일과 겹치면 다음 비공휴일을 공휴일로 정함 (어린이날은 토요일이 겹치는 경우도 포함)

근로자의 날은 근로기준법이 직접 규정한 휴일은 아니지만, '근로기준법'에 의한 유급휴일이다.

연차 유급휴가

1) 연차유급휴가의 발생 요건
- 5인 이상 사업장에서 근무할 것
- 소정근로시간 1주 15시간 이상인 근로자
- 1년 이상 근무하는 경우

[단, 근무기간이 1년 미만인 근로자에게는 1개월 개근 시마다 익월에 1일의 휴가를 부여하고 있음]

연차 유급휴가

2) '연차휴가'는 '법령 및 회사 규정에 따라 부여한다.'는 식으로 포괄적으로 명시하여도 무방함

•단, 이렇게 명시하는 경우에는 반드시 회사의 규정이 실제로 존재하여야 함

휴일에 근로하는 경우

1) 8시간까지는 오로지 휴일근로 가산수당 50%만 적용됨
휴일근로수당은 150%

2) 8시간을 넘는 경우에 한하여 휴일 가산수당 외에
연장 가산수당이 추가된 100%의 휴일 가산수당이 적용
따라서, 휴일근로수당은 200% -이상-

3장 근로자 해고와 구제

LAW

1.해고와 정리해고

해고

해고란 사업장에서 실제로 불리는 명칭이나 절차에 관계 없이
근로자의 의사와는 무관하게
사용자가 일방적으로 근로관계를 종료시키는 것
(대법원 1993. 10. 26. 선고 92다54210 판결 참조)

해고 기준

근로계약의 종료방식이 실질적으로 해고에 해당하는 경우에는 그 명칭에 상관 없이 「근로기준법」의 해고에 관한 규정이 적용
(중앙노동위원회 발행, 신노동판례요약집, 277면 참조)

해고 기준

1) 당연퇴직

취업규칙이나 단체협약에 어떤 사유의 발생을 당연퇴직사유로 규정하고
그 절차를 통상해고나 징계해고와 달리한 경우,
그 당연퇴직사유가 근로관계의 자동소멸사유(예:사망, 정년, 근로계약기간의 만료 등)로 보이는 경우를 제외하고는,
당연퇴직도 규제「근로기준법」 제23조제1항에서 정한 해고에 해당
(대법원 1999. 9. 3. 선고 98두18848 판결, 2007. 10. 25. 선고 2007두2067 판결)

취업규칙에 규정된 당연퇴직제도가 성질상 해고에 해당되는 경우
사용자의 근로관계 종료의 의사표시가 있어야만 근로관계가 종료될 수 있음
(대법원 1997. 2. 14. 선고 96다43904 판결, 2009. 2. 12. 선고 2007다62840 판결)

해고 기준

2) 의원면직

근로자가 자의에 따라 사표를 낸 다음 사용자가 이를 수리하여 퇴직하는 것
의원면직의 형식을 취하였으나 사직의 의사 없는 근로자로 하여금
어쩔 수 없이 사직서를 제출하게 한 경우 해고에 해당
(대법원 2002. 6. 14. 선고 2001두11076 판결)

해고 기준

3) 권고사직
사용자가 근로자에게 "사표를 제출하지 않으면 해고하겠다."라고 하여
어쩔 수 없이 사표를 제출하고 그것이 수리되는 경우에는
권고사직이나 의원면직의 형식에 의하여 퇴직하였다고 하더라도
결국 사용자가 사표를 강요한 결과에 지나지 않으므로
이러한 의원면직은 실질상 해고로 보아야 함
(대법원 2002. 6. 14. 선고 2001두11076 판결, 2005. 11. 25. 선고 2005다38270 판결)

해고 기준

4) 일괄사직
대표이사의 지시에 의한 일괄사직서 제출에 따른 의원면직은
해고에 해당(대법원 1994. 4. 29. 선고 93누16185 판결)
사용자의 사직서 일괄제출 지시에 의하여
사직할 의사가 없으면서도 부득이 사직서를 제출하여
선별수리되어 면직되었다면 해고에 해당
(대법원 1991. 7. 12. 선고 90다11554 판결)

해고 기준

5) 기간만료
기간을 정하여 채용된 근로자는 해당 기간이 종료되면 퇴직 가능
다만, 기간이 정해진 근로자가 장기간에 걸쳐 그 기간의 갱신이 반복되어,
그 정한 기간이 단지 형식에 불과하게 된 경우에는
사실상 기간의 정함이 없는 근로계약이 되므로
사용자가 정당한 이유 없이 계약의 갱신을 거절하는 것은
해고와 마찬가지로 무효
(대법원 1994. 1. 11. 선고 93다17843 판결, 2011. 4. 14. 선고 2007두1729 판결, 2014. 2. 13. 선고 2013다51674 판결 등)

통상해고의 일신상 사유

통상해고의 일신상의 사유란 고용주가 '근로자의 근로계약 상의 근로제공 의무를 이행하지 못함'을 이유로 근로자를 해고하는 것.

1) 근로자의 부상·질병 등 그 밖의 건강상태로 근로제공의 어려움을 이유로한 해고
2) 형사소추(구속), 유죄판결(징역·금고형) 등으로 노무제공 의무의 이행불능에 따른 해고
3) 업무능력 결여, 근무성적 부진 등을 이유로한 해고
4) 직원 수를 줄이기 위한 것이 아닌 업무 능률화를 목적으로 직제규정 개정 등에 따른 직책 폐지 등으로 전보, 전적 등을 권유하였으나 이를 거절하는 경우의 해고
5) 파산선고를 받은 기업이 사업의 폐지를 위해 청산과정에서의 근로자 해고

징계해고의 의의

'징계해고'란 고용주가 근로자의 비위행위 등
기업 질서위반 행위에 대한 제재조치 중의 하나로서
근로자를 해고하는 것

1) 업무명령 위반에 따른 해고
2) 근무태도 불량에 따른 해고
3) 기업업무에 중대한 지장을 초래한 이유에 따른 해고
4) 회사의 명예나 신용 훼손에 따른 해고

경영상 이유에 의한 해고(정리해고)의 의의

'경영상 이유에 의한 해고(정리해고)'란
사용자가 경제적, 산업구조적, 기술적 변동 등에 따른 계획 등 긴박한 경영상의 필요에 따라 기업의 유지와 존속을 전제로 근로자를 해고하는 것

1) 긴박한 경영상의 필요
2) 기업의 도산, 영업실적의 악화
3) 생산성 향상 및 신기술 도입
4) 기술혁신에 따라 생기는 산업의 구조적 변화
- 경영 악화를 방지하기 위한 사업의 양도·인수·합병은 긴박한 경영상의 필요가 있는 것으로 본다(「근로기준법」 제24조제1항 후단).
5) 해고 회피 노력, 합리적 기준에 따른 해고 대상자 선정
6) 근로자대표에 대한 사전통보, 근로자대표와의 성실한 협의
7) 경영상 이유에 의한 해고 계획의 신고

판례

● **관련판례/ 대법원** 2004. 6. 25. 선고 2002다51555 판결
대법원은 근로자에게 징계사유가 있어 징계처분을 하는 경우 어떠한 처분을 할 것인가는 징계권자의 재량에 맡겨진 것이지만 징계권자가 재량권의 행사로서 한 징계처분이 사회통념상 현저하게 타당성을 잃어

징계권자에게 맡겨진 재량권을 남용한 것이라고 인정되는 경우에는 그 징계처분은 위법하다. -이상-

2. 부당해고

정당한 이유 없는 해고(부당해고)의 금지

사용자는 근로자에게 정당한 이유 없이
해고, 휴직, 정직, 전직, 감봉, 그 밖의 징벌(懲罰)을 하지 못함
(「근로기준법」 제23조제1항)

"정당한 이유"라 함은 사회통념상 근로계약을 계속시킬 수 없을 정도로
근로자에게 책임 있는 사유가 있는 경우을 말함
(대법원 1992. 4. 24 선고 91다17931 판결, 2002. 12. 27. 선고 2002두9063 판결)

해고에 정당한 이유가 있다는 점의
주장·입증책임은 사용자에게 있음
(대법원 1992. 8. 14. 선고 91다29811 판결)

남녀고용평등법」에 따른 해고 사유

1) 성별을 이유로 한 해고 금지
「남녀고용평등과 일·가정 양립 지원에 관한 법률」 제11조제1항

사업주가 동법 제11조를 위반하여
근로자의 정년·퇴직 및 해고에서 남녀를 차별하는 경우에는
5년 이하의 징역 또는 3천만원 이하의 벌금
(「남녀고용평등과 일·가정 양립 지원에 관한 법률」 제37조제1항)

남녀고용평등법」에 따른 해고 사유

2) 성희롱 피해 발생 주장 등을 이유로 한 해고 금지

사업주는 성희롱 발생 사실을 신고한 근로자 및 피해근로자 등에게 파면, 해임, 해고 및 그 밖에 신분상실에 해당하는 불리한 처우를 해서는 안됨
(「남녀고용평등과 일·가정 양립 지원에 관한 법률」 제14조제6항제1호)

사업주가 직장 내 성희롱 발생 사실을
신고한 근로자 및 피해근로자등에게 불리한 처우를 한 경우에는
3년 이하의 징역 또는 3천만원 이하의 벌금
(「남녀고용평등과 일·가정 양립 지원에 관한 법률」 제37조제2항제2호)

남녀고용평등법」에 따른 해고 사유

3) 육아휴직을 이유로 한 해고 금지

사업주는 육아휴직을 이유로 해고나 그 밖의 불리한 처우를 해서는 안됨
(「남녀고용평등과 일·가정 양립 지원에 관한 법률」 제19조제3항).

사업주가 동법 제19조제3항을 위반하여 육아휴직을 이유로
해고나 그 밖의 불리한 처우를 하는 경우에는
3년 이하의 징역 또는 3천만원 이하의 벌금
(「남녀고용평등과 일·가정 양립 지원에 관한 법률」 제37조제2항제3호)

남녀고용평등법」에 따른 해고 사유

4) 육아기 근로시간 단축을 이유로 한 해고 금지

사업주는 육아기 근로시간 단축을 이유로
해당 근로자에게 해고나 그 밖의 불리한 처우를 해서는 안됨
(「남녀고용평등과 일·가정 양립 지원에 관한 법률」 제19조의2 제5항)
사업주가 동법 제19조의2제5항을 위반하여 육아기 근로시간 단축을 이유로
해당 근로자에 대하여 해고나 그 밖의 불리한 처우를 한 경우에는
3년 이하의 징역 또는 3천만원 이하의 벌금
(「남녀고용평등과 일·가정 양립 지원에 관한 법률」 제37조제2항제4호)

남녀고용평등법」에 따른 해고 사유

5) 배우자 출산휴가를 이유로 한 해고 금지

사업주는 배우자 출산휴가를 이유로
근로자를 해고하거나 그 밖의 불리한 처우를 해서는 안됨
(「남녀고용평등과 일·가정 양립 지원에 관한 법률」 제18조의2 제5항)
사업주가 동법 제19조의2제5항을 위반하여 배우자 출산휴가를 이유로
해고나 그 밖의 불리한 처우를 한 경우에는
3년 이하의 징역 또는 3천만원 이하의 벌금
(「남녀고용평등과 일·가정 양립 지원에 관한 법률」 제37조제2항제2호의2)

남녀고용평등법」에 따른 해고 사유

6) 가족돌봄 등을 위한 근로시간 단축을 이유로 한 해고 금지
사업주는 근로시간 단축을 이유로
해당 근로자에게 해고나 그 밖의 불리한 처우를 해서는 안됨
(「남녀고용평등과 일·가정 양립 지원에 관한 법률」 제22조의3 제5항)
사업주가 동법 제19조의2제5항을 위반하여 근로시간 단축을 이유로
해당 근로자에게 해고나 그 밖의 불리한 처우를 한 경우에는 3년 이하의 징역 또는 3천만원 이하의 벌금
(「남녀고용평등과 일·가정 양립 지원에 관한 법률」 제37조제2항제7호)

남녀고용평등법」에 따른 해고 사유

6) 가족돌봄 등을 위한 근로시간 단축을 이유로 한 해고 금지

◈ 시행시기
- 대기업은 2020년부터 시행
- 상시 30명 이상 300명 미만의 근로자를 사용하는 사업장은 2021년 1월 1일부터 시행
- 상시 30명 미만의 근로자를 사용하는 사업장은 2022년 1월 1일부터 시행

판례

● **관련판례/ 대법원 1996. 8. 23. 선고 94누13589 판결**
대법원 2006. 7. 28. 선고 2006두3476 판결

「근로기준법」에서 말하는 남녀의 차별은 합리적인 이유 없이 남성 또는 여성이라는 이유만으로 부당하게 차별대우하는 것을 의미 –이상-

3. 부당해고의 구제

부당해고 구제신청

사용자가 근로자를 정당한 이유 없이 해고를 하면
근로자는 주된 사업장의 소재지 관할 지방노동위원회에 구제신청 가능
(「근로기준법」 제28조제1항 및 「노동위원회법」 제3조제2항)

[별도] 생계안정, 재취업, 직업훈련 등
정부는 해고된 근로자에 대하여 생계안정, 재취업, 직업훈련 등 필요한 조치를 우선적으로 취해야 한다(「근로기준법」 제25조제2항).
- 고용노동부 내일 배움카드 신청과 발급(재직자/ 구직자 모두 가능)

구제신청기간

1) 부당해고 구제신청은
부당해고가 있었던 날부터 3개월 이내에 해야 함
(「근로기준법」 제28조제2항 및 「노동위원회규칙」 제40조 전단)
2) 기산일
가. 해고의 경우에는 근로자가 받은 해고통지서에 기재된 해고일 기준.
나. 징계 재심절차를 거친 경우에는 원처분일

조사와 심문

1) 지방노동위원회는 부당해고 구제신청을 받으면 지체 없이 필요한 조사를 해야 하며 관계 당사자를 심문해야 함
(「근로기준법」 제29조제1항)
2) 부당해고 구제신청 사건의 사실조사 등
가. 자료제출요구
나. 증인·참고인 조사
다. 업무현황, 서류 등의 조사

부당해고 구제신청 처리기간

노동위원회는 구제신청서 접수일부터 60일 이내 심문회의를 개최
노동위원회는 심문회의 후 판정회의를 개최하고
그 결과는 판정회의일부터 30일 이내 판정서 정본을
당사자에게 서면으로 송달
(「노동위원회규칙」 제51조 및 제74조제2항)

구제명령

1) 지방노동위원회는 부당해고가 성립한다고 판단하면
사용자에게 구제명령을 함(「노동위원회규칙」 제60조제2항)
이 경우 이행기한은 「근로기준법」 제30조제2항에 따라
사용자가 구제명령을 서면으로 통지받은 날부터 30일 이내
(규제「근로기준법 시행령」 제11조)
2) 이행강제금의 부과
지방노동위원회는 구제명령을 받은 후 이행기한까지
구제명령을 이행하지 않은 사용자에게 2천만원 이하의 이행강제금을 부과
(「근로기준법」 제33조제1항)

금전보상명령

지방노동위원회는 해고에 대한 구제명령을 할 때에
근로자가 원직복직(原職復職)을 원하지 않으면
원직복직을 명하는 대신
근로자가 해고기간 동안 근로를 제공하였더라면 받을 수 있었던 임금
상당액 이상의 금품을 근로자에게 지급하도록 명할 수 있음
(「근로기준법」 제30조제3항)

벌칙

행정소송을 제기하여 확정된 구제명령 또는
구제명령을 내용으로 하는 재심판정을 이행하지 않은 자는
1년 이하의 징역 또는 1천만원 이하의 벌금
(「근로기준법」 제111조)

판례

- **관련판례/대법원 2003. 4. 25. 선고 2003다7005 판결**

  기업의 해산과 정리해고

기업이 파산선고를 받아 사업의 폐지를 위하여 그 청산 과정에서 근로자를 해고하는 것은 정리해고가 아니라 통상해고이다. -이상-

4. 실업급여와 훈련 수당

실업급여

실업급여란 근로의 의사와 능력이 있음에도 불구하고
취업하지 못한 상태에 있는 피보험자에게 생활에 필요한 급여를 실시하여 피보험자의 생활안정과 구직활동을 촉진하기 위한 제도
(「고용보험법」 제1조 및 제2조제3호).

취업촉진 수당

1) 취업촉진 수당
수급자격자의 재취업을 장려하기 위해 구직급여 외에
조기재취업 수당, 직업능력개발수당, 광역구직활동비, 이주비를 지급하는 것
2) 조기재취업 수당
수급자격자가 안정된 직업에 재취직하거나 스스로 영리를 목적으로 하는 사업을 영위하는 경우에
일정한 요건을 충족하면 지급되는 실업급여(「고용보험법」 제64조제1항)
3) 직업능력개발 수당
수급자격자가 직업안정기관의 장이 지시한 직업훈련 등을 받은 날로서
구직급여의 지급대상이 되는 날에 대해 지급하는 실업급여
(「고용보험법」 제65조제1항 및 「고용보험법 시행령」 제88조제1항)

구직급여의 수급요건

1) 구직급여는 이직한 피보험자가 일정한 요건을
모두 갖춘 경우에 지급받을 수 있음(「고용보험법」 제40조제1항)
2) 수급자격의 제한
가. 중대한 귀책사유로 해고된 피보험자로서 다음의 어느 하나에 해당하는 경우
- 「형법」 또는 직무와 관련된 법률을 위반하여 금고 이상의 형을 선고받은 경우
- 사업에 막대한 지장을 초래하거나 재산상 손해를 끼친 경우
- 정당한 사유 없이 근로계약 또는 취업규칙 등을 위반하여 장기간 무단 결근한 경우
나. 자기 사정으로 전직 또는 자영업을 하기 위해 이직한 경우

구직급여의 수급기간

1) 구직급여의 수급자격과 관련된 이직일의 다음날부터 계산하기 시작하여 12개월 내에 피보험기간과 연령에 따라 최장 240일(8개월) 또는 270일(9개월)까지 지급
(「고용보험법」 제48조제1항, 제50조제1항 및 별표1)

구분		피보험기간				
		1년 미만	1년 이상 3년 미만	3년 이상 5년 미만	5년 이상 10년미만	10년 이상
이직일 현재 연령	50세 미만	120일	150일	180일	210일	240일
	50세 이상 및 장애인	120일	150일	210일	240일	270일

구직급여의 수급기간

2) 구직급여의 산정
구직급여일액은 평균임금·통상임금·기준임금에 따라 기초일액을 산정한 경우
그 산정된 기초일액에 100분의 60을 곱한 금액으로 함
다만, 최저기초일액에 따라 기초일액을 산정한 경우에는
그 산정된 기초일액에 100분의 80을 곱함
(「고용보험법」 제46조제1항)

질병 등의 특례(상병급여)

직업안정기관의 장은 수급자격자가 실업의 신고를 한 이후에
질병·부상 또는 출산으로 취업이 불가능하여
실업의 인정을 받지 못한 날에 대해서
그 수급자격자의 청구에 의해 구직급여일액에 해당하는 금액을
구직급여를 갈음하여 상병급여(傷病給與)를 지급할 수 있음
(「고용보험법」 제63조제1항)

실업자 등에 대한 직업능력개발훈련 지원

국가와 지방자치단체는 실업자 등에 대해
고용촉진 및 고용안정을 위하여 직업능력개발훈련을 실시하거나 직업능력개발훈련을 받는 사람에게 비용을 지급하고 있음
(「근로자직업능력 개발법」 제12조제1항,
「근로자직업능력 개발법 시행령」 제6조 및 「근로자직업능력 개발법 시행규칙」 제2조)

- 내일배움카드(구직자/재직자) / 사업주 지원훈련

판례

● **관련판례/ 대법원 2003. 4. 11. 선고 2002다60528 판결**

사용자가 근로자로부터 사직서를 제출받고 이를 수리하는 의원면직의 형식을 취하여 근로계약관계를 종료시킨 경우

• 사직의 의사 없는 근로자로 하여금 어쩔 수 없이 사직서를 작성·제출하게 하였다면 실질적으로 사용자의 일방적인 의사에 의하여 근로계약관계를 종료시키는 것이어서 해고에 해당한다.

• 사용자가 사직서 제출에 따른 사직의 의사표시를 수락함으로써 사용자와 근로자의 근로계약 관계는 합의해지에 의하여 종료되는 것이므로 사용자의 의원면직처분을 해고라고는 볼 수 없다.

4장 대출과 이자

LAW

1. 대 여 금

대여금

금전거래란 양 당사자가 금전을 빌리고 빌려주는 계약을 말하며,
우리 「민법」에서는 이를 "금전소비대차"라 한다.
금전소비대차는
당사자 일방이 금전의 소유권을 상대방에게 이전할 것을 약정하고
상대방은 같은 금액으로 반환할 것을 약정함으로써 그 효력이 생긴다(「민법」 제598조).
이자 있는 채권의 이율은 다른 법률의 규정이나 당사자의 약정이 없으면 연 5%으로 한다.

채무불이행

채무자가 채무의 내용에 좇은 이행을 하지 않는 것
채무불이행의 유형에는
①이행지체, ②이행불능, ③불완전이행의 3가지 유형이 있고
그 유형에 따라 요건 및 효과를 달리 규정하고 있다.

대여금의 반환시기

(1) 확정기한 ⇒ 기한이 도래한 때
(2) 기한이익 상실 특약 ⇒ 특약의 약정과 그 사실의 도래를 요함
(3) 불확정기한 ⇒ 기한을 정한 사실이 발생한 때(조건 성취 시 등)
(4) 기한의 정함이 없는 경우 ⇒ 최고시

판례

● **관련판례/ 대법원 2020. 1. 30. 선고 2019다279474 판결**
갑과 을은 금전소비대차계약을 체결

• "차용금에 대한 이자는 연 4%로 하고 만기 일시 상환한다. 단, 만기일에 상환이 지체될 경우 연 20%의 이자를 적용한다."라는 내용의 계약서를 작성

• 을이 만기에 대여금 반환의무의 이행을 지체하자 갑이 을을 상대로 원금과 차용일부터 연 20%의 비율로 계산한 이자를 구한 사안

• "만기일에 상환이 지체될 경우 연 20%의 이자를 적용한다."라는 약정은 상환지체로 인한 만기일 이후의 지연손해금을 연 20%로 지급하여야 한다는 내용으로 해석하여야 한다. -이상-

2. 이자의 기준

이자

우리 「민법」에 따라 금전소비대차는 무이자인 것이 원칙이고, 이자를 받으려면 반드시 이자약정을 해야 한다.
당사자 사이에 이자 있음은 약정하였으나 이율은 약정하지 않은 경우에는
연5%의 민사상 법정이율이 적용된다(「민법」 제397조 및 제379조).
금전소비대차계약이 상행위로 인한 경우 당사자 사이에 약정이 없으면 대주는 상사이율 연6%의 법정이자를 청구할 수 있다(「상법」 제55조제1항 및 제54조).

- 다만 소송으로 진행된 경우 연 12% 청구가능-

이자제한법

현행 이자제한법에 의하면 금전소비대차계약의 약정이율은 최대 연 24%를 초과할 수 없으며, 만약 이를 초과하는 부분은 무효가 된다.
채무자가 최고이자율을 초과하는 이자를 임의로 지급한 경우 초과 지급된 이자 상당액은 원금에 변제충당되고, 원금이 소멸한 때에는 반환을 청구할 수 있다.
위 규정을 위반하여 과다한 이자를 받은 채권자는 1년 이하의 징역 또는 1천만원 이하의 벌금에 처해지는 등의 벌칙에 처해진다.

판례

● **관련판례/ 대법원 2020. 1. 30. 선고 2018다204787 판결**

[1] 당사자가 일방적으로 비용, 이자, 원본에 대한 변제충당의 순서를 법정변제충당의 순서와 다르게 지정할 수 있는지 여부(소극)
[2] 법정변제충당을 하는 경우, 지연손해금은 이자와 같이 보아 원본보다
먼저 충당되는지 여부(적극)
[3] 당사자 사이에 명시적, 묵시적 합의가 있는 경우, 비용, 이자, 원본에 대한 변제충당의 순서를 법정변제충당의 순서와 달리 인정할 수 있는지 여부(적극)
[4] 이러한 합의가 있는지에 관한 증명책임의 소재(=이를 주장하는 자) –이상-

3. 변제기간

채권의 소멸과 시효

1) 채권이란 특정인이 다른 특정인에게 어떤 행위를 청구할 수 있는 권리
2) 이 채권은 일정기간동안 권리를 행사하지 않을 경우 청구권(예: 대여금 반환청구권)이 소멸하게 된다.
3) 소멸시효는 특정한 권리가 있는 자가 자신의 권리를 행사할 수 있음에도 불구하고 일정 기간 동안 권리를 행사하지 아니하는 경우에 그 권리가 소멸하는 제도로서 채권별로 기간이 다르다(제척기간과 구분).

소멸시효

1) 금전소비대차계약에 기한
채권자의 대여금청구채권(일반적인 금전채권)의 소멸시효는 10년

2) 상행위로 인한 채권의 경우 5년의 소멸시효기간이 적용
* 금융기관의 대출금에 대한 소멸시효는 5년이지만
농협의 조합원에 대한 소멸시효는 10년

소멸시효

3) 3년의 단기 소멸시효기간을 가지는 채권에는
공사대금채권, 물품대금채권 등이 있다.

4) 다만 단기 소멸시효에 해당하는 채권에 관하여
소(訴)를 제기하여 판결이 확정된 때에는
단기 소멸시효가 10년으로 연장된다.

이행지체 및 소멸시효 기산일

1) 지연손해금의 이행지체 기산일

가. 반환시기가 확정기한 ⇒ 기한이 도래한 다음날부터
나. 반환시기가불확정기한 ⇒ 채무자가 기한의 도래를 안 다음날부터
다. 기한의 정함이 없는 경우 ⇒ 최고 및 상당기간이 지난 때부터 기산

이행지체 및 소멸시효 기산일

2) 소멸시효 기산점

가. 변제기가 확정기한인 경우 ⇒ 기한이 도래한 때
나. 변제기가 불확정기한인 경우 ⇒ 객관적으로 기한이 도래한 때(조건부 등)
다. 기한의 정함이 없는 경우 ⇒ 채권 성립 시부터 소멸시효 기산

** 물품대금의 경우 : 물건의 납품 일부터 소멸시효 기산

판례

● **관련판례/ 대법원 2011. 11. 10. 선고 2011다54686 판결**

[1] '재판상의 청구(민법 제170조 제1항)'에 지급명령 신청도 포함되는지 여부(적극)

[2] 지급명령 신청이 각하된 후 6개월 내 다시 소를 제기한 경우 지급명령 신청이 있었던 때 시효가 중단된 것으로 보아야 하는지 여부(적극) -이상-

4. 공탁과 효력

공탁이란 ?

1) 공탁이란 금전 · 유가증권 · 기타의 물품을 공탁소(법원 등)에 맡기는 것
2) 공탁을 하는 이유
- 채권자가 변제를 받지 아니하거나 받을 수 없는 때에 변제자는 채권자를 위하여 변제의 목적물을 공탁하여 그 채무를 면할 수 있다.
- 혹은 채권자를 알 수 없는 경우
- 상대방에 대한 손해배상을 담보하기 위하여 하는 경우
- 타인의 물건을 보관하기 위하여 하는 경우 등

변제공탁

변제공탁은
채무자가 금전채무 또는 물건의 인도채무를 이행을 하고자 함에도 불구하고 채권자가 수령을 거절, 채권자가 누구인지를 특정할 수 없는 경우 법원 공탁소에 공탁함으로써 채무를 면하게 되는 제도(민법 제487조)
공탁자가 공탁물을 회수하는 등의 사정이 있으면
처음부터 공탁이 없었던 것으로 되어 채무도 소멸하지 않는다.

공탁의 방법

1) 공탁은 채무이행지의 공탁소에 하여야 한다.
2) 공탁소에 관하여 법률에 특별한 규정이 없으면
법원은 변제자의 청구에 의하여 공탁소를 지정하고
공탁물보관자를 선임하여야 한다.
3) 공탁자는 지체없이 채권자에게 공탁통지를 하여야 한다.

공탁절차도

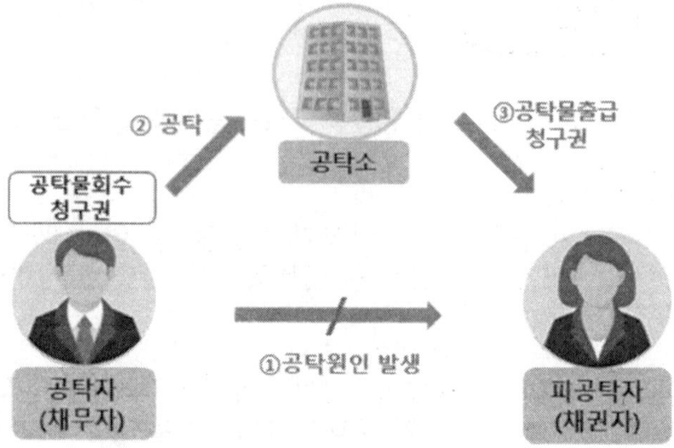

공탁물의 회수

채무자(공탁자)는 이미 공탁한 공탁물을 사후에 회수할 수 있다. 다만, 아래의 경우 이미 공탁한 공탁물을 회수할 수 없다.

① 채권자가 공탁을 승인하거나, 공탁소에 대하여 공탁물 받기를 통고한 때,
② 공탁유효판결이 확정된 때,
③ 채무에 종속된 질권, 저당권이 공탁으로 인하여 소멸한 때,
④ (형사사건관련 변제공탁시) 채무자가 공탁물회수청구권을 포기한 때

▶형사사건과 관련되어 가해자가 피해자에 대한 손해배상금을 변제공탁하는 경우 공탁금회수제한신고를 하여야 하며,
무죄판결의 확정 또는 불기소결정(기소유예 제외)의 사유가 없는 경우 가해자(공탁자)는 공탁금을 회수할 수 없다.

판례

● **관련판례(1)/ 대법원 2018. 7. 20., 선고, 2014다83937, 판결**

공탁금 출급청구권 확인

[1] 전세권을 존속시키기로 하면서 전세금반환채권만을 전세권과 분리하여 확정적으로 양도할 수 있는지 여부(소극)

[2] 이러한 법리는 임차보증금반환채권을 담보하기 위하여 설정된 전세권에 관하여도 그대로 적용되는지 여부(적극)

판례

● **관련판례(2)/ 대법원 2013. 9. 13., 자, 2013마949, 결정**

공탁사무관등의 처분에 대한 이의(해방공탁)

공탁법 제9조 제2항 제2호에서 말하는 '착오로 공탁을 한 경우'의 의미와 그 판단 기준 및 집행한 가압류를 취소시키기 위한 해방공탁을 하였으나
공탁금액이 가압류명령에 정한 해방금액 일부에 불과한 경우, '착오로 공탁을 한 경우'에 해당하는지 여부(적극) -이상-

5장 부동산

LAW

1. 부동산의 매매계약

부동산의 개념

1) 부동산이란 토지와 그 정착물을 말한다(「민법」 제99조제1항).

2) 정착물이란 토지에 부착하여 그 부착된 상태대로 계속적으로 사용되는 사회통념상 그 성질이 되는 물건을 말한다.

매매계약의 자유

매매계약은 원래 매도인과 매수인 사이의 매매의 합의만으로도 체결될 수 있다.

그러나 토지나 건물과 같은 중요한 재산으로서의 매매계약을 할 때에는
매매계약서를 꼼꼼히 작성하여 불필요한 법적 분쟁을 예방하여야 한다.

매매계약서의 기재사항

1) 매매계약 합의의 표시
2) 부동산의 표시
   - 부동산의 소재지, 지목과 그 면적 및 건물내역과 같은 부동산의 표시를 기재하는데 부동산등기부의 표제부 중 표시란에 기재된 것과 동일하게 기재
3) 당사자의 표시
   - 매도인(등기부상 소유자로 기재되어 있는 사람)과 매수인을 매매계약서에 기재
   - 매도인이나 매수인 중 대리인(무권대리 주의)을 선임한 경우 대리인의 명의로 매매계약서를 작성해도 그 매매계약은 유효
4) 매매대금
   - 매매대금과 그 지급날짜
   - 일반적으로 총액과 계약금, 중도금, 잔금의 순서로 기재

매매계약서의 기재사항

5) 소유권이전과 인도에 관한 사항
   - 계약당사자 간에 특별한 약정이 없는 한 매도인은 매수인으로부터
     매매대금의 잔금을 받음과 동시에 소유권이전등기에 필요한 서류 전부를 주어야 한다.
6) 계약의 해제
   - 계약금만을 주고받은 경우 계약을 해제할 수 있는데
     매수인이 해제하는 경우 계약금을 포기해야 하고,
     매도인이 해제하는 경우 계약금의 2배를 반환해야 한다.
7) 그 밖에 특약사항
8) 날짜 및 서명날인

매매계약금의 개념

1) 일반적으로 매수인은 매매대금의 10%를 계약금으로 매도인에게 주는데 이는 매매대금에 포함된다.
2) 매매계약금은 매매계약이 체결되었다는 증거금이며, 매매계약 후 계약당사자 일방이 이행에 착수할 때까지 계약을 해제하는 경우 해약금의 성격을 가진다 (「민법」 제565조 참조).

매매계약금의 개념

3) 매매계약금이 매도인에게 교부된 경우 계약당사자 간에 다른 약정이 없는 때에는
▶매수인은 매도인이 계약이행에 착수할 때까지 매매계약금을 포기하고 매매계약을 해제할 수 있다(「민법」 제565조제1항).
4) 매매계약금이 매도인에게 교부된 경우 계약당사자 간에 다른 약정이 없는 때에는
▶매도인은 매수인이 계약이행에 착수할 때까지 매매계약금의 배액을 상환하고 매매계약을 해제할 수 있다(「민법」 제565조제1항).

매매대금의 교부시기

일반적으로
매수인의 매매대금(잔금 등) 지급과 매도인의 계약목적 부동산의 인도는 동시에 이행되므로
계약당사자 일방은 상대방이 채무를 이행할 때까지
자기의 채무이행을 거절할 수 있다
(「민법」 제536조제1항 및 제583조).

판례

● **관련판례/ 대법원 2016. 4. 15. 선고 2015다59115 판결**

[1] 계약 상대방의 채무불이행을 이유로 계약을 해지 또는 해제하는 경우, 상대방에게 고의 또는 과실이 없으면 손해배상책임을 지지 아니하는지 여부(적극)

[2] 계약의 해지 또는 해제에 따른 손해배상을 청구하는 경우, 채권자가 계약이 이행되리라고 믿고 지출한 비용의 배상을 청구할 수 있는지 여부(적극) - 이상 -

2. 대출과 담보

담보

채무자가 금융기관에서 대출을 받으면서 변제능력이 부족하거나 부족할 가능성이 존재할 경우 채무자에게 담보를 제공하도록 할 수 있다.

또한 부동산 등을 구입하면서 매입자금이 부족할 경우
금융기관에서 대출을 받게 되면서 구입하는 부동산을 담보로 제공할 수 있다.

부동산 등을 담보로 제공할 경우 채무자가 채무를 이행하지 않을 경우에 대비하여
채무자가 채권자에게 제공하는 수단을 담보라 한다.

저당권과 근저당권

1) 저당권의 개념
저당권이란 채무자 또는 제삼자가 대출 등을 받으면서 채무의 담보로 제공한 부동산의 점유를 이전하지 않고, 채무의 담보로 제공한 부동산에 대해 다른 채권자보다 자기채권의 우선변제를 받을 권리를 말한다(「민법」 제356조).

저당권과 근저당권

2) 근저당권의 개념
근저당권이란 계속적인 거래관계로부터 발생하는 불특정 다수의 채권을 장래의 결산기에 일정한 한도액까지 담보하기 위해 설정하는 저당권(「민법」 제357조)
근저당권 설정등기란 계속적인 거래관계로부터 발생하는 다수의 불특정 채권을 담보하고, 결산기에 이르러 채권최고액의 한도 내에서 우선 변제를 받는 것을 목적으로 하는 등기

근저당권 및 저당권의성질

1) 공시의 원칙
   - 저당권은 등기를 해야 그 효력이 발생한다(「민법」 제186조).
2) 순위확정의 원칙
   - 동일한 부동산에 여러 개의 저당권이 설정된 경우 그 순위는 등기설정의 선후에 의한다(「민법」 제333조 및 제370조).
3) 경매청구권
   - 저당권자는 그 채권의 변제를 받기 위해 부동산 등의 저당물의 경매를 청구할 수 있다(「민법」 제363조제1항).

근저당권 및 저당권의성질

차이점	근저당권	저당권
담보채권	장래의 증감·변동하는 불특정 채권	현재의 확정액
부종성	결산일에 피담보채권이 확정되기 전까지 피담보채권이 소멸하더라도 유지	현재 채권이 소멸하면 함께 소멸
변제의 효력	변제하더라도 결산기 전이면 채권이 소멸하지 않음	변제하면 채권소멸
등기되는 금액	피담보채권 최고액 (채권액이 최고액을 초과해도 최고액 이상의 우선변제권은 없음)	피담보채권액

등록면허세 납부(지방교육세 포함)

1) 등록면허세란 재산권과 그 밖의 권리의 설정·변경 또는 소멸에 관한 사항을 공부에 등기하거나 등록할 때 납부하는 세금을 말한다(「지방세법」 제23조제1호).
2) 근저당권의 설정등기 시 등록면허세
 = 채권최고액 × 2/1,000
 (「지방세법」 제28조제1항제1호다목)

등록면허세 납부(지방교육세 포함)

3) 등록면허세 납세지
 - 같은 채권의 담보를 위해 둘 이상의 근저당권을 등록하는 경우 이를 하나의 등록으로 보아 그 등록에 관계되는 재산을 처음 등록하는 등록관청에 등록면허세를 납부(「지방세법」 제25조제1항제17호)
 - 지방교육세란 지방교육의 질적 향상에 필요한 지방교육재정의 확충에 소요되는 재원을 확보하기 위해 「지방세법」에 따른 등록면허세의 납부의무자에게 함께 부과되는 세금 (「지방세법」 제149조 및 제150조제1호)

근저당권 말소등기의 원인

1) 채무변제로 인한 계약의 해지(「민법」 제364조)
2) 근저당권 목적인 지상권, 전세권의 소멸(「민법」 제288조)
3) 경매 등으로 목적부동산이 매각된 경우(「민사집행법」 제91조제2항)
4) 당사자 간의 합의해지(「민법」 제543조)
5) 당사자 간의 약정소멸사유 발생(「부동산등기법」 제54조) 등

판례

- **관련판례/ 대법원 2018. 11. 9., 선고, 2018다38782, 판결 근저당권 설정등기 말소**

▶타인의 채무를 담보하기 위하여 자기의 물건에 담보권을 설정한 물상보증인이 피담보채권의 소멸시효 완성을 주장할 수 있는지 여부(적극)
▶채무자가 시효이익을 포기한 경우, 물상보증인에게 효력이 있는지 여부(소극)
  * 물상보증인은 독자적으로 소멸시효 완성을 주장할 수 있다.

판례

- **관련판례/ 대법원 2017. 10. 31., 선고, 2015다65042, 판결 근저당권말소 등**

.근저당권설정계약이나 기본계약에서 결산기를 정하거나 근저당권의 존속기간이 있는 경우라면 원칙적으로 결산기가 도래하거나 존속기간이 만료한 때에 피담보채무가 확정된다.

 근저당권의 존속기간이나 결산기를 정하지 않은 때에는 피담보채무의 확정방법에 관한 다른 약정이 있으면 그에 따르고, 약정이 없는 경우라면 근저당권설정자가 근저당권자를 상대로 언제든지 계약 해지의 의사표시를 함으로써 피담보채무를 확정시킬 수 있다. -이상-

 근저당권은 담보할 채권의 최고액만을 정하고 채무의 확정을 장래에 유보하여 설정하는 저당권을 말한다.

3. 임대차 계약

임대차

1) **임대차**는 당사자 일방이 상대방에게 목적물을 사용, 수익하게 할 것을 약정하고 상대방이 이에 대하여 차임을 지급할 것을 약정함으로써 그 효력이 생긴다.

2) **임대인**은 목적물을 임차인에게 인도하고 계약존속 중 그 사용, 수익에 필요한 상태를 유지하게 할 의무를 부담한다.

임차권의 양도, 전대의 제한

1) 임차인은 임대인의 동의없이 그 권리를 양도하거나 임차물을 전대하지 못한다.
2) 임차인이 전항의 규정에 위반한 때에는 임대인은 계약을 해지할 수 있다.

임대차 기간의 약정이 없는 경우 해지(민법 제 635조)

1) 임대차기간의 약정이 없는 때에는 당사자는 언제든지 계약해지의 통고를 할 수 있다.
2) 상대방이 전항의 통고를 받은 날로부터 다음 각 기간이 경과하면 해지의 효력이 생긴다.
   - 토지, 건물 기타 공작물에 대하여는 임대인이 해지를 통고한 경우에는 6월, 임차인이 해지를 통고한 경우에는 1월
   - 동산에 대하여는 5일

계약의 묵시의 갱신(민법 제 639조)

임대차기간이 만료한 후
임차인이 임차물의 사용, 수익을 계속하는 경우에
임대인이 상당한 기간내에 이의를 하지 아니한 때에는
전임대차와 동일한 조건으로 다시 임대차한 것으로 본다.

차임연체와 해지(민법 제640조)

건물 기타 공작물의 임대차에는
임차인의 차임연체액이 2기의 차임액에 달하는 때에는
임대인은 계약을 해지할 수 있다(상가 제외).

임차인의 부속물 매수 청구권

건물 기타 공작물의 임차인이 그 사용의 편익을 위하여
임대인의 동의를 얻어 이에 부속한 물건이 있는 때에는
임대차의 종료시에 임대인에 대하여
그 부속물의 매수를 청구할 수 있다.

판례

● **관련판례/ 대법원 1998. 5. 29. 선고 98다6497 판결**

[1] 임차인이 임대차계약 종료 후 임차목적물을 계속 점유하였으나 본래의 계약상의 목적에 따라 사용·수익하지 않은 경우, 부당이득반환의무의 성립 여부(소극)

판례

- **관련판례/ 대법원 1998. 5. 29. 선고 98다6497 판결**

[2] 임차인이 임대차계약 종료 후 동시이행의 항변권을 행사하여 임차목적물을 계속 점유하는 경우, 불법점유로 인한 손해배상의무를 지기 위한 요건

• 임대차계약의 종료에 의하여 발생된 임차인의 목적물반환의무와 임대인의 연체차임을 공제한 나머지 보증금의 반환의무는 동시이행의 관계에 있으므로, 임대차계약 종료 후에도 임차인이 동시이행의 항변권을 행사하여 임차건물을 계속 점유하여 온 것이라면, 임차인의 건물에 대한 점유는 불법점유라고 할 수 없다.

• 따라서 임차인으로서는 이에 대한 손해배상의무도 없다. -이상-

4. 분묘(기지권)

분묘기지권이란 ?

1) 타인의 토지에 분묘를 설치한 자가 그 분묘의 관리, 봉제사 등을 위하여
   분묘의 기지 부분의 토지를 사용하는 경우에
   분묘설치자는 등기 없이도 지상권과 유사한 관습상의 물권을 취득하는 것
2) 분묘기지권의 성립요건
   • 봉분이 외부에서 분묘의 존재를 알 수 있도록 형태를 갖추어야 함
   • 평장이나 암장의 경우에는 인정되지 않음 (대법원 91다18040 판결)
3) 임야의 소유자가 자신의 땅에 설치된 분묘의 철거를 청구하려면 분묘를 누가 설치하였든 관계없이 그 분묘의 관리처분권을 가진 자를 상대로 하여야 함(대법원 2009다1092판결)

분묘기지권의 시효취득

1) 타인 소유의 토지 위에 소유자의 승낙 없이 분묘를 설치한 자 20년간 평온, 공연히 그 분묘를 점유한 때에는 분묘기지권을 취득함 (대법원 94다37912 판결)
2) 그러나 시효취득은 2001. 1. 13. 이전에 설치된 분묘에 관하여만 인정됨
2001. 1. 13. 이후에 토지소유자의 동의 없이 설치된 분묘에 관하여는 분묘기지권을 주장할 수 없다는 것이 최근 대법원판례의 입장

장사 등에 관한 법률의 주요내용(시행 : 2001. 1. 13.)

1) 분묘기지권의 시효취득주장 금지(2001. 1. 13. 이후 설치된 분묘에 대하여)

2) 토지 소유자는 관할 관청의 허가를 받아 승낙 없이 설치된 분묘를 개장할 수 있고,
분묘 연고자는 토지소유자 승낙 없이 설치한 분묘에 관하여 해당 토지소유자 등에게 토지 사용권이나 기타 분묘의 보존을 위한 권리를 주장할 수 없음
(장사 등에 관한 법률 제27조 제1, 3항)

분묘의 합장과 이장

1) 새로운 분묘의 설치
•분묘기지권을 취득한 경우, 그 이후에는 새로운 분묘를 설치할 수는 없음
2) 합장
•분묘기지권을 취득한 경우, 그 이후에 다른 사람을 합장하는 것은 허용되지 않음
3) 분묘의 이장
•분묘기지권을 취득하였더라도 원래의 분묘를 그 토지의 다른 장소로 이장하는 것도 허용되지 않음

판례

● **관련판례/ 대법원 2017. 1. 19. 선고 2013다17292 판결**

분묘철거 청구의소

타인 소유의 토지에 분묘를 설치한 경우에
20년간 평온, 공연하게 분묘의 기지를 점유하면
분묘기지권을 시효취득한다는 법적 규범이 '장사 등에 관한 법률'의 시행일인 2001. 1. 13. 이전에 설치된 분묘에 관하여 현재까지 유지되고 있는지 여부(적극) -이상-

6장 상가분쟁

LAW

1. 상가임대차 보호법

상가건물임대차보호법의 제정

1) 상가건물(제3조제1항에 따른 사업자등록의 대상이 되는 건물)의 임대차(임대차 목적물의 주된 부분을 영업용으로 사용하는 경우를 포함)에 대하여 적용
2) 다만, 대통령령으로 정하는 보증금액을 초과하는 임대차에 대하여는 그러하지 아니하다.

대항력 (제3조 제1항)

등기가 없는 경우에도
제3자에 대하여 임대차계약상 효력을 발휘
(건물의 인도, 사업자등록, 대항요건을 갖춘 익일부터 효력발생)

권리금 보호에 있어서 임대인의 지위

1) 임차인은 권리금 지급을 임대인에게 요구할 수 없음
- 권리금 회수는 새로운 임차인에게 청구
- 임대인 손해배상책임 부담

2) 권리금 회수를 배제하는 특약,
즉 '신규임차인 주선포기', '권리금 회수포기'가 포함된 특약은 원칙적으로 상가건물임대차보호법에 위반된 약정으로 임차인에게 불리하기에 무효(제15조, 강행규정)
- 특약이 임차인에게 불리하지 않은 특별한 사정이 있는 경우 예외

임차인의 업종변경

1) 임대인의 영업변경권 보호
 - 임대인은 업종변경을 이유로 신규임차인과의 계약을 거절 가능
 - 임차인은 임대인이 요구하는 업종의 영업을 할 신규임차인을 주선할 수 있으며,
   임대인은 이를 거절할 경우 손해배상책임이 있다.
2) 원칙적으로 임대인이 직접 영업한다는 이유로 임차인이 주선한 신규임차인과 계약체결을 거부할 수 없음

임대인의 손해배상 책임

1) 손해배상의 범위
 - 신규임차인이 임차인에게 지급하기로 한 권리금과 임대차종료 당시의 권리금 중 낮은 금액을 넘지 못함(제10조의4 제3항)
 - 국토교통부에서 권리금산정의 기준을 고시
 - 구체적인 손해배상액은 재판과정에서 감정 등을 통해 산정
2) 입증책임
 - 임대인의 방해행위는 임차인에게 입증책임 있음
 - 계약거절의 정당한 사유는 임대인이 입증

건물이 철거 내지는 재건축 되는 경우

1) 권리금보호 여부
 - 상가건물이 철거, 재건축되는 경우 권리금보상을 받을 수 없음
 - 기존건물에 대하여 신규임차인을 주선하는 것 자체가 차단
2) 임대인의 계약갱신 거절사유 제한을 통한 임차인의 우회적 보호(제10조 제1항 제7호)
 - 계약체결 당시 임차인에게 철거/재건축계획을 구체적으로 고지
 - 건물의 노후, 훼손 등으로 인해 안전사고의 우려가 존재하는 경우
 - 다른 법령에 따라 철거, 재건축이 이루어지는 경우

판례

● **관련판례/ 대법원 2014.04.30. 선고 2013다35115 판결**

상가건물 임대차보호법에서 차임의 증감청구권에 관한 규정의 증액비율을 초과하여 지급하기로 하는 차임에 관한 약정의 효력 ?

• 차임의 증감청구권에 관한 규정의 증액비율을 초과하여 지급하기로 하는 차임에 관한 약정은 증액비율을 초과하는 범위 내에서 무효이고,
• 임차인은 초과 지급된 차임에 대하여 부당이득으로 반환을 구할 수 있다. -이상-

2. 상가의 월차임과 계약의 해지

계약 자유 원칙

계약에 관한 사항은
당사자의 자의(自意)에 의하여 자유롭게 정할 수 있다는 것으로서, 계약의 상대방, 내용, 범위, 방식 등 합법적인 테두리 내의 모든 계약사항을 당사자가 자유롭게 정할 수 있는 것이 원칙이다.

해지와 해제권(민법 543조)

1) 계약 또는 법률의 규정에 의하여 당사자의 일방이나 쌍방이 해지 또는 해제의 권리가 있는 때에는 그 해지 또는 해제는 상대방에 대한 의사표시로 한다.
2) 전항의 의사표시는 철회하지 못한다.
3) 계약의 해지 의미
- 급부가 일정 기간 동안 계속해서 행해지는 계속적 계약관계에서 일방적 의사표시로 계약의 효력을 장래에 향하여 소멸케 하는 행위
- 임대차계약이 해지되면 그 종료의 효과는 장래에 대하여 생기며, 임차인은 목적물을 원상으로 회복(인테리어 철거 등)하여 임대인에게 반환하여야 함

차임연체와 해지

임차인의 차임연체액이 3기의 차임액에 달하는 때에는 임대인은 계약을 해지할 수 있다(상가임대차법 제10조의8).

판례

● **관련판례/ 대법원 2009. 8. 20. 선고 2009다20475,20482 판결**

• 임차인에게 임대차보증금의 10%를 위약금으로 지급하도록 한 계약조항이, 임차인에게 부당하게 불리한 조항으로서 공정을 잃은 것으로 추정되어 신의성실의 원칙에 반하거나 부당하게 과중한 지연손해금 등의 손해배상의무를 부담시키는 약관 조항으로서 약관의 규제에 관한 법률 제6조, 제8조에 의하여 무효라고 볼 수 있다고 한 사례. -이상-

3. 상가임차인의 보호

계약갱신, 동시이행 항변

1) 계약갱신 항변
- 최초 임대차기간을 포함하여 10년을 넘지 않는 범위 내에서 인정(상가임대차법 제10조 2항)
- 갱신되는 임대차는 전임대차와 동일한 조건으로 계약된 것으로 간주 (차임과 보증금 증감가능)
- 동일한 조건으로 임대차계약이 갱신(묵시의 갱신)

2) 동시이행 항변
- 보증금과 인도(명도)의 동시이행 항변

유치권 항변(필요비, 유익비)

1) 필요비
- 임차인이 임차물의 보존을 위하여 지출한 비용으로서 부동산을 유지, 보수하는데 필요한 유지비 및 수리비용을 말한다.
- 상가의 경우 수도설비, 전기시설, 보일러 등 설치가 필요비에 해당하고,
  필요비로 지출된 경우 임차인은 필요비로 지출한 비용전액을 임대인에게 청구할 수 있다.
- 필요비는 보존에 관한 비용으로 임대인에게 수선의무가 있으므로 그 비용을 임대차기간 중이라도 언제든지 임대인에게 청구할 수 있다.

유치권 항변(필요비, 유익비)

2) 유익비

- 임차인이 임차물의 객관적 가치를 증가시키기 위하여 투입 한 비용으로서
  꼭 필요하지는 않으나 가치를 증가시키기 위하여 지출한 비용을 말한다.
- 상가의 샤시비용 등이 유익비에 해당한다.
- 유익비는 원칙적으로 임대차 종료시에 청구하여야 한다.
  이라도 언제든지 임대인에게 청구할 수 있다.

임차권등기명령 (상가임대차법 제5조 2항)

1) 주택임대차보호법상 임차권등기명령제도와 동일
2) 임대차 종료 후 보증금을 돌려받지 못한 임차인
3) 임차건물 소재지관할법원에 신청
4) 대항력과 우선변제권 취득

소액임차인 보호

대항력을 갖춘 소액임차인에게

다른 담보물권자보다 우선하여 변제받을 권리를 부여(제14조1항)

- 시행령 제6조(우선변제를 받을 임차인의 범위)

존속의 보호

1) 최소1년의 임대차 존속기간 보장(제9조1항)
2) 존속기간을 정하지 아니하였거나, 1년미만으로 정하였을 때
   - 임차인은 1년 미만의 존속기간을 주장할 수 있음
3) 계약갱신 요구권(제10조)
   - 임차인이 기간만료 6개월전부터 1개월 전 사이에 계약갱신을 요구하는 경우 임대인은 정당한 사유없이 거절하지 못함
   - 최초 임대차기간을 포함하여 10년을 넘지 않는 범위 내에서 인정
   - 갱신되는 임대차는 전임대차와 동일한 조건으로 계약된 것으로 간주(차임과 보증금 증감가능)
   - 동일한 조건으로 임대차계약이 갱신(묵시적 갱신)

건물이 경매되는 경우(상가건물 임대차법 제8조)

1) 임차한 건물에 대하여 경매가 실시된 경우 임차권은 소멸
   - 대항력 및 확정일자를 갖춘 경우 임차인에게 우선변제권 인정
   - 낙찰자에게 권리금 보호의무(손해배상책임)를 주장할 수 없음
2) 보증금이 전액 변제되지 아니한 대항력이 있는 임차권은 그러하지 아니하다.

판례

● **관련판례/ 대법원 2014.04.30. 선고 2013다35115 판결**

상가건물 임대차보호법에서 차임의 증감청구권에 관한 규정의 증액비율을 초과하여 지급하기로 하는 차임에 관한 약정의 효력 ?

- 차임의 증감청구권에 관한 규정의 증액비율을 초과하여 지급하기로 하는 차임에 관한 약정은 증액비율을 초과하는 범위 내에서 무효이고,
- 임차인은 초과 지급된 차임에 대하여 부당이득으로 반환을 구할 수 있다.

4. 상가의 인도와 명도

인도(명도)소송

1) 상가의 임대차 계약이 종결될 경우
   임대인은 임차인에게 상가에 대한 인도청구를 요청할 수 있으며,
   부동산의 점유자인 임차인이 부동산의 인도를 거절하는 경우 임대인이 임차인을 상대로 제기하는 소송을 인도(명도) 소송이라 한다.
2) 임차인은 이에 대항력을 가지지 않는 이상 건물인도(명도)를 해야 한다.

계약의 해지와 해제

1) 채무 불이행 : 계약 해지
2) 무권대리 : 계약 해제(대리인 확인)
3) 사용불가 상가 : 계약 해제 및 해지

임대차기간 등(상가임대차법 제9조)

1) 임대차 기간을 정하지 아니하거나
   기간을 1년 미만으로 정한 임대차는 그 기간을 1년으로 본다(최장 10년).
2) 다만, 임차인은 1년 미만으로 정한 기간이 유효함을 주장할 수 있다.
3) 임대차가 종료한 경우에도
   임차인이 보증금을 돌려받을 때까지는 임대차 관계는 존속하는 것으로 본다.

판례

● **관련판례(1)/** 대법원 2006.1.23. 선고 2005다64002 판결

[1] 상가건물의 임차인이 임대차보증금 반환채권에 대하여 상가건물 임대차보호법의 대항력 또는 우선변제권을 가지려면?

• 임대차의 목적인 상가건물의 인도 및 부가가치세법 등에 의한 사업자등록을 구비하고, 관할세무서장으로부터 확정일자를 받아야 하며,
• 그 중 사업자등록은 대항력 또는 우선변제권의 취득요건일 뿐만 아니라 존속요건이기도 하므로, 배당요구의 종기까지 존속하고 있어야 한다.

판례

● **관련판례(1)/** 대법원 2006.1.23. 선고 2005다64002 판결

[2] 상가건물을 임차하고 사업자등록을 마친 사업자가 임차건물의 전대차 등으로 당해 사업을 개시하지 않거나 사실상 폐업한 경우에는?
• 그 사업자등록은 부가가치세법 및 상가건물 임대차보호법이 상가임대차의 공시방법으로 요구하는 적법한 사업자등록이라고 볼 수 없고,
• 이 경우 임차인이 상가건물 임대차보호법상의 대항력 및 우선변제권을 유지하기 위해서는 건물을 직접 점유하면서
• 사업을 운영하는 전차인이 그 명의로 사업자등록을 하여야 한다.

판례

● **관련판례/대법원2019. 7. 25. 선고 2018다252823, 252830 판결**

[1] 임차인이 임대인에게 권리금 회수 방해로 인한 손해배상을 구하기 위해서는 임차인이 신규임차인이 되려는 자를 주선하였어야 하는지 여부(원칙적 적극)
[2] 임대인이 정당한 사유 없이 임차인이 주선할 신규임차인이 되려는 자와 임대차계약을 체결할 의사가 없음을 확정적으로 표시한 경우, 임차인이 실제로 신규임차인을 주선하지 않았더라도 임대인에게 권리금 회수 방해로 인한 손해배상을 청구할 수 있는지 여부(적극)

7장 상속

LAW

1. 상속의 발생

상속이란 ?

상속이란 자연인이 사망한 경우 망자의 재산상 지위(권리와 의무)가
법률의 규정에 의하여 타인에게 포괄적으로 승계되는 것을 말한다.

이 경우 사망하는 자연인을 '피상속인'이라고 하며,
그 지위를 승계하는 자를 '상속인'이라고 한다.

상속의 개시

피상속인의 사망으로 상속이 개시되며,
사망은 자연적인 사망 및 실종선고에 의한
의제(간주)사망 모두 포함된다.

또한 인정사망(수해, 화재나 그 밖의 재난으로 인하여 사망한 사람이 있는 경우)의 경우
사망의 확증은 없으나 사망이 추정되기 때문에 상속이 개시된다.

상속능력

1) 상속인이 되기 위해서는 권리능력이 있어야 한다.
2) 다만, 사람 중에서도 자연인만이 상속능력이 있으며, '법인'은 상속능력이 없다.
3) 법인은 포괄적 유증을 받지 않는 이상 상속재산에 관한 권리를 취득할 수 없다.
4) 상속인이 피상속인보다 먼저 사망하거나 동시에 사망한 경우에는 상속능력이 없다.
5) 태아는 아직 권리능력을 얻기 전이지만, 예외적으로 상속에 관하여는 이미 출생한 것으로 본다.

상속의 결격

1) 상속인에게 상속에 부적합한 사유가 있는 경우 상속인에서 배제하는 것을 상속결격이라고 한다.
2) 상속결격사유가 발생하는 경우에는 피상속인의 사망으로 상속이 개시되더라도 해당자는 상속권자가 될 수 없다.

상속의 결격

3) 상속결격사유는 총 5가지가 있는데
① 고의로 직계존속, 피상속인, 그 배우자 또는 상속의 선순위나 동순위에 있는 자를 살해하거나 살해하려 한 자
② 고의로 직계존속, 피상속인과 그 배우자에게 상해를 가하여 사망에 이르게 한 자
③ 사기 또는 강박으로 피상속인의 상속에 관한 유언 또는 유언의 철회를 방해한 자
④ 사기 또는 강박으로 피상속인의 상속에 관한 유언을 하게 한 자
⑤ 피상속인의 상속에 관한 유언서를 위조·변조·파기 또는 은닉한 자

판례

● **관련판례/ 1989. 9. 12. 선고 88다카5836 판결**

공동상속인 상호간에 상속재산에 관하여 민법 제1013조의 규정에 의한 협의분할이 이루어짐으로써 공동상속인 중 1인이 고유의 상속분을 초과하는 재산을 취득하게 되었더라도
이는 상속개시 당시에 피상속인으로부터 승계받은 것으로 보아야 한다.

2. 상속 순위

상속의 순위

1 순위	직계비속과 배우자 직계비속: 1촌자녀, 2촌손자녀, 3촌증손
2 순위	직계비속과 배우자 (부모, 조부모, 외조부모)
3 순위	형제자매
4 순위	4촌이내의 방계혈족 (3촌이 없거나 상속포기시에 4촌)

상속재산의 확인

금융감독원 상속인금융거래조회서비스

1) 가까운 은행, 농·수협, 우체국 등을 방문하여 신청한 후,
   금융감독원 홈페이지(https://cmpl.fss.or.kr/)를 통해
   금융채권(예금, 보험, 예탁증권, 공제 등) 및 채무, 각종 주식,
   일정액 이상의 조세·과태료 등 체납여부,
   상조회사 가입여부 등을 확인할 수 있음
2) 접수 후 조회하는 사안에 따라 약 7~20일 소요

상속재산의 확인

상속인 금융거래조회 신청서

<table>
<tr><td colspan="7">금융감독원 및 금융회사, 금융협회 등이 상속인 금융거래 조회서비스 처리를 위해서는 금융회사 등 조회대상 기관 및 금융협회에 신청인 및 사망자 등의 주민등록번호를 포함한 개인(신용)정보의 수집·이용, 제공을 통한 사실관계 확인이 필요합니다. 이를 원하지 않을 경우 상속인 금융거래 조회서비스 제공이 불가능합니다.</td></tr>
<tr><td colspan="2">접수번호</td><td colspan="2">□□□□ - □□ - □□□□□</td><td>신청사유</td><td colspan="2">□사 망 □실 종 □피성년후견
□피한정후견 □상속재산관리</td></tr>
<tr><td colspan="7">신청인 (상속인, 성년후견인, 한정후견인, 상속재산관리인) 정보</td></tr>
<tr><td rowspan="3">상속인
(성년후견인
한정후견인
상속재산관리인)</td><td>성명</td><td></td><td>주민등록
번호</td><td></td><td>사망자 등과
관계</td><td></td></tr>
<tr><td rowspan="2">주소</td><td colspan="3" rowspan="2"></td><td>휴대폰번호</td><td></td></tr>
<tr><td>e-mail</td><td></td></tr>
<tr><td rowspan="3">대리인</td><td>성명</td><td></td><td>생년월일</td><td></td><td colspan="2">※ 대리신청의 경우만 작성</td></tr>
<tr><td rowspan="2">주소</td><td colspan="3" rowspan="2"></td><td>휴대폰번호</td><td></td></tr>
<tr><td>e-mail</td><td></td></tr>
<tr><td colspan="7">사망자 등 (실종자, 피성년후견인, 피한정후견인) 정보</td></tr>
<tr><td rowspan="2">사망자
(실종자
피성년후견인
피한정후견인)</td><td rowspan="2">성명</td><td rowspan="2"></td><td rowspan="2">주민등록
번호</td><td rowspan="2"></td><td>사망일(선고일)</td><td></td></tr>
<tr><td>휴대폰번호</td><td></td></tr>
<tr><td colspan="2">조회
대상
기관</td><td colspan="5">□ 전 체
□ 예금보험공사 □ 은행 □ 우체국 □ 생명보험 □ 손해보험 □ 금융투자회사
□ 여신전문금융회사 □ 저축은행 □ 새마을금고 □ 산림조합 □ 신용협동조합
□ 한국예탁원 □ 종합금융회사 □ 대부업체 □ 한국신용정보원* □ 공무원연금
□ 사학연금 □ 국세청 □ 국민연금 □ 군인연금 □ 건설근로자공제회
□ 군인공제회 □ 대한지방행정공제회 □ 과학기술인공제회
* 신용보증기금·기술신용보증기금, 한국주택금융공사, 한국장학재단, 서민금융진흥원(前 미소금융중앙재단), 한국자산관리공사, 나이스평가정보, 코리아크레딧뷰로, 한국기업데이터, 한국무역보험공사, 신용보증재단(신용보증재단중앙회), 중소기업중앙회 포함</td></tr>
<tr><td rowspan="6">구비
서류</td><td>신청인
(대리인)</td><td colspan="5">□ 신청인(대리인) 신분증
□ 대리시 상속인위임장 및 본인서명사실확인서 또는 인감증명서</td></tr>
<tr><td rowspan="2">사망</td><td>피상속인이
2008.1.1.
이전 사망시</td><td colspan="4">□ 제적등본</td></tr>
<tr><td>피상속인이
2008.1.1.
이후 사망시</td><td colspan="4">사망자 주민번호 기재된 □ 사망진단서 또는 □ 기본증명서(사망일 기재)
사망자 기준 □ 가족관계증명서(3개월내 발급, 주민번호 기재)
또는 □ 가족관계증명서 열람(지자체)
또는 □ 제적등본(필요시)</td></tr>
<tr><td>실종</td><td colspan="5">□ 법원심판문(실종선고) 및 확정증명원 또는 □ 판결내용이 기재된 기본증명서</td></tr>
<tr><td>후견</td><td colspan="5">□ 성년(한정)후견개시 심판문 및 확정증명원 또는 □ 후견등기사항전부증명서</td></tr>
<tr><td>상속재산
관리</td><td colspan="5">□ 법원심판문(상속재산관리인선임) 및 확정증명원</td></tr>
</table>

상속재산의 확인

행정정보 공동이용 동의서(공무원연금, 사학연금, 국세청, 국민연금, 군인연금, 건설근로자공제회, 군인공제회, 대한지방행정공제회, 과학기술인공제회)
위 신청인(상속인 또는 대리인)은 상속인 조회서비스 업무처리와 관련하여 담당자가 「전자정부법」 제36조제2항에 따른 행정정보의 공동이용을 통하여 담당자 확인사항을 확인하는 것에 동의합니다. 이에 동의하지 않는 경우에는 신청인이 직접 관련 서류를 제출해야 합니다. 신청인(상속인 또는 대리인) : (서명 또는 날인)

금감원 방문 신청시 작성란(금감원 본·지원 방문 접수시 작성)
위 신청인(상속인 또는 대리인)은 휴대폰 인증 등을 통해 금융감독원 홈페이지에서 통합조회서비스를 제공받고, 접수시 제출한 구비서류의 내용을 개별 금융회사 등 조회대상 기관이 상속인 확인시 활용할 것을 요구하고 이에 동의하며, 위와 같이 사망자 등의 금융거래(CB사의 비금융상거래채무정보 포함), 신용정보관리규약에 규정한 공공정보 및 상조회사 가입여부 제공을 신청합니다. 년 월 일 신청인(상속인 또는 대리인) : (서명 또는 날인)

금융회사 방문 신청시 작성란(은행 등 금융회사 방문 접수시 작성)
위 신청인(상속인 또는 대리인)은 휴대폰 인증 등을 통해 금융감독원 홈페이지에서 통합조회서비스를 제공받고, 접수시 제출한 구비서류의 내용을 개별 금융회사 등 조회대상 기관이 상속인 확인시 활용할 것을 요구하고 이에 동의하며, 위와 같이 사망자 등의 금융거래(CB사의 비금융상거래채무정보 포함), 신용정보관리규약에 규정한 공공정보 및 상조회사 가입여부 제공 신청을 「민법」 제680조에 따라 (금융회사명) 에 위임합니다. 년 월 일 신청인(상속인 또는 대리인) : (서명 또는 날인)

※ 조회완료시 각 금융협회에서 문자메시지 등을 이용하여 신청인에게 통보하고 각 금융협회 홈페이지에 조회결과를 게시합니다. 접수일로부터 3개월 이내에만 금융감독원 홈페이지(http://www.fss.or.kr) 또는 금융민원센터(http://www.fcsc.kr)에서 일괄조회 할 수 있습니다.

※ 금융감독원 홈페이지 또는 금융민원센터에서 일괄조회를 하기 위해서는 휴대폰 번호, 전자우편 주소 중 한 가지는 반드시 기재하셔야 합니다.

※ 상속인의 위임을 받아 대리인이 신청하는 경우 조회결과는 대리인에게 통지됩니다. 한편 공무원연금, 사학연금, 국민연금, 군인연금의 경우 상속인 본인에게만 결과가 제공됩니다.

※ **상조회사**는 선수금을 **은행**에 예치(또는 지급보증)하여 보전하고 있는 업체만 조회대상이며, 상조회사 가입사실은 신청서상의 피상속인의 **성명, 생년월일, 휴대폰번호** 3개 정보가 상조회사 가입시 제출한 정보와 **모두 일치**하는 경우에만 확인할 수 있습니다.

※ 상속인 금융거래 조회서비스 신청을 하시게 되면 **조회대상자가 "사망자"인 경우** 금융회사에서 **금융계좌의 지급정지** 조치를 취할 수 있으니 유념하시기 바랍니다.

※ 자세한 내용은 '상속인 금융거래조회서비스 안내문'을 읽어보시기 바랍니다.

◆ **'개인정보 제3자 제공 동의서'를 작성하여 신청서와 함께 제출하시기 바랍니다.**

◆ **대리 제출시 위임장 등 위임관련 서류를 제출하여 주시고, 위임장에 개인정보 제공 관련 동의사항이 표시되지 않은 경우, 신청인 본인의 '개인정보 제3자 제공 동의서'를 별도로 제출하셔야 합니다**

상속재산의 확인

금융감독원 상속인금융거래조회서비스 (https://cmpl.fss.or.kr/)

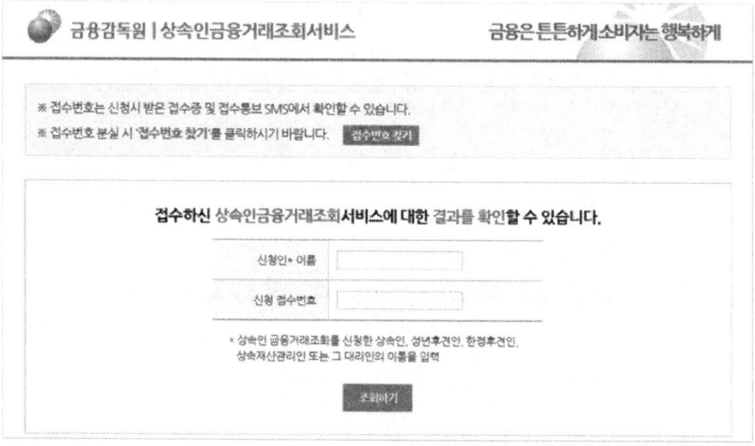

판례

- **관련판례/ 대법원 2015. 5. 14. 선고 2013다48852 판결**

피상속인의 배우자와 자녀 중 자녀 전부가 상속을 포기한 경우의 상속인

• 상속을 포기한 자는 상속개시된 때부터 상속인이 아니었던 것과 같은 지위에 놓이게 되므로, 피상속인의 배우자와 자녀 중 자녀 전부가 상속을 포기한 경우에는 배우자와 피상속인의 손자녀 또는 직계존속이 공동으로 상속인이 되고, 피상속인의 손자녀와 직계존속이 존재하지 아니하면 배우자가 단독으로 상속인이 된다.

3. 상속 비율

상속비율

1) 동순위의 상속인이 수인인 때에는 그 상속분은 균분(균등)으로 한다.
2) 성별, 결혼유무 등은 고려사항이 아니다.
3) 법률상 배우자의 상속분은 직계비속, 직계존속의 상속분의 5할을 가산한다.

사망한 A에게 처 B와
자녀인 C, D가 있는 경우

처 B의 상속분은 3/7,
자녀 C, D의 상속분은 각 2/7가 된다.

총 금7천만원의 상속금에서
배우자 3천만원, 자녀 각 2천만원 상속

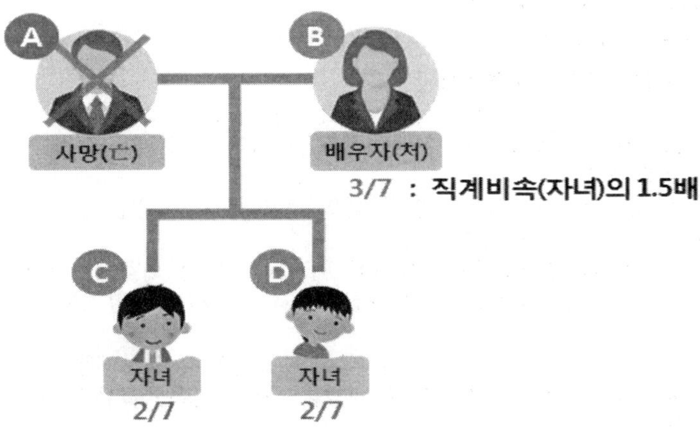

대습상속

1) 상속이 개시되기 전(피상속인 사망 전)에 상속인이 될 피상속인의 직계비속 또는 형제자매가 사망하거나 결격된 경우
   그(사망 또는 결격된 자)의 직계비속과 배우자가 사망 또는 결격된 자의 순위에 갈음하여 상속하는 것을 의미한다.
2) 대습상속인의 상속분은
   피대습인(피상속인의 사망 전에 사망 또는 결격된 상속인)의 상속분과 같다.
3) 대습인이 수인인 경우 피대습인의 상속분에서 또다시 정상속지분대로 상속한다.

상속분할

공동상속의 경우 상속재산을 분할하기 위한 방법에는
1) 지정분할(유언에 의한 분할),
2) 협의분할(공동상속인의 협의에 의한 분할),
3) 심판분할(협의가 불성립한 경우 가정법원의 심판에 의한 분할)

3가지가 있다.

판례

● **관련판례/ 대법원 2019. 5. 17. 자 2017스516, 517 결정**

[상속재산분할·기여분결정심판청구]

갑이 초등학교 교사로서 퇴직 당시 퇴직일시금과 퇴직수당,
교원장기저축금 등을 받아 한국교직원공제회에 퇴직생활급여
상품으로 예치

• 갑의 사망 후 공동상속인인 을 등이 다른 공동상속인인 병 등을 상대로 상속재산분할을 구하면서

• 갑이 생전에 한국교직원공제회에 예치해 두었던 퇴직생활급여금도 갑이 사망 당시 소유하고 있던 재산으로서 상속재산 분할대상에 해당한다고 주장,

• 갑이 사망 전에 배우자인 병을 급여 수급권자로 지정함에 따라 퇴직생활급여는 병이 독자적으로 수령할 권한이 있는 고유재산이므로 상속재산의 범위에
포함되지 않는다고 본 사례

4. 상속 포기

상속포기란 ?

1) 상속개시로 상속인의 지위에 있게 된 사람이
상속에 따른 승계를 거부하여
처음부터 상속인이 아니었던 효과를 생기게 하는 것
2) 선순위 상속인이 상속을 포기한다고 하여 상속관계가 종결되는 것은 아님
3) 선순위 상속인 중 일부만 상속을 포기하면,
그 상속분은 다른 상속인에게 상속비율에 따라 귀속
4) 선순위 상속인 전원이 상속을 포기하면, 다음 순위 상 속인에게 상속
5) 다음 순위 상속인도 다시 상속을 포기하면, 그 다음 순위 상속인에게 상속됨

상속포기와 채무

1) 상속포기가 수리되면 그 상속인은
피상속인의 채무를 승계하지 않고 면할 수 있음
2) 제1순위 상속인이 포기하면
제2순위 이하의 상속인들이 망인의 채무를 승계하게 되므로 상속인들이 채무를 완전히 면하기 위해서는 순위 여하를 불문하고, 모든 상속인(망인을 기준으로 4촌 이내의 혈족)들이 상속포기를 하여야 함
3) 상속의 포기는 피상속인의 마지막 주소지(사망 당시 주민등록지)를 관할하는 가정법원(또는 지방법원 등)에 하여야 함

한정승인

1) 한정승인
- 피상속인으로부터 상속받은 재산의 한도에서 피상속인의 채무와 유증(유언)을 변제할 것을 조건으로 상속을 승인하는 것

2) 특별한정승인
- 처음에는 상속받은 채무가 상속받은 재산을 초과하는 사실을 중대한 과실 없이 알지 못하다가 뒤늦게 알게 되는 경우
- 이러한 경우에는 그 사실을 안 날로부터 3개월 내에 한정승인을 할 수 있음

판례

● **관련판례/ 대법원 2010. 4. 29. 선고 2009다84936 판결**

1) 상속인이 피상속인의 채권을 추심하여 변제받는 것이 상속재산에 대한 처분행위에 해당하는지 여부(적극)

- 상속인이 상속재산에 대한 처분행위를 한 때에는 단순승인을 한 것으로 보는바, 상속인이 피상속인의 채권을 추심하여 변제받는 것도 상속재산에 대한 처분행위에 해당한다.

2) 상속인이 피상속인의 갑에 대한 손해배상채권을 추심하여 변제받은 행위는 상속재산의 처분행위에 해당하고, 그것으로써 단순승인을 한 것으로 간주되었다고 할 것이므로, 그 이후에 한 상속포기는 효력이 없다고 한 사례

8장 손해배상 LAW

1. 손해의 발생과 청구

손해배상

1) 어떤 자가 자신의 행위로 인해 타인에게 손해를 가한 경우
그것이 그의 책임 있는 사유에 기인한 것인 한 그 손해를 전보하여 피해자로 하여금 그러한 가해행위가 없었다면 생겼을 상태로 회복시켜 주어야 한다.
2) 따라서 손해배상의 목적은 피해자에게
가해행위로 인하여 입은 손해를 전보(塡補)해 주는 것, 혹은 가해행위가 없었더라면 생겼을 이익상태로 회복시켜 주는 것이다.
3) 손해배상의 방법은 당사자간의 특별한 약정이 없으면
금전으로 배상하여야 하며, 이를 금전배상주의라고 한다.

징벌적 손해배상

1) 가해자의 악의적·고의적으로 피해자에게 발생한
실제손해 이상의 배상책임을 지도록 하는 손해배상 제도,
가해자의 불법행위의 발생을 억지시키는 것을 목적으로 하는 제도이다.
2) 징벌적손해배상은 민사상 가해자가 피해자에게
악의로 사람의 생명과 재산 또는 신체상의 피해를 입힐 것을 알 수 있거나 알고 있음(미필적 고의)에도 불법행위를 자행할 경우

징벌적 손해배상

3) 피해자는 민사상의 전보적 손해배상액을 초과하여 형벌적인 요소로서 추가적으로 금액을 징구(徵求)하여 그 손해보다 더 많은 금액을 청구하고,

4) 가해자는 피해자의 손해보다는 더 많은 피해액을 변제하게 함으로써 가해자의 이익차단과 악의적인 불법행위자가 부당한 이득을 취하지 못하도록 이득을 차단함과 동시에 불법행위의 예방을 목적으로 하는 금전을 민사적으로 청구하는 처벌적 손해배상 제도라고 할 수 있다.

손해배상청구권이 발생하기 위한 요건

1) 구성요건, 위법성, 책임이 충족되어야 한다.
2) 구성요건은 손해배상청구권이 발생하기 위한 제1의 요건으로서
   - 작위 또는 부작위에 의하여 계약상의 의무가 위반되거나 법에 의하여 보호되는 법익이 침해되어야 한다.
3) 위법성은 가해행위가 위법해야 하는 것이다.
4) 법률은 원칙적으로 가해자가 구성요건에 해당하는 위법한 침해행위에 대하여 책임을 져야 하는 경우에만 손해배상의무를 인정한다.
   책임은 책임능력과 고의 또는 과실을 요건으로 한다.

손해배상 3분법(대법원 1976. 10. 12. 선고 76다1313 판결)

「불법행위 내용에 대하여 고의 또는 과실로 인한 위법행위로 타인에게 손해를 가한 자는 그 손해를 배

상할 책임이 있다.」 라고 규정

1) 적극적 손해

소실 및 파괴된 물건의 시가상당액, 신체손해에 따른 치료비, 생명침해에 따른 장례비 등은 적극적 손해에 해당한다.

2) 소극적 손해(일실이익, 휴업손해)

손해발생으로 인하여 장래에 얻을 수 있었던 이익을 얻지 못하게 된 손해를 소극적 손해라고 한다.

3) 정신적 손해(위자료)

위의 2가지 손해와는 달리 비재산적 손해로써
정신적인 고통으로 인한 손해를 정신적손해라고 하며,
이에 대한 금전배상액을 위자료라고 한다.

과실상계

1) 채무불이행 또는 불법행위로 인하여 손해의 발생하였고,
2) 채권자(피해자)의 고의, 과실이 있는 경우 이를 참작하여 채무자(가해자)의 손해배상책임을 감면하는 제도를 과실상계라고 한다.

판례

● **관련판례(1)/대법원 2020. 3. 26. 선고 2018다301336 판결**

채무불이행이나 불법행위로 인한 손해배상청구소송에서 재산적 손해의 발생사실이 인정되나 구체적인 손해의 액수를 증명하는 것이 사안의 성질상 곤란한 경우, 법원이 증거조사의 결과와 변론 전체의 취지에 의하여 밝혀진 간접사실들을 종합하여 손해의 액수를 정할 수 있는지 여부(적극)

판례

● **관련판례(2)/대법원 1985. 4. 9. 선고 84다552 판결**

[1] 일부청구임을 명시한 소송의 계속 중 유보한 나머지 청구를 별도의 소송으로 제기한 경우 중복제소 해당여부

• 전 소송에서 불법행위를 원인으로 치료비청구를 하면서 일부만을 특정하여 청구하고 그 이외의 부분은 별도소송으로 청구하겠다는 취지를 명시적으로 유보한 때에는 그 전 소송의 소송물은 그 청구한 일부의 치료비에 한정되는 것이고 전 소송에서 한 판결의 기판력은 유보한 나머지 부분의 치료비에까지는 미치지 아니한다.

판례

● **관련판례(2)/대법원 1985. 4. 9. 선고 84다552 판결**

[2] 불법행위로 인한 손해배상 청구권의 소멸시효의 기산시기

• 불법행위로 인한 손해배상청구권의 소멸시효는 불법행위시가 아니라 그로 인한 손해의 발생 및 가해자를 안 때로부터 진행한다 할 것이므로

• 사고당시 예견할 수 없었던 재입원으로 인한 치료비 및 향후 성형수술비 등은 새로운 손해로서 재입원시에 비로소 알게 되었다 할 것이고 그 때부터 시효가 진행된다.

판례

● **관련판례(3)/대법원 2002. 8. 27. 선고 2001다19486 판결**

• 정신병원에서 입원치료받던 고령의 정신병환자가 병원 의사의 관리소홀로 넘어져 두부외상을 입고 그 후 치매증상을 보이게 되었으나,

• 환자에게 사고 이전에 이미 치매를 표상하는 기질적 정신장애의 증세가 있었으므로 의사에게 진료상의 과실이 있다고 하더라도 현재 환자의 치매증세와 사이에서 인과관계가 추정되지 않는다.

2. 불법행위와 손해배상

불법행위에 따른 손해배상청구권의 발생원인

1) 불법행위는 고의나 과실에 의하여
타인의 권리를 침범하여 손해를 발생시키는 행위
2) 불법행위가 성립하면 가해자는 피해자에게 발생한 손해를 배상하여야 한다.
3) 불법행위 내용에 대하여 고의 또는 과실로 인한 위법행위로 타인에게 손해를 가한 자는 그 손해를 배상할 책임이 있다(민법 제750조).

소멸시효 항변

손해 및 가해자를 안 날부터 3년 또는
불법행위를 한 날부터 10년이 경과하여
소를 제기하였다는 항변 (민법 766조)
▶ (원고) 가압류를 한 사실 등을 들어 시효중단의 재항변

손해배상을 구하기 위한 요건

1) 불법행위를 이유로 배상하여야 할 손해는
현실로 입은 확실한 손해에 한하므로,
2) 불법행위로 인하여 피해자가 제3자에 대하여 채무를 부담하게 된 경우
채권자가 채무자에게 그 채무액 상당의 손해배상을 구하기 위해서는 채무의 부담이 현실적·확정적이어서 실제로 변제하여야 할 성질의 것이어야 하고,
3) 현실적으로 손해가 발생하였는지는 사회통념에 비추어
객관적이고 합리적으로 판단하여야 한다.
(대법원 2019. 8. 14. 선고 2016다217833 판결)

판례

◆ **관련판례(1)/대법원 2013. 9. 13. 선고 2013다45457판결[손해배상]**
[1] 부당이득반환청구권과 불법행위로 인한 손해배상청구권 중 어느 하나에 관한 소를 제기하여 승소 확정판결을 받았으나 채권의 만족을 얻지 못한 경우, 나머지 청구권에 관한 이행의 소를 제기할 수 있는지 여부(적극)
[2] 손해배상청구의 소를 먼저 제기하여 과실상계 등으로 승소액이 제한된 경우, 제한된 금액에 대한 부당이득반환청구권 행사의 허용 여부(적극)

판례

◆ **관련판례(2)/대법원 1985. 10. 22. 선고 85다카689 판결[손해배상]**
[1] 부당이득반환청구권과 불법행위로 인한 손해배상청구권 중 어느 하나에 관한 소를 제기하여 승소 확정판결을 받았으나 채권의 만족을 얻지 못한 경우, 나머지 청구권에 관한 이행의 소를 제기할 수 있는지 여부(적극)
[2] 손해배상청구의 소를 먼저 제기하여 과실상계 등으로 승소액이 제한된 경우, 제한된 금액에 대한 부당이득반환청구권 행사의 허용 여부(적극)

판례

◆ **관련판례(3)/대법원 1981. 6. 23. 선고 81다329 판결[손해배상]**
자동차운전자인 피고가 자동차의 사이드브레이크만 채워 두고 엔진 열쇠를 꽂아둔 채 자동차의 문을 잠그지 아니하고 차를 떠나 부근에서 요기를 하는 동안 소외인이 이를 절취운행하여 가다가 차량사고를 일으킨 경우에
피고는 자동차관리상의 주의의무 해태의 책임을 면할 수 없으므로 위 사고의 피해자에게 민법상의 손해배상책임이 있다.

3. 채무(계약) 불이행과 손해배상

채무(계약)불이행과 손해배상

채무자의 채무불이행으로 채권자에게 손해를 가한 경우 채권자는 채무자에게 손해배상청구권을 행사할 수 있다. 일단 채무불이행이 발생하면 채권자가 계약해제권을 행사하더라도 손해가 있는 한 채무자는 채권자에게 손해배상을 하여야 한다.

배상액의 예정

1) 당사자는 채무(계약)불이행에 관한 손해배상액을 예정할 수 있다.
2) 손해배상의 예정액이 부당히 과다한 경우에는 법원은 적당히 감액할 수 있다.
3) 위약금의 약정은 손해배상액의 예정으로 추정한다.
4) 당사자가 금전이 아닌 것으로써 손해의 배상에 충당할 것을 예정한 경우에도 위의 규정을 준용한다.

이행기와 이행지체

1) 채무이행의 확정한 기한이 있는 경우에는 채무자는 기한이 도래한 때로부터 지체책임이 있다.
2) 채무이행의 불확정한 기한이 있는 경우에는 채무자는 기한이 도래함을 안 때로부터 지체책임이 있다. (민법 제387조)
3) 채무이행의 기한이 없는 경우에는 채무자는 이행청구를 받은 때로부터 지체책임이 있다.

채무불이행과 손해배상

1) 채무자가 채무의 내용에 좇은 이행을 하지 아니한 때 에는 채권자는 손해배상을 청구할 수 있다.
그러나 채무자의 고의나 과실없이 이행할 수 없게 된 때에는 그러하지 아니하다(민법 390조).

2) 채무자가 채무의 이행을 지체한 경우에 채권자가 상당한 기간을 정하여 이행을 최고하여도 그 기간 내에 이행하지 아니하거나 지체 후의 이행이 채권자에게 이익이 없는 때에는 채권자는 수령을 거절하고 이행에 갈음한 손해배상을 청구할 수 있다(민법 395조).

판례

● **관련판례(1)/ 대법원 1983. 5. 24. 선고 82다카1667 판결**

계약해제로 인한 손해배상의 범위(= 이행 이익)
• 계약당사자의 일방이 계약해제와 아울러 하는 손해배상의 청구도 채무불이행으로 인한 손해배상과 다를 것이 없으므로
• 전보배상으로서 그 계약의 이행으로 인하여 채권자가 얻을 이익 즉 이행이익을 손해로서 청구하여야 하고
• 그 계약이 해제되지 아니하였을 경우 채권자가 그 채무의 이행으로 소요하게 된 비용 즉 신뢰이익의 배상은 청구할 수 없는 것이다.

판례

●**관련판례(2)/대법원 1996. 10. 25. 선고 95다33726 판결[과다한 계약금]**

해약금과 손해배상 예정액의 성질을 겸한 계약금에 대하여 매수인이 해약금에 기한 해제권 행사를 이유로 그 일부의 반환을 구하였으나 그 주장취지에 손해배상 예정액으로서 과다한 부분의 부당이득반환을 구하는 취지도 포함된 것으로 볼 수 있지과다한 손해배상 예정액 부분의 반환을 인정한 사례)
• 그 계약금은 해약금으로서의 성질과 손해배상 예정으로서의 성질을 겸하고 있어도
• 계약금이 손해배상 예정액으로서 과다하다면 감액 부분은 반환되어야 한다는 이유로, 계약금이 해약금으로서의 성질과 손해배상 예정으로서의 성질을 겸하고 있더라도 해약금에 기한 해제권 주장시에는 계약불이행에 따른 손해배상이 논의될 여지가 없어 손해배상 예정액의 감액이 불가능하다고 본 원심판결을 파기한 사례

판례

•관련판례(3)/대법원 2010. 10. 14. 선고 2010다40505 판결[손해배상]

채무불이행으로 인한 손해배상청구소송에서 재산적 손해의 발생사실은 인정되나 구체적인 손해액을 증명하는 것이 곤란한 경우, 법원이 증거조사의 결과와 변론 전체의 취지에 의하여 밝혀진 간접사실들을 종합하여 손해액을 판단할 수 있는지 여부(적극)

4. 여행과 손해배상

여행업자의 손해배상책임

여행업자는 여행 출발 시부터 도착 시까지 여행업자 본인 또는 그 고용인, 현지여행업자 또는 그 고용인 등(이하 "사용인"이라 함)이 「국외여행 표준약관」 제2조제1항에 따른 여행업자 임무와 관련하여 해외여행자에게 고의 또는 과실로 손해를 가한 경우 손해배상 책임을 진다(「국외여행 표준약관」 제8조).
현지여행업자 등의 고의 또는 과실로 여행자에게 손해를 가한 경우 여행업자는 해외여행자에게 손해를 배상해야 한다.
(「국외여행 표준약관」 제14조제1항)

여행업자의 손해배상책임

여행업자의 귀책사유로 해외여행자의 해외여행에 필요한 여권, 비자, 재입국 허가 또는 각종 증명서 등을 취득하지 못하여 해외여행자의 여행일정에 차질이 생긴 경우 여행업자는 해외여행자로부터 절차대행을 위하여 받은 금액 전부 및 그 금액의 100% 상당액을 해외여행자에게 배상해야 한다.
(「국외여행 표준약관」 제14조제2항)

여행업자의 손해배상책임

여행업자는 항공기, 기차, 선박 등
교통기관의 지연출발 및 도착 또는 교통체증 등으로 인하여
해외여행자가 입은 손해를 배상해야 한다.
다만, 여행업자가 고의 또는 과실이 없음을 입증한 때에는
그렇지 않는다(「국외여행 표준약관」 제14조제3항).

여행업자의 손해배상책임

여행업자는 자기나 그 사용인이
여행자의 수하물 수령, 인도, 보관 등에 관하여
주의를 태만히 하지 않았음을 증명하지 않으면
여행자의 수하물 멸실, 훼손 또는 연착으로 인한
손해를 배상해야 한다(「국외여행 표준약관」 제14조제4항).

여행업자의 담보책임

1) 여행에 하자가 있는 경우
   여행자는 여행업자에게 하자의 시정 또는 대금의 감액을 청구할 수 있다.
2) 다만, 그 시정에 지나치게 많은 비용이 들거나
   그 밖에 시정을 합리적으로 기대할 수 없는 경우에는
   시정을 청구할 수 없다(「민법」 제674조의6제1항).
3) 위의 시정 청구는 상당한 기간을 정하여 해야 한다.
   다만, 즉시 시정할 필요가 있는 경우에는 그렇지 않는다
   (「민법」 제674조의6제2항).

여행업자의 담보책임

4) 여행자는 위에 따른 권리를
여행 기간 중에도 행사할 수 있으며, 계약에서 정한 여행 종료일부터 6개월 내에 행사해야 한다(「민법」제674조의8).
5) 위의 사항을 위반하는 약정으로서
여행자에게 불리한 것은 효력이 없다(「민법」 제674조의9).

여행계약의 해제

1) 최저 행사인원이 충족되지 않은 경우의 계약해제
여행업자는 최저행사인원이 충족되지 않아 여행계약 을 해제하는 경우 여행출발 7일 전까지 해외여행자에게 통지해야 한다. (「국외여행 표준약관」 제9조제1항)
2) 여행업자가 여행참가자 수의 미달로
위의 기일 내 통지를 하지 않고 계약을 해제하는 경우
이미 지급받은 계약금의 환급 외에
다음의 금액을 해외여행자에게 배상해야 한다(「국외여 행 표준약관」 제9조제2항).
- 여행출발 1일 전까지 통지 시 : 여행요금의 30%
- 여행출발 당일 통지 시 : 여행요금의 50%

여행계약의 해지

1) 여행출발 후 계약해지
여행업자 또는 해외여행자는 여행출발 후
부득이한 사유가 있는 경우 계약을 해지할 수 있다.
다만, 이로 인하여 상대방이 입은 손해를 배상해야 한다.
(「민법」 제674조의4제1항 및 「국외여행 표준약관」 제16조 제1항)

여행계약의 해지

2) 여행주최자의 담보책임과 여행자의 해지권
- 여행자는 여행에 중대한 하자가 있는 경우에 그 시정이 이루어지지 않거나 계약의 내용에 따른 이행을 기대할 수 없는 경우에는 계약을 해지할 수 있다(「민법」 제674조의7제1항).
- 계약이 해지된 경우 여행주최자는 대금청구권을 상실한다. 다만, 여행자가 실행된 여행으로 이익을 얻은 경우에는 그 이익을 여행주최자에게 상환해야 한다(「민법」 제674조의7제2항).

소비자분쟁조정위원회의 분쟁조정절차

1) 분쟁조정 신청

소비자와 사업자 사이에 발생한 분쟁에 관하여 소비자피해구제기구에서 소비자분쟁이 해결되지 않거나 소비자단체의 합의권고에 따른 합의가 이루어지지 않은 경우 당사자나 그 기구 또는 단체의 장은 한국소비자원에 설치된 소비자분쟁조정위원회에 분쟁조정을 신청할 수 있다(「소비자 기본법」 제65조제1항).

2) 분쟁조정 기간

소비자분쟁조정위원회는 분쟁조정을 신청받은 때에는 그 신청을 받은 날부터 30일 이내에 그 분쟁조정을 마쳐야 한다(「소비자기본법」 제66조제1항).

법원을 통한 분쟁해결

해외여행 관련 분쟁은
민사조정, 화해, 독촉절차(지급명령), 소액사건심판 또는
민사소송 등 법원을 통한 방법으로도 해결할 수 있다.

판례

● **관련판례(1)/ 대법원 1998. 11. 24. 선고 98다25061 판결**

[1] 여행업자가 기획여행을 실시함에 있어 여행자의 안전확보를 위하여 취하여야 할 주의의무의 내용 및 그 근거
• 여행업자는 기획여행계약의 상대방인 여행자에 대하여 기획여행계약상의 부수의무 로서, 여행자의 생명·신체·재산 등의 안전을 확보하기 위하여, 여행목적지·여행일정· 여행행정·여행서비스기관의 선택 등에 관하여 미리 충분히 조사·검토하여 전문업자 로서의 합리적인 판단을 하고,
• 또한 그 계약 내용의 실시에 관하여 조우할지 모르는 위험을 미리 제거할 수단을 강구하거나 또는 여행자에게 그 뜻을 고지하여 여행자 스스로 그 위험을 수용할지 여부에 관하여 선택의 기회를 주는 등의 합리적 조치를 취할 신의칙상의 주의의무를 진다.

판례

● **관련판례(1)/ 대법원 1998. 11. 24. 선고 98다25061 판결**

[2] 기획여행에 참여한 여행자가 여행지에서 놀이시설을 이용하다가 다른 여행자의 과실에 의한 행위로 인하여 상해를 입은 사안에서, 국외여행인솔자의 과실이 있다고 보아 여행업자 및 위 국외여행인솔자의 손해배상책임(적극)

판례

● **관련판례(2)/ 서울동부지법 2019. 7. 3. 선고 2018나29933 판결**

갑 등이 항공운송업을 영위하는 을 주식회사와 을 회사 소속 항공기로 인천국제공항을 출발하여 같은 날 필리핀 칼리보국제공항에 도착하는 내용의 국제항공운송계약을 체결하고 출발 일정에 맞추어 공항에 나갔다가 항공기 출발 지연으로 공항에서 8시간 이상 대기하는 등의 손해를 입자 을 회사를 상대로 손해배상을 구한 사안

항공기가 당초 예정된 출발시각보다 8시간 이상 지연 출발하였고, 을 회사가 갑 등의 손해를 피하기 위하여 합리적으로 요구되는 모든 조치를 다하였거나 그러한 조치를 취할 수 없었다고 인정하기에 부족하므로, 을 회사는 갑 등이 입은 정신적 손해를 배상할 책임이 있다고 한 사례

9장 세금

LAW

1. 소득세

소득세란 ?

소득에 대해 부과하는 세금으로서,
주로 이자소득, 배당소득, 부동산임대소득, 사업소득, 근로소득, 연금소득, 기타소득 등으로 구분하여 개인별로 종합하여 과세한다.
소득의 주체는 개인이나 법인(법인세)이므로,
개인과 법인 모두 소득세를 납부한다.

소득의 구분

1) 종합소득
   가. 이자소득　나. 배당소득　다. 사업소득
   라. 근로소득　마. 연금소득　바. 기타소득
2) 퇴직소득
3) 양도소득

비과세 소득

1) 다음 각 호의 소득에 대해서는 소득세를 과세하지 아니한다 (소득세법 제12조).
   가. 논·밭을 작물 생산에 이용하게 함으로써 발생하는 소득
   나. 1개의 주택을 소유하는 자의 주택임대소득
      (제99조에 따른 기준시가가 9억원을 초과하는 주택 및 국외에 소재하는 주택의 임대소득은 제외)
   다. 농어가 부업소득
   라. 전통주의 제조에서 발생하는 소득
   마. 작물재배업에서 발생하는 소득
   바. 어업에서 발생하는 소득 등

비과세 소득

2) 근로소득과 퇴직소득 중 다음의 어느 하나에 해당하는 소득
가. 복무 중인 병(兵)이 받는 급여
나. 법률에 따라 동원된 사람이 그 동원 직장에서 받는 급여
다. 「산업재해보상보험법」에 따라 수급권자가 받는 요양급여, 휴업급여, 장해급여 또는 근로의 제공으로 인한 부상・질병・사망과 관련하여 근로자나 그 유족이 받는 배상・보상 또는 위자(慰藉)의 성질이 있는 급여
라. 「근로기준법」 또는 「선원법」에 따라 근로자・선원 및 그 유족이 받는 요양보상금, 휴업보상금, 상병보상금, 일시보상금, 장해보상금, 유족보상금, 행방불명보상금, 소지품 유실보상금, 장의비 및 장제비

비과세 소득

마. 「고용보험법」에 따라 받는 실업급여, 육아휴직 급여, 육아기 근로시간 단축 급여, 출산전후휴가 급여등
바. 「국민연금법」에 따라 받는 반환일시금(사망으로 받는 것만 해당) 및 사망일시금
사. 「공무원연금법」 등에서 요양급여・장애보상금・사망보상금 또는 신체・정신상의 장해・질병으로 인한 휴직기간에 받는 급여 등
아. 생산직 및 그 관련 직에 종사하는 근로자로서 급여 중 대통령령으로 정하는 연장근로・야간근로 또는 휴일근로를 하여 받는 급여

비과세 소득

3) 연금소득 중 다음의 어느 하나에 해당하는 소득
   가. 「국민연금법」, 「공무원연금법」 또는 「공무원 재해보상법」, 「군인연금법」 또는 「군인 재해보상법」, 「사립학교교직원 연금법」, 「별정우체국법」 또는 「국민연금과 직역연금의 연계에 관한 법률」에 따라 받는 유족연금·퇴직유족연금·퇴역유족연금·장해유족연금·상이유족연금·순직유족연금·직무상유족연금·위험직무순직유족연금, 장애연금, 장해연금·비공무상 장해연금·비직무상 장해연금, 상이연금(傷痍年金), 연계노령유족연금 또는 연계퇴직유족연금
   나. 「산업재해보상보험법」에 따라 받는 각종 연금

과세소득과 근로소득

근로소득은 해당 과세기간에 발생한 다음의 소득(과세)으로 한다.
1) 근로를 제공함으로써 받는 봉급·급료·보수·세비·임금·상여·수당과 이와 유사한 성질의 급여
2) 법인의 주주총회·사원총회 또는
   이에 준하는 의결기관의 결의에 따라 상여로 받는 소득
3) 「법인세법」에 따라 상여로 처분된 금액
4) 퇴직함으로써 받는 소득으로서 퇴직소득에 속하지 아니하는 소득 등

판례

● **관련판례(1)/ 대법원 2019. 5. 16. 선고 2015다35270 판결**

소득세법이 채택하고 있는 권리확정주의에서 말하는 '확정'의 개념이 소득의 귀속시기에 관한 예외 없는 일반원칙인지 여부(소극) 및 구체적인 사안에서 소득의 귀속시기를 판단하는 기준
 = 원천징수하는 소득세에 대한 징수의무자의 납부의무 성립과 그 세액의 확정 및 이에 대응하는 수급자의 수인의무가 성립하는 시기(=원칙적으로 소득금액을 지급하는 때)

판례

● **관련판례(1)/ 대법원 2019. 5. 16. 선고 2015다35270 판결**

[판결요지]

• 소득세법은 현실적으로 소득이 없더라도 그 원인이 되는 권리가 확정적으로 발생한 때에는 소득의 실현이 있는 것으로 보고 과세소득을 계산하는 권리확정주의를 채택하고 있다.

• 그와 같은 권리확정주의에서 말하는 '확정'의 개념을 소득의 귀속시기에 관한 예외 없는 일반원칙으로 단정하여서는 아니 되고,

- 구체적인 사안에 관하여
- 소득에 대한 관리·지배와 발생소득의 객관화 정도
- 납세자금의 확보시기 등까지도 함께 고려하여
- 소득의 실현가능성이 상당히 높은 정도로 성숙·확정되었는지 여부를 기준으로 귀속시기를 판단하여야 한다.

판례

● **관련판례(2)/ 대법원 2024. 11. 27. 선고 2012두18356 판결**

[원천징수법인세환급거부처분취소]

【판시사항】

국외에서 등록되었을 뿐 국내에는 등록되지 아니한 미국법인의 특허권 등이 국내에서 제조·판매 등에 사용된 경우, 미국법인이 사용 대가로 지급받는 소득을 국내원천소득으로 볼 것인지 여부(소극)

2. 상속세

상속이란?

특정인의 사망에 의해
사망자의 재산에 대한 권리와 의무가
타인에게 포괄적으로 승계되는 것을 상속이라 하고,
상속은 특정인의 사망으로부터 시작하고,
상속인은 상속이 개시된 때부터
그 재산에 관한 포괄적인 권리의무를 승계한다.

상속세

특정인의 사망에 의하여
무상으로 이전되는 상속재산에 대하여 부과되는 조세를 상속세라하고,
상속재산은 피상속인에게 귀속되는 재산으로서
금전으로 환가할 수 있는 경제적 가치가 있는 모든 물건과
재산적 가치가 있는 법률상 또는 사실상의 모든 권리를 포함한다.
일정한 보험금, 신탁재산, 퇴직금 등도 상속재산으로 보고 있으며, 이러한 상속재산을 기준으로 상속세를 결정한다.

상속재산으로 보는 퇴직금 등

피상속인에게 지급될 퇴직금, 퇴직수당, 연금 또는
이와 유사한 것이 피상속인의 사망으로 인하여 지급되는 경우
그 금액은 상속재산으로 본다.

상속재산으로 보는 퇴직금 등

다만, 다음 각 호의 어느 하나에 해당하는 것은 상속재산으로 보지 아니한다.

1) 「국민연금법」에 따라 지급되는 유족연금 또는 사망으로 인하여 지급되는 반환일시금
2) 「군인연금법」등의 장애보상금 또는 사망보상금
3) 「산업재해보상보험법」에 따라 지급되는 유족보상연금·유족보상일시금·유족특별급여
4) 근로자의 업무상 사망으로 인하여 「근로기준법」 등을 준용하여 사업자가 그 근로자의 유족에게 지급하는 유족보상금 또는 재해보상금과 그 밖에 이와 유사한 것 등

상속세율 면제 한도

1) 배우자공제는 최대 30억원
   가. 상속재산 5억원 미만의 경우 5억원 전액 면제
   나. 상속재산 5억원 이상의 경우 상속개시 전 10년 이내에 배우자가 사전에 증여받은 재산의 과세표준액을 뺀 금액을 비교하여 더 유리한 쪽으로 공제가 적용된다.
2) 자녀 1인당 금5,000만원(미성년자녀 12인당 금1,000만원 x 19세 까지의 기간)
3) 65세 이상은 1인당 금 5,000만원
4) 장애인 1인당 1,000만원 x 기대여명 등

기업의 경우

기업의 경우라면 기업상속재산가액 x 100%가
공제될 수 있으며, 200억에서 500억 사이로 한도가 정해진다.

동거주택 상속공제

거주자의 사망으로 상속이 개시되는 경우로서 조건을 성취할 경우 상속주택가액의 100분의 100에 상당하는 금액을 상속세 과세가액에서 공제한다. 다만, 그 공제할 금액은 6억원을 한도로 한다.

상속세율

과세표준	세 율
1억원 이하	과세표준의 100분의 10
1억원 초과 5억원 이하	1천만원 + (1억원을 초과하는 금액의 100분의 20)
5억원 초과 10억원 이하	9천만원 + (5억원을 초과하는 금액의 100분의 30)
10억원 초과 30억원 이하	2억 4천만원+(10억원을 초과하는 금액의 100분의 40)
30억원 초과	10억 4천만원+(30억원을 초과하는 금액의 100분의 50)

세대를 건너뛴 상속에 대한 할증과세

1) 상속인이나 수유자가 피상속인의 자녀를 제외한 직계 비속인 경우에는
상속세산출세액에 상속재산 중
그 상속인 또는 수유자가 받았거나 받을 재산이 차지 하는 비율을 곱하여
계산한 금액의 100분의 30(피상속인의 자녀를 제외한 직계비속이면서 미성년자에 해당하는 상속인 또는 수유자가 받았거나 받을 상속재산의 가액이 20억원을 초과하는 경우에는 100분의 40)에 상당하는 금액을 가산한다.
2) 다만, 「민법」 제1001조에 따른 대습상속(代襲相續)의 경우에는 그러하지 아니하다.

판례

● **관련판례/ 대법원 2018. 12. 13. 선고 2016두54275 판결**

피상속인이 사망하여 상속이 개시된 때에 대습상속의 요건을 갖추어 구 상속세 및 증여세법상 상속인이 된 경우, 그 상속인이 상속개시일 전
10년 이내에 피상속인으로부터 증여받은 재산의 가액이 상속세 과세가액에 포함되는지 여부(적극)

3. 증여세

증여란 ?

직접 또는 간접적인 방법으로
타인에게 무상으로 유형·무형의 재산 또는 이익을
이전(移轉)하거나
타인의 재산가치를 증가시키는 것을 말한다.
다만, 유증(유언)과 사인증여는 제외한다.

증여세 과세대상

다음 각 호의 어느 하나에 해당하는 증여재산에 대해서는
증여세를 부과한다.

1) 무상으로 이전받은 재산 또는 이익
2) 현저히 낮은 대가를 주고
   재산 또는 이익을 이전받음으로써 발생하는 이익이나
   현저히 높은 대가를 받고 재산 또는 이익을 이전함으로써
   발생하는 이익 등

상속과 증여

상속개시 후 상속재산에 대하여
등기·등록·명의개서 등으로 각 상속인의 상속분이 확정된 후, 그 상속재산에 대하여 공동상속인이 협의하여 분할한 결과 특정 상속인이 당초 상속분을 초과하여 취득하게 되는 재산은 그 분할에 의하여 상속분이 감소한 상속인으로부터 증여받은 것으로 보아 증여세를 부과한다.

증여재산의 반환

1) 수증자가 증여재산(금전은 제외한다)을
당사자 간의 합의에 따라 증여세 과세표준 신고기한까지 증여자에게 반환하는 경우 에는 처음부터 증여가 없었던 것으로 본다.
2) 증여세 과세표준 신고기한이 지난 후 3개월 이내에 증여자에게 반환하거나 증여자에게 다시 증여하는 경우에는 그 반환하거나 다시 증여하는 것에 대해 증여세를 부과하지 아니한다.

증여세의 납부의무

1) 수증자는 증여재산에 대하여 증여세를 납부할 의무가 있다.
2) 다만 증여자는 다음 각 호의 어느 하나에 해당하는
경우에는
수증자가 납부할 증여세를 연대하여 납부할 의무가 있다.

- 수증자의 주소나 거소가 분명하지 아니한 경우로서
  증여세에 대한 조세채권(租稅債權)을 확보하기 곤란한 경우
- 수증자가 증여세를 납부할 능력이 없다고 인정되는 경우
- 수증자가 비거주자인 경우

보험금의 증여

생명보험이나 손해보험에서
보험사고(만기보험금 지급의 경우를 포함한다)가 발생한 경우
해당 보험사고가 발생한 날을 증여일로 본다.

채무변제 등에 따른 증여

채권자로부터 채무를 면제받거나
제3자로부터 채무의 인수 또는 변제를 받은 경우에는
그 면제, 인수 또는 변제("면제등"이라 함)를 받은 날을 증여일로 하여 그 면제등으로 인한 이익에 상당하는 금액
(보상액을 지급한 경우에는 그 보상액을 뺀 금액으로 한다)을
그 이익을 얻은 자의 증여재산가액으로 한다.

금전 무상대출 등에 따른 이익의 증여

타인으로부터 금전을 무상으로 또는
적정 이자율보다 낮은 이자율로 대출받은 경우에는
그 금전을 대출받은 날에
그 금전을 대출받은 자의 증여재산가액으로 한다.

배우자 등에게 양도한 재산의 증여 추정

배우자 또는 직계존비속에게 양도한 재산은
양도자가 그 재산을 양도한 때에
그 재산의 가액을 배우자등이 증여받은 것으로 추정하여
이를 배우자 등의 증여재산가액으로 한다.

재산 취득자금 등의 증여 추정

재산 취득자의 직업, 연령, 소득 및 재산 상태 등으로 볼 때 재산을 자력으로 취득하였다고 인정하기 어려운 경우로서 대통령령으로 정하는 경우에는
그 재산을 취득한 때에 그 재산의 취득자금을
그 재산 취득자가 증여받은 것으로 추정하여
이를 그 재산 취득자의 증여재산가액으로 한다.

증여세 과세가액

1) 증여세 과세가액은 증여일 현재 증여재산가액을 합친 금액에서 그 증여재산에 담보된 채무로서 수증자가 인수한 금액을 뺀 금액으로 한다.
2) 해당 증여일 전 10년 이내에 동일인(증여자가 직계존속인 경우에는 그 직계존속의 배우자를 포함)으로부터 받은 증여재산가액을 합친 금액이 1천만원 이상인 경우에는 그 가액을 증여세 과세가액에 가산한다.
3) 배우자 간 또는 직계존비속 간의 부담부증여(제44조에 따라 증여로 추정되는 경우를 포함)에 대해서는 수증자가 증여자의 채무를 인수한 경우에도 그 채무액은 수증자에게 인수되지 아니한 것으로 추정한다.

증여재산 공제(증여세 면제)

1) 배우자로부터 증여를 받은 경우 : 6억원
2) 직계존속으로부터 증여를 받은 경우 : 5천만원
다만, 미성년자가 직계존속으로부터 증여를 받은 경우 : 2천만원
3) 직계비속(수증자와 혼인 중인 배우자의 직계비속을 포함)으로부터 증여를 받은 경우 : 5천만원
4) 6촌 이내의 혈족, 4촌 이내의 인척으로부터 증여를 받은 경우 : 1천만원

증여세 세율

과세표준	세 율
1억원 이하	과세표준의 100분의 10
1억원 초과 5억원 이하	1천만원 + (1억원을 초과하는 금액의 100분의 20)
5억원 초과 10억원 이하	9천만원 + (5억원을 초과하는 금액의 100분의 30)
10억원 초과 30억원 이하	2억 4천만원+(10억원을 초과하는 금액의 100분의 40)
30억원 초과	10억 4천만원+(30억원을 초과하는 금액의 100분의 50)

판례

● **관련판례/ 대법원 1994. 12. 9. 선고 93누23985 판결**

부동산의 소유자이던 증여자가 소유권이전등기를 마치지 아니한 상태에서 사망한 경우, 그 부동산이 상속재산에 속하는지 여부(적극)

4. 부가가치세

부가가치세란 ?

국세의 하나로서 납세의무자인 개인 또는 법인 등이 사업상 독립적으로 재화나 용역을 공급하거나 재화를 수입하는 자 등이 납부하는 세금이다.

부가가치세법에서는 부가가치세의 효율적인 업무의 처리와 납세의무자를 정확히 파악하기 위하여 모든 사업자는 사업개시 20일 내에 사업자등록을 하여 등록증을 교부받아야 한다.

과세기간

1) 간이과세자 : 1월 1일부터 12월 31일까지
2) 일반과세자

구분	과세기간
제1기	1월 1일부터 6월 30일까지
제2기	7월 1일부터 12월 31일까지

면세

다음 각 호의 재화 또는 용역의 공급에 대하여는
부가가치세를 면제한다(법 제26조)

1) 가공되지 아니한 식료품 및 우리나라에서 생산되어 식용으로 제공되지 아니하는 농산물, 축산물, 수산물과 임산물
2) 수돗물
3) 연탄과 무연탄
4) 여성용 생리 처리 위생용품
5) 의료보건 용역(수의사의 용역을 포함한다)
6) 교육 용역

면세

[계속]
다음 각 호의 재화 또는 용역의 공급에 대하여는
부가가치세를 면제한다(법 제26조)

7) 여객운송 용역
8) 도서(도서대여 용역을 포함한다), 신문, 잡지, 관보(官報), 「뉴스통신 진흥에 관한 법률」에 따른 뉴스통신 및 방송으로서 대통령령으로 정하는 것. 다만, 광고는 제외한다.
9) 우표(수집용 우표는 제외한다), 인지(印紙), 증지(證紙), 복권 및 공중전화
10) 「담배사업법」에 따른 판매가격이 대통령령으로 정하는 금액 이하인 것
11) 금융·보험 용역
12) 주택과 이에 부수되는 토지의 임대 용역

면세

[계속]
다음 각 호의 재화 또는 용역의 공급에 대하여는
부가가치세를 면제한다(법 제26조)
13) 「공동주택관리법」에 따른 복리시설인 공동주택 어린이집의 임대 용역
14) 토지
15) 저술가·작곡가나 그 밖의 자가 직업상 제공하는 인적(人的) 용역
16) 예술창작품, 예술행사, 문화행사 또는 아마추어 운동경기
17) 도서관, 과학관, 박물관, 미술관, 동물원, 식물원, 그 밖에 대통령령으로 정하는 곳에 입장하게 하는 것
18) 종교, 자선, 학술, 구호(救護), 그 밖의 공익을 목적으로 하는 단체가 공급하는 재화 또는 용역 등

재화의 수입에 대한 면세

다음 각 호에 해당하는 재화의 수입에 대하여는
부가가치세를 면제한다(법 제27조).
1) 가공되지 아니한 식료품(식용으로 제공되는 농산물, 축산물, 수산물 및 임산물을 포함)
2) 도서, 신문 및 잡지
3) 학술연구단체, 교육기관, 「한국교육방송공사법」에 따른 한국교육방송공사 또는 문화단체가 과학용·교육용·문화용으로 수입하는 재화
4) 종교의식, 자선, 구호, 그 밖의 공익을 목적으로 외국으로부터 종교단체·자선단체 또는 구호단체에 기증되는 재화

재화의 수입에 대한 면세

[계속]

다음 각 호에 해당하는 재화의 수입에 대하여는 부가가치세를 면제한다(법 제27조).

5) 거주자가 받는 소액물품으로서 관세가 면제되는 재화
6) 여행자의 휴대품
7) 수입하는 상품의 견본과 광고용 물품으로서 관세가 면제되는 재화
8) 국내에서 열리는 박람회, 전시회, 품평회, 영화제 또는 이와 유사한 행사에 출품하기 위하여 무상으로 수입하는 물품 등

간이과세자에 대한 납부의무의 면제

1) 간이과세자의 해당 과세기간에 대한 공급대가의 합계액이 3천만원 미만이면 납부의무를 면제한다(법 제69조).
2) 납부의무가 면제되는 사업자가 자진 납부한 사실이 확인되면 납세지 관할 세무서장은 납부한 금액을 환급하여야 한다.

판례

● **관련판례/ 대법원 2004. 6. 24. 선고 2002두10780 판결**

[부가가치세부과처분취소]

- 가산세를 부과하기 위하여는 납세자의 고의·과실을 요하는지 여부(소극)
- 납세자의 법령의 부지 등이 가산세를 부과할 수 없는 정당한 사유에 해당하는지 여부(소극)

10장 소비자분쟁

LAW

1.소비자 분쟁

물품구매 계약의 체결

물건을 구입한다는 것은 소비자와 사업자간의 물품 구매계약을 체결했다는 것을 의미이러한 물품구매계약은 원칙적으로 소비자가 청약(請約)이라는 의사표시를 하고 여기에 대해 사업자가 승낙(承諾)함으로써 성립된다.

구입의사의 철회

물건을 구입 후 소비자의 단순변심에 의해 물건을 반품하는 것은 청약의 철회라고 할 수 있는데, 원칙적으로 청약은 철회할 수 없다(「민법」 제527조).
그러나 거래 일반의 경우에는 판매자의 판매정책에 따라 물건의 가치가 훼손되지 않는 한 물품반품에 따르는 비용을 소비자가 부담하고 반품을 허용하는 경우도 있다.

구입의사의 철회

다만, 우리 법은 할부거래, 전자상거래, 통신판매, 방문판매 등의 거래에서는 충동구매로부터 소비자를 보호하기 위해 일정기간 재고(再考)해 본 후 계약체결의사를 철회할 수 있도록 소비자의 청약철회권을 인정하고 있다.

약관을 통한 계약의 체결

대중교통을 이용하는 것도 운송서비스 이용계약을 체결한 것이라고 볼 수 있는데, 이런 것은 다수의 소비자와 일일이 계약을 체결하기 어렵기 때문에 약관을 통해 해결하고 있다.

약관을 통한 계약의 체결

약관이란

계약의 일방 당사자가 특정 종류의 계약을 불특정 다수의 상대방과 계속 반복해서 체결할 것을 예정하고, 이에 대비해서 일정한 형식으로 미리 마련한 계약의 내용을 말한다.
(「약관의 규제에 관한 법률」 제2조제1호)

약관을 통한 계약의 체결

약관에서 정하고 있는 사항에 관해 사업자와 소비자가 약관의 내용과 다르게 합의한 사항이 있을 때에는 그 합의사항(개별약정)이 약관보다 우선한다. (「약관의 규제에 관한 법률」 제4조)

피해구제 관련법률

구분	과세기간
「민법」	• 사기판매 계약 취소(「민법」 제140조부터 제146조까지) • 계약해제·해지(「민법」 제543조부터 제553조까지) • 채무불이행·불법행위로 인한 손해 배상 요구(「민법」 제750조)
「방문판매 등에 관한 법률」	• 방문판매·다단계판매 청약철회(「방문판매 등에 관한 법률」 제8조, 제9조, 제17조 및 제18조) • 계속거래 계약해지(「방문판매 등에 관한 법률」 제31조 및 제32조)
「전자상거래 등에서의 소비자보호에 관한 법률」	• 전자상거래·통신판매·TV홈쇼핑 청약철회(「전자상거래 등에서의 소비자보호에 관한 법률」 제17조 및 제18조)

피해구제 관련법률

구분	과세기간
「할부거래에 관한법률」	• 할부거래 청약철회(「할부거래에 관한 법률」 제8조 및 제10조) • 신용카드 항변권 행사(「할부거래에 관한 법률」 제16조)
「약관의 규제에 관한 법률」	• 약관 교부·설명 의무 위반 시 해당 약관의 계약 내용 주장 불가(「약관의 규제에 관한 법률」 제3조) • 불공정약관조항의 무효 및 사용금지(「약관의 규제에 관한 법률」 제6조 및 제17조)
「소비자기본법」 「소비자분쟁해결기준」	• 피해유형 및 배상기준[「소비자기본법」 제16조 및 「소비자분쟁해결기준」(공정거래위원회 고시 제2019-3호, 2019. 4. 3. 발령·시행)]
그 밖에 소비자 관련 개별법	• 사업자의 부당행위 판정기준 근거 제공(판매·제조 금지, 허위표시·과장광고 금지 등)

판례

● **관련판례(1)/ 대법원 2019. 3. 14., 선고, 2018다255648, 판결**

[물품대금]
매도인이나 수급인의 담보책임을 기초로 한 손해배상채권의 제척기간이 지났으나, 제척기간이 지나기 전 상대방의 채권과 상계할 수 있었던 경우, 매수인이나 도급인이 민법 제495조를 유추적용해서 위 손해배상채권을 자동채권으로 해서 상대방의 채권과 상계할 수 있는지 여부(적극)

판례

● **관련판례(2)/ 대법원 2015. 7. 9., 선고, 2015도6207, 판결**

[식품위생법 위반]
구 식품위생법 제13조 제1항이 식품 등에 대하여 특정 질병의 치료·예방 등을 직접적이고 주된 목적으로 하는 것처럼 표시·광고하여 소비자가 의약품으로 혼동·오인하게 하는 표시·광고만을 규제하는지 여부(적극)
식품 등에 대하여 마치 특정 질병의 치료·예방 등을 직접적이고 주된 목적으로 하는 것인 양 표시·광고하여 소비자로 하여금 의약품으로 혼동·오인하게 하는 표시·광고만을 규제한다고 한정적으로 해석하여야 한다. (대법원 2006. 11. 14. 선고 2005도844 판결, 대법원 2007. 9. 6. 선고 2007도3831 판결)

2. 약관의 중요성

약관의 개념

약관이란
그 명칭이나 형태 또는 범위에 상관없이 계약의 한쪽 당사자가 특정 종류의 계약을 불특정 된 여러 명의 상대방과 계속 반복해서 체결할 것을 예정하고, 이에 대비해서 일정한 형식으로 미리 작성해 둔 계약의 내용을 말한다.

약관의 개념

예로서, 화재·생명 등의 보험계약, 가스·전기·수도 등의 공급계약, 지하철·버스·택시·항공기·선박 등의 운송계약, 예금·저축계약, 우편·전화 등의 이용 계약, 영화관·극장 등의 입장계약, 창고임차계약, 병원의 진료계약 등에서는 계약의 내용에 관해 개별적인 합의가 일일이 이루어지지 않고, 사업자가 미리 정해 놓은 정형적 계약조항이 소비자에게 제시되고 소비자는 이를 포괄적으로 받아들여 이에 응함으로써 계약이 성립한다.

불공정약관조항의 무효

다음과 같은 내용을 포함한 약관은
불공정약관조항으로서 **무효**가 된다(「약관의 규제에 관한 법률」 제17조).

1) 일반원칙으로서 신의성실의 원칙에 반하는 내용(「약관의 규제에 관한 법률」 제6조제1항)
   ① 소비자에게 부당하게 불리하거나
   ② 소비자가 계약의 거래형태 등 관련된 모든 사정에 비추어 예상하기 어렵거나
   ③ 계약의 목적을 달성할 수 없을 정도로 계약에 따르는
   본질적 권리를 제한하는 내용의 조항은
   공정을 잃은 것으로 추정하고 있다(「약관의 규제에 관한 법률」 제6조제2항).

불공정약관조항의 무효

다음과 같은 내용을 포함한 약관은
불공정약관조항으로서 무효가 된다(「약관의 규제에 관한 법률」 제17조).

2) 약관이용자인 사업자의 책임을 부당하게 면제하는 내용
   (「약관의 규제에 관한 법률」 제7조)
3) 소비자에 대해 부당하게 과중한 손해배상의무를 부담시키는 내용 (「약관의 규제에 관한 법률」 제8조)
4) 계약의 해제권·해지권을 소비자에 대해 부당하게 배제 또는 제한하거나
   반대로 사업자에 대해서는 부당하게 폭넓게 인정하는 등의 내용 (「약관의 규제에 관한 법률」 제9조)

불공정약관조항의 무효

다음과 같은 내용을 포함한 약관은
불공정약관조항으로서 무효가 된다(「약관의 규제에 관한 법률」 제17조).

5) 채무이행과 관련해서 상당한 이유 없이
   사업자가 급부의 내용을 결정·변경·중지하거나
   제3자로 하여금 대행하게 하는 내용(「약관의 규제에 관한 법률」 제10조)
6) 소비자의 항변권·상계권을 제한하거나
   기한의 이익을 박탈하는 등의 내용(「약관의 규제에 관한 법률」 제11조)
7) 소비자의 의사표시를 부당하게 제한하거나
   의사표시의 형식이나 요건에 대해
   부당하게 엄격한 제한을 가하는 내용(「약관의 규제에 관한 법률」 제12조)

불공정약관조항의 무효

다음과 같은 내용을 포함한 약관은
불공정약관조항으로서 무효가 된다(「약관의 규제에 관한 법률」 제17조).

8) 소비자의 대리인에 의해 계약이 체결된 경우에
   그 소비자의 대리인에 대해 이행의무를 부과하는 내용
   (「약관의 규제에 관한 법률」 제13조)
9) 소비자에게 소의 제기를 금지하거나
   상당한 이유 없이 입증책임을 부담시키는 내용
   (「약관의 규제에 관한 법률」 제14조)

예외

1) 위 무효조항이 포함되더라도 원칙적으로 약관은 나머지 부분만으로 유효하게 존속 그러나 유효한 부분만으로는 계약의 목적 달성이 불가능하거나 일방에게 부당하게 불리한 경우에는 계약의 전부가 무효가 된다(「약관의 규제에 관한 법률」 제16조).

예외

2) 시정조치명령

가. 불공정약관조항을 계약내용으로 한 사업자는 공정거래위원회로부터 해당 약관조항의 삭제·수정 등의 시정조치를 권고 또는 명령받게 될 수 있다.

- 이 시정조치명령에 불응하면 2년 이하의 징역 또는 1억원 이하의 벌금(「약관의 규제에 관한 법률」 제17조의 2제1항·제2항 및 제32조).

예외

2) 시정조치명령

나. 따라서 판매계약을 할 때 청약철회, 계약해제, 사업자의 손해배상청구금액 등에 관한 약관의 내용이 소비자에게 부당하게 불리하다면 그 부분은 무효가 된다.

판례

● **관련판례(2)/ 대법원 2015. 7. 9., 선고, 2015도6207, 판결**

• 甲이 직장에서 발견된 크기가 1㎝ 미만인 용종을 제거하기 위하여 병원에서 대장내시경하 용종절제술을 받은 다음 진단서를 발급받았고,

• 그 후 다시 진료를 받은 대학병원에서 위 용종이 甲이 乙 보험회사와 체결한 보험계약의 약관에서 정한 '암'에 해당하는지 문제 된 사안에서,

• 보험사고 또는 보험금 지급액의 범위와 관련하여 위 보험약관이 규정하는 '암'은 객관적으로 다의적으로 해석되어 약관 조항의 뜻이 명백하지 아니한 경우에 해당하는 것이어서 약관의 규제에 관한 법률 제5조 제2항에서 정한 작성자 불이익의 원칙에 따라

• 甲의 용종과 같은 상세불명의 직장 유암종은 제6차 개정 한국표준질병·사인분류상 '소화기관의 악성 신생물'로 분류되는 '암'에 해당한다고 해석함이 타당하다고 한 사례.

3. 다단계 분쟁

다단계판매란 ?

다단계판매란

판매업자에 속한 판매원이 특정인을 해당 판매원의 하위 판매원으로 가입하도록 권유하는 모집방식이 있고,
판매원의 가입이 3단계 이상 단계적으로 이루어지고,
판매업자가 판매원에게 후원수당을 지급하는 방식을 가지고 있는 다단계판매조직을 통하여 물건(재화) 또는 용역(이하 "재화등")을 판매하는 것
(「방문판매 등에 관한 법률」 제2조제5호)

불법 다단계판매조직

「다단계판매에 관한 해설자료 고시」
(공정거래위원회 고시 제2015-15호, 2015. 10. 23. 발령·시행)
제2조제2항 4

1) 다단계판매업등록증 및 등록번호가 없거나 불명확한 경우
2) 후원수당 산정·지급기준 등에 관한 자료를 공개하지 않는 경우
3) 다단계판매원등록증, 다단계판매원수첩 등을 주지 않거나 부실한 것을 주는 경우
4) 판매가격이 고가의 상품을 판매하는 경우(금 160만원 이상)
5) 물건의 반품 및 환불규정이 명확하지 않거나 사실상 지켜지지 않는 경우
6) 후원수당비율이 지나치게 높은(판매원에 대한 재화등의 공급가격의 35%를 초과) 경우

불법 다단계판매조직

「다단계판매에 관한 해설자료 고시」
(공정거래위원회 고시 제2015-15호, 2015. 10. 23. 발령·시행)
제2조제2항 4

7) 폭력, 강압이나 그 밖에 반강제적·위협적인 수단으로 가입을 유도하는 경우
8) 가입비 명목으로 금전을 요구하거나
   판매원 가입조건으로 물건을 구입하게 하는 경우(약 5만원 이상)
9) 판매원에게 판매보조물품을 구매하도록 의무를 부과하는 경우(약 3만원 이상)
10) 사람을 가입시키는 행위만으로도 수입이 발생되는 경우
11) 유사상품에 비해 현저히 고가(高價)로 상품가격을 정해 거래하거나 사실상 금전만을 거래하는 경우
12) 판매원 또는 판매원이 되려는 사람의 의사에 반하여
    교육이나 합숙을 강요하는 경우 등

청약철회권 및 계약해제권의 인정

물건(재화) 또는 용역(이하 "재화등")의 거래계약은 보통 소비자가 청약(請約)이라는 의사표시를 하고 여기에 대해 사업자가 승낙(承諾)함으로써 성립되며, 계약이 성립한 후에는 청약 또는 승낙의 의사를 철회할 수 없는 것이 원칙

「방문판매 등에 관한 법률」은 이러한 계약으로부터 소비자를 보호하기 위해 소비자에게 청약철회 및 계약해제(이하 "청약철회 등")의 권리를 인정하고 있다.

청약철회권 등의 행사범위

1) 소비자의 경우

다단계판매의 방법으로 물건(재화)등의 구매에 관한 계약을 체결한 소비자는 일정기간 이내에 그 계약에 관한 청약철회 등을 할 수 있다.

(「방문판매 등에 관한 법률」 제8조제1항 및 제17조제1항 본문)

청약철회권 등의 행사범위

2) 청약철회의 제한

다음의 경우에는 다단계판매자의 의사에 반해 청약철회 등을 할 수 없음 (「방문판매 등에 관한 법률」 제8조제2항 본문, 제17조제1항 및 「방문판매 등에 관한 법률 시행령」 제12조)

가. 소비자에게 책임 있는 사유로 재화 등이 멸실 또는 훼손된 경우 (단, 재화등의 내용을 확인하기 위해 포장 등을 훼손한 경우는 제외)

나. 소비자가 물건(재화)등을 사용하거나 일부 소비하여 그 가치가 현저히 낮아진 경우

다. 시간이 지남으로써 다시 판매하기가 어려울 정도로 재화등의 가치가 현저히 낮아진 경우

라. CD처럼 복제할 수 있는 물건(재화)등의 포장을 훼손한 경우

마. 소비자의 주문에 의하여 개별적으로 생산되는 재화등에 대한 것으로서 청약철회등을 인정하면 다단계판매자에게 회복할 수 없는 중대한 피해가 예상되는 경우로서 사전에 해당 거래에 대하여 별도로 그 사실을 고지하고 소비자의 서면(전자문서를 포함한다) 동의를 받은 경우

청약철회권 등의 행사범위

3) 예외
다만, 위 나.부터 라.까지의 경우라도 다단계판매자가 청약철회 등이 불가능하다는 사실(표시)을 물건(재화)등의 포장이나 그 밖에 소비자가 쉽게 알 수 있는 곳에 명기하거나 시용(試用)상품을 제공하는 등의 방법으로 청약철회 등의 권리행사가 방해받지 않도록 조치를 취하지 않았다면 소비자는 청약철회 등을 할 수 있다. (「방문판매 등에 관한 법률」 제8조제2항 단서·제5항 및 제17조제1항)

판례

● **관련판례/ 대법원 2008. 11. 27., 선고, 2008다56118, 판결**

[1] 상품의 허위·과장광고가 기망행위가 되는 경우
• 상품의 선전·광고에 있어 다소의 과장이나 허위가 수반되었다고 하더라도 일반 상거래의 관행과 신의칙에 비추어 시인될 수 있는 정도의 것이라면 이를 가리켜 기망하였다고 할 수는 없고,
• 거래에 있어 중요한 사항에 관한 구체적 사실을 신의성실의 의무에 비추어 비난받을 정도의 방법으로 허위로 고지한 경우에는 기망행위에 해당한다.
[2] 다단계판매원이 다단계판매업자와의 관계에서 민법 제756조에 규정한 피용자(사업자의 직원)에 해당하는지 여부(적극)

4. 인터넷 쇼핑

전자상거래와 통신판매

전자상거래란
물건(재화) 또는 용역(이하 "물건(재화) 등")을 거래할 때 그 전부 또는 일부가 전자문서에 의해 처리되는 방식으로 거래하는 행위(「전자상거래 등에서의 소비자보호에 관한 법률」 제2조제1호 및 「전자문서 및 전자거래 기본법」 제2조제5호)

전자상거래와 통신판매

통신판매란
우편·전기통신, 그 밖에 방법으로 물건(재화) 등의 판매에 관한 정보를 제공하고 소비자의 청약을 받아 물건(재화) 또는 역을 판매하는 것

전자상거래와 통신판매

인터넷 쇼핑과 전자상거래
인터넷쇼핑은 통신판매이면서 전자상거래로 볼 수 있으며, TV 홈쇼핑과 카달로그쇼핑은 통신판매이지만 전자상거래로 볼 수 없다.

주문취소 및 청약철회

1) 일반적으로 소비자는 자신이 체결한 전자상거래 계약에 대해 그 계약의 내용을 불문하고 그 청약철회 및 계약해제의 기간(통상 7일) 내에는 청약철회 등을 자유롭게 할 수 있다.
(「전자상거래 등에서의 소비자보호에 관한 법률」 제17조제1항)
2) 소비자에게 불리한 규정(주문 취소나 반품 금지 등)이 포함된 구매계약은 효력이 없다.
(「전자상거래 등에서의 소비자보호에 관한 법률」 제35조)

주문취소 및 청약철회

3) 하지만, 다음 어느 하나에 해당하는 경우에는 인터넷쇼핑몰 사업자의 의사에 반(反)해서 주문 취소 및 반품을 할 수 없다.
(「전자상거래 등에서의 소비자보호에 관한 법률」 제17조제2항 본문 및 「전자상거래 등에서의 소비자보호에 관한 법률 시행령」 제21조)

가. 소비자의 잘못으로 물건이 멸실되거나 훼손된 경우
(다만, 내용물을 확인하기 위해 포장을 훼손한 경우에는 취소나 반품이 가능)

나. 소비자가 사용해서 물건의 가치가 뚜렷하게 떨어진 경우

다. 시간이 지나 다시 판매하기 곤란할 정도로 물건의 가치가 뚜렷하게 떨어진 경우

라. 복제가 가능한 물건의 포장을 훼손한 경우 등

소비자분쟁해결기준

「소비자분쟁해결기준」에 따른 인터넷쇼핑몰업의 분쟁유형별 해결기준 (「소비자분쟁해결기준」 별표 Ⅱ, 43)

<table>
<tr><th colspan="4">인터넷 쇼핑</th></tr>
<tr><th colspan="2">분 쟁 유 형</th><th>해 결 기 준</th><th>비고</th></tr>
<tr><td colspan="2">허위·과장광고에 의한 계약체결</td><td>계약해제</td><td>계약해제의 경우, 소비자가 선 지급한 금액에 대한 환급은 해제일로부터 3일 이내에 실시함.</td></tr>
<tr><td colspan="2">물품이나 용역의 미인도</td><td>계약해제 및 손해배상</td><td></td></tr>
<tr><td rowspan="2">계약된 인도시기보다 지연인도</td><td>지연인도로 당해 물품이나 용역이 본래의 구매목적을 달성하지 못한 경우</td><td>계약해제 또는 손해배상</td><td></td></tr>
<tr><td>기타(지연인도로 인한 불편야기 등)</td><td>계약해제 또는 손해배상</td><td></td></tr>
<tr><td colspan="2">배송과정에서 훼손되거나 다른 물품 · 용역이 공급된 경우</td><td>제품교환 또는 구입가 환급</td><td></td></tr>
<tr><td colspan="2">부당한 대금청구</td><td>청구취소 또는 부당대금 환급</td><td></td></tr>
<tr><td colspan="2">그 밖에 사업자의 귀책사유로 인한 계약 미이행</td><td>계약이행 또는
계약해제 및 손해배상</td><td></td></tr>
</table>

판례

● **관련판례(1)/ 대법원 2011. 4. 14., 선고, 2010다91886, 판결**

• 상법 제24조에 의한 명의대여자와 명의차용자 책임의 상호관계(=부진정 연대책임)
• 및 부진정연대채무에서 채무자 1인의 소멸시효 중단사유나 시효이익 포기가 다른 채무자에게 효력이 있는지 여부(소극)

판례

● **관련판례(2)/ 대법원 2013. 11. 14., 선고, 2013다64663, 판결**

• 사업을 하는 개인이 자신이 영위하는 사업과 관련된 타인의 채무에 대하여 보증계약을 체결하면서 보증하는 채무의 최고액을 서면으로 특정하지 않은 경우, 보증계약이 보증인 보호를 위한 특별법 제6조에 위배되어 무효인지 여부(소극)

11장 소송

LAW

1.민사소송과 가압류

민사소송

소송이라 함은
법원이 사회에서 일어나는 이해의 충돌을 공정하게 처리하기 위하여 서로 대립하는 이해관계인을 당사자로 관여시켜 심판하는 절차를 말한다.

민사소송

민사소송이라 함은 민사사건에 관한 소송을 말한다.

민사사건은 민법·상법 등 사법(私法)에 의하여 규율되는 대등한 주체 사이의 신분상 또는 경제상 생활관계에 관한 사건을 말한다.

불법행위에 따른 손해배상청구권의 발생원인

1) 불법행위가 성립하면
가해자는 피해자에게 발생한 손해를 배상하여야 한다.
손해배상은 피해자에게 발생한 손해를 전보하는 것을 말한다.
2) 여기서 불법행위라 함은
고의 또는 과실로 타인에게 손해를 주는 위법행위를 말한다.
3) 자신의 행위로 인해 타인에게 손해를 가한 경우
그것이 그의 책임 있는 사유에 기인한 것인 한 그는 그 손해를 전보하여
피해자로 하여금 그러한 가해행위가 없었다면 생겼을 상태로 회복시켜 주어야 한다.
4) 따라서 손해배상의 목적은
피해자에게 가해행위로 인하여 입은 손해를 전보(塡補)해 주는 것, 혹은 가해행위가 없었더라면 생겼을 이익상태로 회복시켜 주는 것이다.

채무(계약)불이행

1) 채무자의 채무불이행으로 채권자에게 손해를 가한 경우
채권자는 채무자에게 손해배상청구권을 행사할 수 있다.
2) 일단 채무불이행이 발생하면 채권자가 계약해제권을 행사하더라도 손해가 있는 한 채무자는 채권자에게 손해배상을 하여야 한다.

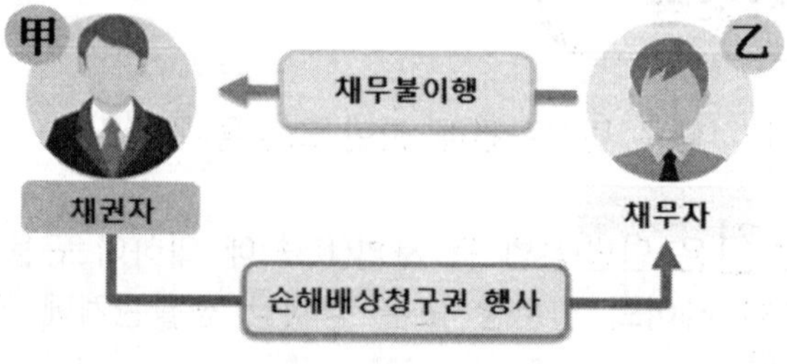

기타

1) 미성년자가 책임능력이 있어 그 스스로 불법행위책임을 지는 경우에도
그 손해가 당해 미성년자의 감독의무자의 의무위반과 상당인과관계가 있으면 감독의무자는 일반불법행위자로서 민법 제750조 규정의 손해배상책임이 있다.

2) 피용자의 책임과 사용자의 책임은 부진정연대채무관계에 있고, 사용자가 피해자에게 배상한 뒤, 피용자에게 구상할 수 있다 (민법 제756조 제3항).

가압류

1) 채권자가 채무자의 재산에 강제 집행을 하기 전에
채무자가 본인의 재산을 숨기거나 팔아 버릴 우려가 있을 경우에
법원이 채권자를 위하여 나중에 강제 집행을 할 목적으로 채무자의 재산을 임시로 처분하지 못하게 하는 절차

2) 재산의 종류에 따라 부동산가압류, 유체동산가압류, 채권가압류 등으로 나눔

판례

● **관련판례/ 대법원 1996. 10. 25. 선고 95다33726 판결**

계약금에 대하여 매수인이 해약금에 기한 해제권 행사를 이유로 그 일부의 반환을 구하였으나 그 주장취지에 손해배상 예정액으로서 과다한 부분의 부당이득반환을 구하는 취지도 포함된 것으로 볼 수 있는 경우, 과다한 손해배상 예정액 부분의 반환을 청구할 수 있는지 여부(적극)?

• "대금불입 불이행시 계약은 자동 무효가 되고 이미 불입된 금액은 일체 반환하지 않는다."고 되어 있는 매매계약에 기하여 계약금이 지급되었으나,
• 계약금은 해약금으로서의 성질과 손해배상 예정으로서의 성질을 겸하고 있고, 매수인의 주장취지 에는 매수인의 채무불이행을 이유로 매도인이 몰취한 계약금은 손해배상 예정액으로서는 부당히 과다하므로 감액되어야 한다고 한 사례

2. 형사소송

형사소송이란?

1) 검사가 공소제기를 한 이후
   피고인이 재판을 받는 절차인 '공판절차'를 의미함
2) 실제로 형사소송법은 공판절차만을 규율하는 법이 아님
3) 공판절차의 전 단계인 수사와 공소제기, 공판절차 이후의 단계인 형의 집행절차를 포함하여 규율하고 있음

형사소송이란?

형사절차의 개관				
수사(피의자)		공판(피고인)		
수사의 개시 수사의 실행 수사의 종결	공소의 제기 불기소처분 항고	공판 약식명령 즉결심판	상소 법률심(대법원) 재판의 집행	재심 재심청구 재심개시결정

용어정리(자유형)

1) 징역
   - 1개월 이상 교도소 등에 수감
   - 노역(강제적인 육체노동)포함
2) 금고
   - 1개월 이상 교도소 등에 수감
   - 노역 제외
3) 구류
   - 1일 이상 30일 미만 교도소 등에 수감
   - 노역 제외

위법성 조각 항변

1) 정당방위
   타인의 불법행위에 대하여 자기 또는 제3자의 이익을 방위하기 위하여 부득이 피해자(원고)에게 손해를 가하였다는 항변
2) 긴급피난
   급박한 위난을 피하기 위하여 부득이 피해자(원고)에게 손해를 가하였다는 항변

위법성 조각 항변

3) 자력구제
자기의 권리를 보전하기 위하여 국가기관의 구제를 기다릴 여유 없어서 스스로 선량한 풍속이나 사회질서에 반하지 아니하고 사회적으로 허용되는 정도의 수단을 사용하여
피해자(원고)에게 손해를 가하였다는 항변

4) 기타
선량한 풍속이나 사회질서에 반하지 아니하는 피해자의 승낙을 얻었거나 기타 정당한 사무관리·권리행사·업무행위 항변

5) 공공의 이익(공익)
명예훼손의 불법행위 청구에 대하여, 공공의 이익을 위하여 한 행위라는 항변

판례

● **관련판례/ 대법원 2018. 12. 28., 선고, 2018도13305 판결**

소송사기의 의미 및 소송사기죄를 인정할 때 유의할 사항 및 소송사기죄가 성립하기 위한 요건

• 소송사기는 법원을 기망하여 자기에게 유리한 판결을 얻음으로써 상대방의 재물 또는 재산상 이익을 취득하는 것을 내용으로 하는 범죄로서, 법원을 기망한다는 인식을 하고 있어야만 하고,

• 단순히 사실을 잘못 인식하였다거나 법률적 평가를 잘못하여 존재하지 않는 권리를 존재한다고 믿고 제소한 행위는 사기죄를 구성하지 않는다.

3. 판결과 강제집행

집행권원의 종류

집행채권자가 다음의 집행권원을 가지고 집행채무자의 재산에 강제집행이 가능하다.

1) 판 결
   ① 확정된 종국판결(민집 24조)
   ② 가집행의 선고가 있는 종국판결(민집 24조)
   ③ 외국법원의 판결에 대한 집행판결(민집 26조 1항)

집행권원의 종류

[계속]
집행채권자가 다음의 집행권원을 가지고 집행채무자의 재산에 강제집행이 가능하다.
2) 판결 이외의 집행권원
   ① 소송상 화해조서
   ② 청구의 인낙조서
   ③ 확정된 지급명령
   ④ 확정된 화해권고결정
   ⑤ 집행증서(공정증서/ 소멸시효 유의) 등
3) 민사집행법과 민사소송법 외의 법률에 규정된 집행권원
   ① 확정된 이행권고결정
   ② 조정조서 등

강제집행

1) 소송을 통하여 판결 등 집행권원을 얻게 되면
집행권원을 가진 집행채권자가 집행채무자에 대하여
강제적으로 그 의무의 이행을 실현하는 절차
(예: 금전의 경우 채무자의 부동산에 대하여 경매신청 가능)

2) 금전채권의 경우 주로 채무자의 재산에 대하여
현금화 절차를 진행하여 채권의 만족을 얻게 된다.

강제집행

3) 집행권원에 집행문(승계집행문)을 부여받고
송달증명, 확정증명 등을 부여받아 집행권원(판결문 등)에 첨부해야 한다.
4) 집행문이란 그 집행권원에 기하여 강제집행을 할 수 있다는 증명서
5) 판결을 받고 그 이후에 별도로 법원에 신청하며,
판결 정본을 법원에 제출하여 집행문을 붙이게 된다.
(집행문에는 집행채권자 및 집행채무자가 기재)

판례

● **관련판례/ 대법원 2018. 3. 15., 선고, 2015다69907, 판결**

민법 제256조 단서에 규정한 '권원'의 의미 및 권원이 없는 자가 타인의 토지 위에 나무를 심은 경우, 토지소유자에 대하여 나무의 소유권을 주장할 수 있는지 여부(원칙적 소극)

• 민법 제256조는 "부동산의 소유자는 그 부동산에 부합한 물건의 소유권을 취득한다. 그러나 타인의 권원에 의하여 부속된 것은 그러하지 아니하다."라고 규정하고 있다.

• 위 조항 단서에서 말하는 '권원'이라 함은 지상권, 전세권, 임차권 등과 같이 타인의 부동산에 자기의 동산을 부속시켜서 부동산을 이용할 수 있는 권리를 뜻하므로,

• 권원이 없는 자가 타인의 토지 위에 나무를 심었다면 특별한 사정이 없는 한 토지소유자에 대하여 나무의 소유권을 주장할 수 없다.

4. 행정소송 (영업정지/금지)

행정구제

1) 행정구제란 행정주체의 행위로 인해
   자기의 권리이익이 침해되었거나 침해될 것으로 주장하는 사람이 행정기관이나 법원에 손해전보·원상회복 또는 해당 행정행위의 취소·변경을 청구하거나,
   그 밖의 피해구제 또는 예방을 청구하고, 이에 대해 행정기관이나 법원이 심리하여 권리이익 보호에 관한 판정을 내리는 것을 말한다.

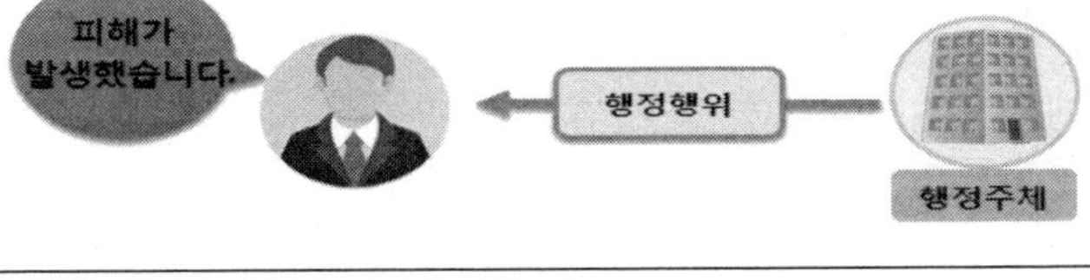

행정구제

2) 행정심판이란,
   행정기관이 행정상의 법률관계의 분쟁에 대해 심리·판정하는 절차를 말한다.
   일반국민은 행정청의 위법하거나 부당한 처분이나 부작위로 권리 또는 이익을 침해당한 경우,
   행정심판을 통해 구제받을 수 있다(행정심판법 제1조).
3) 행정소송이란, 법원에서 행정상의 법률관계에 관한 분쟁에 대해 심리·판정하는 재판절차를 말한다.

행정소송 소장 작성 사례

1) 영업정지처분취소청구의 소
2) 자동차운전면허취소처분취소 청구의 소
3) 개별공시지가결정처분취소
4) 공무상 요양불승인처분취소 청구의 소
5) 공상불인정처분취소 청구의 소
6) 과징금부과처분취소 청구의 소
7) 교원징계재심결정처분취소 청구의 소
8) 국가유공자등록거부처분취소 청구의 소

행정소송 소장 작성 사례

1) 영업정지처분취소청구의 소
2) 자동차운전면허취소처분취소 청구의 소
3) 개별공시지가결정처분취소
4) 공무상 요양불승인처분취소 청구의 소
5) 공상불인정처분취소 청구의 소
6) 과징금부과처분취소 청구의 소
7) 교원징계재심결정처분취소 청구의 소
8) 국가유공자등록거부처분취소 청구의 소

행정소송 소장 작성 사례

9) 도로수익자부담금부과처분취소 청구의 소
10) 등록세부과처분취소 청구의 소
11) 변상금부과처분취소 청구의 소
12) 부가가치세부과처분취소 청구의 소
13) 부당해고구제재심판정취소 청구의 소
14) 손실보상금증액 청구의 소
15) 토지수용보상금
16) 토지수용이의재결처분취소 등

행정소송 소장 작성 사례

17) 퇴직급여부지급처분취소 청구의 소
18) 특별소비세부과분취소 청구의 소
19) 파면처분취소 청구의 소
20) 해임처분취소 청구의 소
21) 영업정지처분취소 청구의 소
22) 요양급여불승인처분취소 청구의 소
23) 요양불승인처분취소 청구의 소
24) 유족보상금지급청구부결처분취소 청구의 소

행정소송 소장 작성 사례

25) 의사자불인정처분취소 청구의 소
26) 장해등급결정처분취소 청구의 소
27) 재산세부과처분취소 청구의 소
28) 재해위로금지급 청구의 소
29) 정보공개거부처분취소 청구의 소
30) 종합소득세부과처분취소 청구의 소
31) 증여세부과처분취소 청구의 소 등

집행정지신청서 작성 사례

1) 영업정지처분 효력정지신청서
2) 자동차운전면허취소처분 효력정지신청서
3) 공매절차에 대한 속행정지신청서
4) 입찰참가자격제한처분 효력정지신청서
5) 자동차운전면허취소처분 집행정지신청서
6) 영업정지처분 집행정지신청서

판례

● **관련판례/ 대법원 2001. 6. 29. 선고 2001두1611 판결**

[영업정지처분취소]

공중위생영업에 있어 그 영업을 정지할 위법사유가 있는 경우, 그 영업이 양도·양수되었다 하더라도 양수인에 대하여 영업정지처분을 할 수 있는지 여부(적극)

판례

● **관련판례/ 대법원 1982. 6. 22. 선고 81누375 판결**

[행정처분취소]

영업정지처분에 대한 효력정지결정으로 인하여 그 처분의 효력이 정지되는 동안에 영업정지기간이 도과한 경우에 영업정지처분의 취소를 구할 소송의 이익유무(적극)

판례

- **관련판례/ 대법원 2016. 12. 27. 선고 2014두46850 판결**

[자동차운전면허취소처분취소]

음주운전 여부에 대한 조사 과정에서 운전자 본인의 동의를 받지 아니하고 법원의 영장도 없이 한 혈액 채취 조사 결과를 근거로 한 운전면허 정지·취소 처분이 위법한지 여부(원칙적 적극)

운전자의 동의 없이 임의로 채혈조사를 하는 것은 허용되지 아니한다. 그러나 긴급한 상황이 발생한 경우에는 수사기관은 예외적인 요건하에 음주운전 범죄의 증거 수집을 위하여 운전자의 동의나 사전 영장 없이 혈액을 채취하여 압수할 수 있으나

이 경우에도 형사소송법에 따라 사후에 지체 없이 법원으로부터 압수영장을 받아야 한다.

12장 반려동물

LAW

1. 반려동물의 등록

반려동물이란?

반려동물이란 반려(伴侶) 목적으로 기르는 개, 고양이 등 농림축산식품부령으로 정하는 동물(「동물보호법」 제2조제1호의3).

사람과 더불어 사는 동물로 장난감이 아닌 더불어 살아(함께하는)가는 동물로서 개, 고양이 이외에도 토끼, 돼지, 닭, 오리, 앵무새, 도마뱀, 이구아나, 사슴벌레, 금붕어 등 그 종류를 불문하고 모두 반려동물이라고 할 수 있다.

동물등록제도

1) 동물등록이란

동물의 소유자는 동물의 보호와 유실·유기방지 등을 위하여 시장·군수·구청장·특별자치시장에게
반려동물을 등록해야 함(규제「동물보호법」 제12조제1항문)

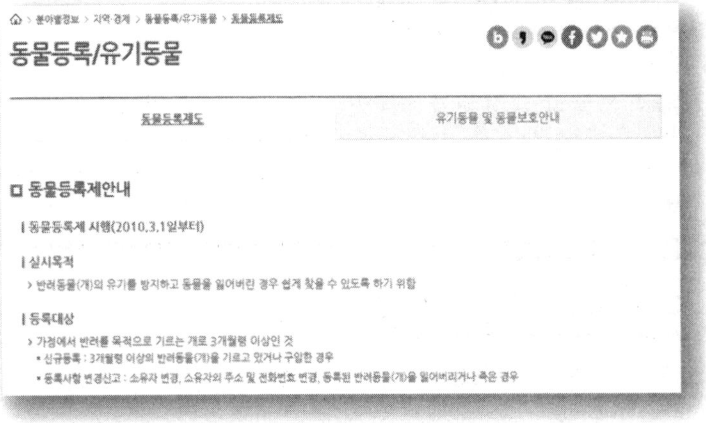

동물등록제도

2) 동물등록제의 효과

동물등록을 신청을 받은 시장·군수·구청장은 동물등록번호의 부여방법에 따라 등록대상동물에 무선전자개체식별장치 또는 인식표를 장착 후 동물등록증(전자적 방식을 포함)을 발급하고, 동물보호관리시스템으로 등록사항을 기록·유지·관리한다. (규제「동물보호법 시행규칙」 제8조제2항)
따라서 반려동물을 잃어버리거나 버려진 경우
동물등록번호를 통해 소유자를 쉽게 확인할 수 있다.

동물등록 신청

1) 월령(月齡)이 2개월 이상인 반려동물과 함께 시장·군수·구청장·특별자치시장이 대행업체로 지정한 동물병원을 방문하여 신청서 작성 후 수수료를 납부하고, 등록한다. (「동물보호법」 제2조제2호, 제12조제1항·제4항, 「동물보호법 시행령」 제3조)

동물등록 신청

2) 동물등록을 하기 위해서는
해당 동물의 소유권을 취득한 날부터 30일 이내에
동물등록 신청서를 시장·군수·구청장에게 제출해야 한다.
(「동물보호법」제12조제1항,규제「동물보호법시행규칙」제8조제1항)

등록업무의 대행

동물등록 업무를 대행할 수 있는 자는
다음에 해당하는 자 중에서 시장·군수·구청장이 지정
(「동물보호법」 제12조제4항, 규제「동물보호법 시행규칙」 제10조제1항)

1) 규제「수의사법」 제17조에 따라 동물병원을 개설한 자
2) 등록된 비영리민간단체 중 동물보호를 목적으로 하는 단체
3) 설립된 법인 중 동물보호를 목적으로 하는 법인
4) 「동물보호법」 제33조제1항에 따라 등록한 동물판매업자
5) 「동물보호법」 제15조에 따른 동물보호센터

변경신고

1) 동물등록을 한 반려동물의 소유자는
다음의 어느 하나에 해당하는 경우에는 변경 사유 발생일부터 30일 이내에 시장·군수·구청장·특별자치시장에 신고해야 한다 (「동물보호법」 제12조제2항제2호 및 제3항, 「동물보호법 시행규칙」 제8조제1항 및 제9조제1항)

변경신고

- 소유자가 변경되거나 소유자의 성명(법인인 경우에는 법인의 명칭)이 변경된 경우
- 소유자의 주소나 전화번호(법인이 경우에는 주된 사무소의 소재지와 전화번호)가
  변경된 경우(소유자의 주소 변경으로 「주민등록법」 제16조 제1항에 따른
  전입신고를 한 경우 변경신고가 있는 것으로 본다)(「동물보호법 시행규칙」 제9조제4항 참조).
- 등록대상동물이 죽은 경우
- 등록대상동물 분실 신고 후, 그 동물을 다시 찾은 경우
- 무선식별장치 또는 등록인식표를 잃어버리거나 헐어 못 쓰게 되는 경우

변경신고

2) 다음의 경우에는 동물보호관리시스템(www.animal.go.kr)을 통해 변경신고를 할 수 있다(규제「동물보호법 시행규칙」 제9조제5항).
   - 소유자의 주소나 전화번호가 변경된 경우
   - 등록대상동물이 죽은 경우
   - 등록대상동물 분실 신고 후, 그 동물을 다시 찾은 경우

변경신고

3) 정해진 기간 내에 변경신고를 하지 않으면 50만원 이하의 과태료를 부과 받는다. (규제「동물보호법」 제47조제3항제1호·제2호, 규제「동물보호법 시행령」 제20조제1항,
별표 제2호바목·사목 및 규제「동물보호법 시행규칙」 제9조제1항).

판례

- **관련판례/ 대법원 2016. 11. 24., 선고, 2015도18765, 판결**

[동물보호법위반]
동물보호법 시행규칙 제36조 제2호에 규정한 '소비자'의 의미 및 동물판매업자 등 반려동물을 구매하여 다른 사람에게 판매하는 영업을 하는 자가 이에 포함되는지 여부(소극)

2. 반려동물의 학대와 분쟁

동물학대란?

1) 동물에 대한 건강 또는 정상적 발달을 저해할 수 있는 신체적・정신적 폭력이나 가혹행위를 하는 것과 동물의 보호자 또는 관리자가 동물을 유기하거나 방임하는 것
2) 동물보호법은 동물에 대한 학대행위의 방지 등
동물을 적정하게 보호・관리하기 위하여 필요한 사항을 규정함으로써 동물의 생명보호, 안전 보장 및 복지 증진을 꾀하고, 건전하고 책임 있는 사육문화를 조성하여, 동물의 생명 존중 등 국민의 정서를 기르고 사람과 동물의 조화로운 공존하고자 동물보호법이 시행중이다(동물보호법 이하 '법' 이라 함. 제1조).

동물보호의 기본원칙(법 제3조)

1) 동물이 본래의 습성과 신체의 원형을 유지하면서 정상적으로 살 수 있도록 할 것
2) 동물이 갈증 및 굶주림을 겪거나 영양이 결핍되지 아니하도록 할 것
3) 동물이 정상적인 행동을 표현할 수 있고 불편함을 겪지 아니하도록 할 것
4) 동물이 고통·상해 및 질병으로부터 자유롭도록 할 것
5) 동물이 공포와 스트레스를 받지 아니하도록 할 것

동물학대 등의 금지(법 제8조)

1) 목을 매다는 등의 잔인한 방법으로 죽음에 이르게 하는 행위
2) 노상 등 공개된 장소에서 죽이거나 같은 종류의 다른 동물이 보는 앞에서 죽음에 이르게 하는 행위
3) 고의로 사료 또는 물을 주지 아니하는 행위로 인하여 동물을 죽음에 이르게 하는 행위
4) 그 밖에 수의학적 처치의 필요, 동물로 인한 사람의 생명·신체·재산의 피해 등 농림축산식품부령으로 정하는 정당한 사유 없이 죽음에 이르게 하는 행위

동물학대 등의 금지(법 제8조)

5) 도구・약물 등 물리적・화학적 방법을 사용하여 상해를 입히는 행위
6) 살아 있는 상태에서 동물의 신체를 손상하거나 체액을 채취하거나 체액을 채취하기 위한 장치를 설치하는 행위
7) 도박・광고・오락・유흥 등의 목적으로 동물에게 상해를 입히는 행위 다만, 민속경기 등 농림축산식품부령으로 정하는 경우는 제외
8) 반려동물에게 최소한의 사육공간 제공 등 농림축산식품부령으로 정하는 사육・관리 의무를 위반하여 상해를 입히거나 질병을 유발시키는 행위 등
9) 동물을 학대한 자는 2년 이하의 징역 또는 2천만원 이하의 벌금에 처한다.

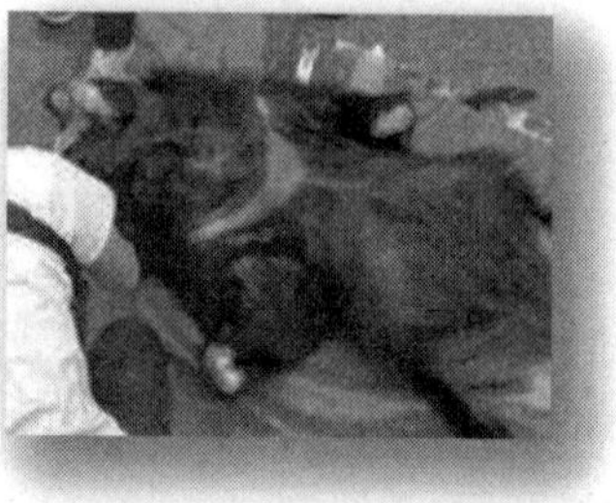

맹견의 관리(법 제13조의2)

1) 소유자등 없이 맹견을 기르는 곳에서 벗어나지 아니하게 할 것
2) 월령이 3개월 이상인 맹견을 동반하고 외출할 때에는
농림축산식품부령으로 정하는 바에 따라
목줄 및 입마개 등 안전장치를 하거나
맹견의 탈출을 방지할 수 있는 적정한 이동장치를 할 것
3) 맹견의 소유자는 맹견의 안전한 사육 및 관리에 관하여
농림축산식품부령으로 정하는 바에 따라 정기적으로 교육을 받아야 한다.

맹견의 관리(법 제13조의2)

4) 맹견의 소유자는 맹견으로 인한 다른 사람의 생명·신체나 재산상의 피해를 보상하기 위하여 대통령령으로 정하는 바에 따라 보험에 가입하여야 한다. <신설 2020. 2. 11.>
5) 사람을 사망에 이르게 한 자는 3년 이하의 징역 또는 3천만원 이하의 벌금에 처한다(법 제46조).

손해배상책임

반려동물이 사람의 다리를 물어 상처를 내는 등 다른 사람에게 손해를 끼쳤다면 치료비 등 그 손해를 배상해 주어야 한다. (「민법」 제750조 및 제759조제1항 전단)
이 때 손해를 배상해야 하는 책임자는 반려동물의 소유자뿐만 아니라 소유자를 위해 사육·관리 또는 보호에 종사한 사람도 해당된다. (「민법」 제759조제2항)

형사책임

반려견이 사람을 물어 다치게 하거나 사망에 이르게 될 경우에는
1) 과실로 인하여 사람의 신체를 상해에 이르게 한 사람은 500만원 이하의 벌금, 구류 또는 과료에 처할 수 있고(「형법」 제266조제1항),
2) 과실로 인하여 사람을 사망에 이르게 한 사람은 2년 이하의 금고 또는 700만원 이하의 벌금에 처해진다(「형법」 제267조).
3) 또한, 다른 사람의 반려동물을 다치게 하거나 죽인 사람은 3년 이하의 징역 또는 700만원 이하의 벌금에 처해진다(「형법」 제366조 재물손괴죄).

처벌 및 범칙금

1) 개나 그 밖의 동물을 시켜 사람이나 가축에게 달려들게 하면 10만원 이하의 벌금, 구류 또는 과료에 처해지거나 8만원의 범칙금이 부과
(「경범죄 처벌법」 제3조제1항제26호)
2) 사람이나 가축에 해를 끼치는 버릇이 있는 반려동물을 함부로 풀어놓거나 제대로 살피지 않아 나돌아 다니게 하면 10만원 이하의 벌금, 구류 또는 과료에 처해지거나 5만원의 범칙금이 부과
(「경범죄 처벌법」 제3조제1항제25호, 제6조제1항, 「경범죄 처벌법 시행령」)

책임면제사유

다만, 소유자 등이 반려동물의 관리에 상당한 주의를 기울였음이 증명되는 경우에는 피해자에 대해 손해를 배상하지 않아도 된다.
(「민법」 제759조제1항 후단)

판례

● **관련판례 / 대법원 2016. 1. 28., 선고, 2014도2477, 판결**

[동물보호법위반·재물손괴]
동물보호법에서 규정하는 '잔인한 방법으로 죽이는 행위'는 행위를 하는 것 자체로 동물보호위반행위 구성요건을 충족하는지 여부(적극) 및 행위를 정당화할 만한 사정 또는 행위자의 책임으로 돌릴 수 없는 사정이 있는 경우, 구성요건 해당성이 조각되는지 여부(소극)
• 위법성이나 책임이 조각될 수 있는지는 별론으로 하고 구성요건 해당성이 조각된다고 볼 수는 없다.

4. 반려동물의 외출과 여행

인식표 부착

1) 반려견의 분실을 방지하기 위해 소유자의 성명, 전화번호, 동물등록번호(등록한 동물만 해당)를 표시한 인식표를 반려견에게 부착시켜야 한다.
(「동물보호법」 제13조제1항, 「동물보호법 시행규칙」 제11조)
2) 이를 위반하면 50만원 이하의 과태료를 부과 (「동물보호법」 제47조제3항제3호, 「동물보호법 시행령」 제20조제1항 및 별표 제2호아목)

목줄 등

1) 소유자와 소유자를 위해 반려동물의 사육·관리 또는 보호에 종사하는 사람이 반려견을 동반하고 외출하는 경우
목줄 또는 가슴줄을 하거나 이동장치를 사용하여야 하고,
2) 목줄 또는 가슴줄은 해당 동물을 효과적으로 통제할 수 있고, 다른 사람에게 위해(危害)를 주지 않는 범위의 길이여야 한다.
(「동물보호법」 제13조제2항, 「동물보호법 시행규칙」 제12조제1항 및 제2항)

목줄 등

3) 다만, 소유자 등이 월령 3개월 미만인 등록대상동물을
직접 안아서 외출하는 경우에는
해당 안전조치를 하지 않아도 된다.
(「동물보호법 시행규칙」 제12조제1항 단서)
4) 사람이나 가축에 해를 끼치는 버릇이 있는 개나 그 밖의 동물을 함부로 풀어놓거나 제대로 살피지 않아 돌아다니게 한 사람은 「경범죄 처벌법」에 따라 10만원 이하의 벌금, 구류 또는 과료에 처해지거나(「경범죄 처벌법」 제3조제1항제25호), 5만원의 범칙금을 부과가능 (「경범죄 처벌법」 제6조제1항, 「경범죄 처벌법 시행령」 제2조 및 별표)

맹견의 기준

1) 다음에 해당하는 월령이 3개월 이상인 맹견을 동반하고 외출할 경우에는 목줄과 함께 맹견이 호흡 또는 체온조절을 하거나 물을 마시는 데 지장이 없는 범위에서 사람에 대한 공격을 효과적으로 차단할 수 있는 크기의 입마개를 해야 한다. (「동물보호법」 제13조의2제1항제2호, 「동물보호법 시행규칙」 제12조의2제1항 및 제1조의2)
  - 도사견과 그 잡종의 개
  - 아메리칸 핏불 테리어와 그 잡종의 개
  - 아메리칸 스태퍼드셔 테리어와 그 잡종의 개
  - 스태퍼드셔 불 테리어와 그 잡종의 개
  - 로트와일러와 그 잡종의 개

맹견의 기준

2) 맹견의 소유자 등은 다음에 해당하는 사항을 충족하는 이동장치를 사용하여 맹견을 이동시킬 경우에는 맹견에게 목줄 및 입마개를 하지 않을 수 있다. (「동물보호법 시행규칙」 제12조의2제2항)
  - 맹견이 이동장치에서 탈출할 수 없도록 잠금장치를 갖출 것
  - 이동장치의 입구, 잠금장치 및 외벽은 충격 등에 의해 쉽게 파손되지 않는 견고한 재질일 것
- 이를 위반하면 300만원 이하의 과태료를 부과 (「동물보호법」 제47조제1항제2호의3, 「동물보호법 시행령」 제20조제1항)

배설물 수거하기

1) 반려견과 외출 시 공중위생을 위해 배설물이 생기면 바로 수거해야 한다(「동물보호법」 제13조제2항)
   - 소변의 경우에는 공동주택의 엘리베이터·계단 등 건물 내부의 공용공간 및 평상·의자 등 사람이 눕거나 앉을 수 있는 기구 위의 것으로 한정
2) 이를 위반하면 50만원 이하의 과태료를 부과 (「동물보호법」 제47조제3항제4호, 「동물보호법 시행령」 제20조제1항 및 별표 제2호차목)

배설물 수거하기

3) 반려동물을 데리고 외출했을 때 배설물(대변)이 생기면 이를 반드시 수거해야 한다.
 - 그렇지 않으면 10만원 이하의 벌금, 구류 또는 과료에 처해지거나 (「경범죄 처벌법」 제3조제1항제12호)
 - 5만원의 범칙금을 부과 (「경범죄 처벌법」 제6조제1항, 「경범죄 처벌법 시행령」 제2조 및 별표)

반려동물과 공원에 입장여부

1) 입장제한 여부 확인하기

반려동물과 국립공원·도립공원·군립공원과 같은 정부 지정 자연공원에 갈 때는 미리 가려는 장소의 공원관리청 홈페이지를 통해서 반려동물의 출입이 허용되는지를 알아보는 것이 좋다.

해당 자연공원을 관리하는 공원관리청이 자연생태계와 자연경관 등을 보호하기 위해서 반려동물의 입장을 제한하거나 금지할 수 있기 때문 (「자연공원법」 제29조제1항, 「자연공원법 시행령」 제26조제4호) 특히, 국립수목원 또는 공립수목원에는 반려동물과 함께 입장하는 것 (장애인이 장애인 보조견과 함께 입장하는 행위는 제외함)을 금지하고 있다.

반려동물과 공원에 입장여부

2) 위반 시 제재

입장이 금지나 제한된 공원에 반려동물과 출입하면 200만원 이하의 과태료를 부과 (「자연공원법」 제86조제1항제6호, 「자연공원법 시행령」 제46조)

출입이 금지된 국립수목원 또는 공립수목원에 반려동물과 함께 출입하면 10만원 이하의 과태료를 부과 (「수목원·정원의 조성 및 진흥에 관한 법률」 제24조제2항,
「수목원·정원의 조성 및 진흥에 관한 법률 시행령」 제12조)

반려동물을 안은 상태에서의 운전금지

1) 차를 직접 운전해서 반려동물과 이동할 수 있는데
안전운전을 위해 반려동물을 안은 상태로 운전해서는 안된다.
(「도로교통법」 제39조제5항)

2) 이를 위반해 반려동물을 안은 상태로 운전하면
20만원 이하의 벌금이나 구류 또는 과료에 처할 수 있고
(「도로교통법」 제156조제1호),
5만원의 범칙금을 부과받는다.
(「도로교통법」 제162조, 「도로교통법 시행령」 제93조제1항)

고속버스 이용시 이동장비

1) 고속버스 또는 시외버스를 이용해서 반려동물과 이동하는 것은 제한이 따를 수 있다.
2) 버스운송회사마다 운송약관과 영업지침에 약간씩 차이가 있긴 하지만, 대부분의 경우 전용이동장비에 넣은 반려동물은 탑승을 허용하고 있다.
(「여객자동차 운수사업법」 제9조, 「고속버스 운송사업 운송약관」 제25조제3호,
「경기도 시외버스 운송사업 운송약관」 제22조제3호)
3) 따라서 이용하려는 고속버스와 시외버스의 운송회사에 미리 반려동물의 탑승가능 여부를 알아보아야 한다.
4) 이를 위반하면 탑승이 거절될 수 있다.
(「고속버스 운송사업 운송약관」 제20조제2호)

반려동물 분실신고

1) 동물등록이 되어 있는 반려동물을 잃어버린 경우에는 다음의 서류를 갖추어서 등록대상동물을 잃어버린 날부터 10일 이내에 시장·군수·구청장·특별자치시장에게 분실신고를 해야 한다. (「동물보호법」 제12조제2항제1호 및 「동물보호법 시행규칙」 제9조제2항)
- 동물등록 변경신고서(「동물보호법 시행규칙」 별지 제1호서식)
- 동물등록증
- 주민등록표 초본

반려동물 분실신고

2) 동물보호관리시스템(www.animal.go.kr)에서도 분실신고 가능하고, 잃어버린 반려동물에 대한 정보는
동물보호관리시스템(www.animal.go.kr)에 공고된다

판례

관련판례/부산지법 2008. 4. 16., 선고, 2007가단82390, 판결 : 확정 [손해배상(기)]

[1] 공공장소에서 애완견의 점유자가 부담하는 주의의무의 내용

• 애완견의 점유자는 아파트의 복도와 같은 공공장소에 애완견을 데리고 나올 때에는 목줄을 묶어 애완견이 타인을 공격하거나 갑자기 타인에게 다가가거나 짖음으로써 타인으로 하여금 놀라지 않게 할 주의의무가 있다.

판례

관련판례/부산지법 2008. 4. 16., 선고, 2007가단82390, 판결 : 확정 [손해배상(기)]

[2] 공공주택의 복도에서 애완견에 놀라 도망가다가 넘어져 상해를 입은 사람에 대하여 애완견 점유자의 손해배상책임을 인정한 사례

• 공공주택의 복도에서 애완견이 짖으며 달려드는 데 놀라 도망가다가 넘어져 상해를 입은 사람에 대하여, 애완견을 목줄 없이 복도에 내놓은 애완견 점유자의 손해배상책임을 인정한 사례

4. 반려동물의 장례

매장

1) 동물병원에서 죽은 경우

반려동물이 동물병원에서 죽은 경우에는
의료폐기물로 분류되어 동물병원에서 자체적으로 처리되거나
폐기물처리업자 또는 폐기물처리시설 설치·운영자 등에게 위탁해서 처리된다.
(「폐기물관리법」 제2조제4호·제5호, 제18조제1항, 「폐기물관리법 시행령」)

반려동물의 소유자가 원할 경우
병원으로부터 반려동물의 사체를 인도받아
「동물보호법」 제33조제1항에 따른 동물장묘업의 등록한 자가
설치·운영하는 동물장묘시설에서 처리 가능
(「동물보호법」 제22조제3항 참조)

매장

2) 동물병원 외의 장소에서 죽은 경우

반려동물이 동물병원 외의 장소에서 죽은 경우에는
생활폐기물로 분류되어
해당 지방자치단체의 조례에서 정하는 바에 따라
생활쓰레기봉투 등에 넣어 배출하면
생활폐기물 처리업자가 처리하게 된다.
(「폐기물관리법」 제2조제1호·제2호, 제14조제1항·제2항·제5항, 「폐기물관리법 시행령」 제7조제2항)

반려동물의 화장

1) 동물병원에서 죽은 경우

반려동물이 동물병원에서 죽은 경우에는
동물병원에서 처리될 수 있는데,
소유자가 원하면 반려동물의 사체를 인도받아
동물장묘업의 등록을 한 자가 설치·운영하는
동물장묘시설에서 화장할 수 있다.
(「폐기물관리법」 제18조제1항, 「폐기물관리법 시행령」
제7조제2항, 「폐기물관리법 시행규칙」 제14조)

반려동물의 화장

2) 동물병원 외의 장소에서 죽은 경우

반려동물이 동물병원 외의 장소에서 죽은 경우에는
소유자는 동물장묘업의 등록을 한 자가 설치·운영하는
동물장묘시설에 위탁해 화장할 수 있다.
(「동물보호법 시행규칙」 제36조제1호나목)

장례 및 납골

1) 반려동물의 장례와 납골도 동물장묘업의 등록을 한 자가 설치·운영하는 동물장묘시설에 위임할 수 있다.
(「동물보호법 시행규칙」 제36조제1호)

2) 동물장묘업은 필요한 시설과 인력을 갖추어서
시장·군수·구청장에 동물장묘업 등록을 해야 하므로
반드시 시·군·구에 등록된 업체인지 확인해야 한다.
(「동물보호법」 제32조제1항제1호, 제33조제1항, 「동물보호법 시행규칙」 제35조제2항)

장례 및 납골

3) 동물장묘업 등록 여부는 영업장 내에 게시된 동물장묘업 등록증으로 확인할 수 있다.
(「동물보호법 시행규칙」 제37조제4항, 제43조)
동물장묘업자마다 장례, 화장, 납골이 구분되어 있으니 시설 보유 여부를 확인 필요
이를 위반해서 동물장묘업 등록을 하지 않고 영업하면 500만원 이하의 벌금
(「동물보호법」 제46조제3항제2호)

반려동물 말소신고

동물등록이 되어 있는 반려동물이 죽은 경우에는

1) 동물등록 변경신고서(「동물보호법 시행규칙」 별지 제1호서식)
2) 동물등록증
3) 등록동물의 폐사 증명 서류

이상을 갖추어서 반려동물이 죽은 날부터 30일 이내에 동물등록 말소신고를 해야 한다.
(「동물보호법」 제12조제2항제2호, 「동물보호법 시행규칙」 제9조제1항제4호 및 제2항)

이를 위반하여 정해진 기간 내에 신고를 하지 않은 소유자는
50만원 이하의 과태료를 부과
(「동물보호법」 제47조제3항제1호, 「동물보호법 시행령」 제20조제1항)

금지행위

1) 사체투기 금지

반려동물이 죽으면 사체를 함부로 아무 곳에나 버려서는 안 된다.

특히, 공공수역, 공유수면, 항만과 같이
공중위해상 피해발생 가능성이 높은 장소에 버리는 행위는 금지
(「물환경보전법」 제15조제1항제2호,
「공유수면 관리 및 매립에 관한 법률」 제5조제1호,
「항만법」 제28조제1항제1호)

금지행위

2) 위반 시 제재

이를 위반해서 반려동물의 사체를 아무 곳에나 버리면 10만원 이하의 벌금·구류·과료형에 처해지거나 5만원의 범칙금 또는 100만원 이하의 과태료를 부과 (「경범죄 처벌법」 제3조제1항제11호, 제6조제1항,
「경범죄 처벌법 시행령」 제2조 및 별표, 「폐기물관리법」 제68조제3항제1호)
특히, 공공수역에 버리면 1년 이하의 징역 또는 1천만원 이하의 벌금에 처해지고(「물환경보전법」 제78조제3호), 공유수면에 버리면 3년 이하의 징역 또는 3천만원 이하의 벌금에 처해지며 (「공유수면 관리 및 매립에 관한 법률」 제62조제1호),
항만에 버리면 2년 이하의 징역 또는 2천만원 이하의 벌금에 처해진다(「항만법」 제109조제5호).

금지행위

3) 임의매립 및 소각 금지

동물의 사체는 「폐기물관리법」에 따라 허가 또는 승인받거나 신고된 폐기물처리시설에서만 매립할 수 있으며,
폐기물처리시설이 아닌 곳에서 매립하거나 소각하면 안된다.
(「폐기물관리법」 제8조제2항 본문)

이를 위반하면 100만원 이하의 과태료를 부과
(「폐기물관리법」 제68조제3항제1호, 「폐기물관리법 시행령」 제38조의4)

13장 이혼과 재산분할 LAW

1. 협의이혼

협의이혼

협의 이혼이란 ?

- 당사자간의 합의를 통해 이혼을 하는 것

실질적 요건

1) 진정한 이혼의사의 합치가 있을 것
   - 이혼사유(성격불일치, 불화, 금전문제 등)는 묻지 않음

2) 의사능력이 있을 것
   - 부부가 자유로운 의사에 따라 합의한 것으로 충분

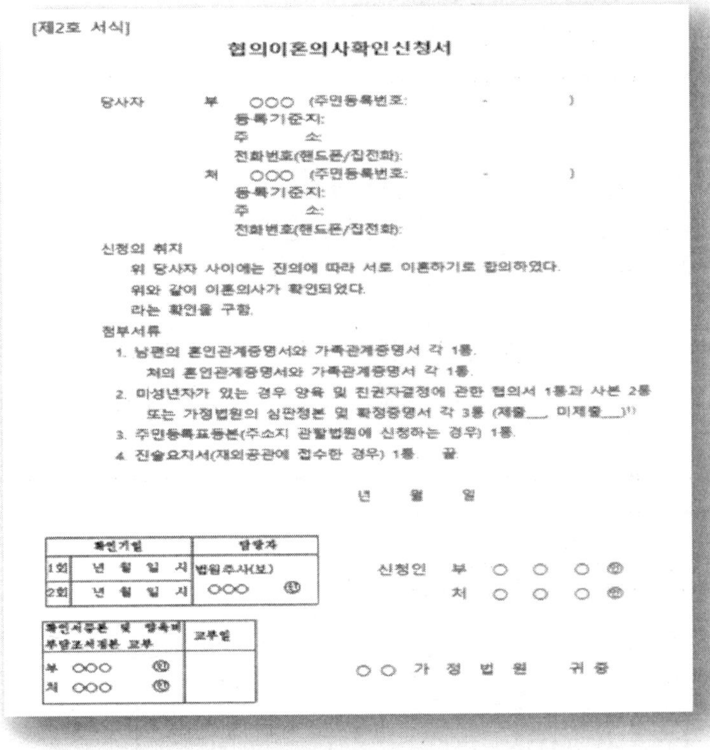
[제2호 서식]

협의이혼의사확인신청서

당사자 부 ○○○ (주민등록번호: -)
등록기준지:
주 소:
전화번호(핸드폰/집전화):
처 ○○○ (주민등록번호: -)
등록기준지:
주 소:
전화번호(핸드폰/집전화):

신청의 취지
위 당사자 사이에는 진의에 따라 서로 이혼하기로 합의하였다.
위와 같이 이혼의사가 확인되었다.
라는 확인을 구함.

첨부서류
1. 남편의 혼인관계증명서와 가족관계증명서 각 1통.
처의 혼인관계증명서와 가족관계증명서 각 1통.
2. 미성년자가 있는 경우 양육 및 친권자결정에 관한 협의서 1통과 사본 2통
또는 가정법원의 심판정본 및 확정증명서 각 3통 (제출___, 미제출___)[1]
3. 주민등록표등본(주소지 관할법원에 신청하는 경우) 1통.
4. 진술요지서(재외공관에 접수한 경우) 1통. 끝.

년 월 일

확인기일		담당자
1회	년 월 일 시	법원주사(보)
2회	년 월 일 시	○○○ ㊞

신청인 부 ○ ○ ○ ㊞
처 ○ ○ ○ ㊞

확인서등본 및 양육비부담조서정본 교부	교부일
부 ○○○ ㊞ 처 ○○○ ㊞	

○○ 가 정 법 원 귀중

실질적 요건

3) 이혼에 관한 안내를 받을 것
4) 이혼숙려기간이 경과한 후 이혼의사확인을 받을 것
- 양육해야 할 자녀(임신 중인 자녀를 포함)가 있는 경우 : 3개월
- 양육해야 할 자녀가 없는 경우 : 1개월

5) 자녀의 친권과 양육에 관한 합의서 등을 제출할 것
- 협의이혼을 하는 부부는 가정법원에 이혼의사확인을 신청할 때 양육자의 결정, 양육비용의 부담, 면접교섭권의 행사 여부 등이 기재된 양육사항과 친권자 지정에 관한 합의서를 제출해야 함

협의이혼 절차

협의이혼 의사확인 신청 → 이혼안내 및 이혼숙려기간의 진행 → 이혼의사 등의 확인 및 확인서 등의 작성과 교부 → 행정관청에 이혼 신고

이혼 신고

1) 실질적 요건을 갖추었더라도 이혼신고를 하지 않으면 협의이혼이 성립하지 않음『민법 제836조 제1항』
2) 부부가 이혼에 합의했지만 이혼신고를 하지 않은 경우에는 장기간 별거해서, 사실상 이혼상태라고 하더라도 법적으로는 부부관계가 지속됨

판례

● **관련판례 / 대법원 1983. 7. 12. 선고 83므11 판결**

[1] 신고하지 아니한 협의이혼 확인의 효력
- 협의이혼의사확인을 받았으나 그에 따른 이혼신고를 하지 않았다면 이혼의 효력이 발생하지 아니한다.

[2] 협의이혼 확인이 재판상 이혼사유인지 여부(소극)
- 협의이혼확인이 있었다는 것만으로 곧 재판상 이혼사유가 되지 아니한다.

판례

● **관련판례 / 대법원 1983. 7. 12. 선고 83므11 판결**

[3] 유책배우자의 이혼청구의 가부

• 남편의 외박으로 싸움 끝에 이혼하기로 합의하고 협의이혼 의사확인을 받았으나 이혼신고는 하지 않고 3개월간 같이 지내다가 그 후 남편이 스스로 가출하여 다른 여자와 동거하면서 다달이 생활비조로 월급의 일부를 처에게 송금하였다.

• 처가 거주하던 아파트를 처분하여 집마련비용 및 딸 교육비로 금원을 지급하였고 처는 남편의 가출 후에도 종전의 그들의 주거지에서 생활하고 있는 사실을 고려하면 혼인의 파경 귀책자는 청구인(남편)으로서 그의 이혼청구는 허용될 수 없다. (예외 있음)

2. 재판상 이혼

재판상 이혼

1) 협의이혼이 불가시, 부부 중에서 일방이 다른 한 사람을 상대로 법원에 이혼소송을 제기해서 판결을 통해 하는 이혼
2) 재판상 이혼이 가능하기 위해서는 민법 제840조에 규정되어 있는 재판상 이혼원인이 있어야 함
3) 재판상 이혼을 하기 위해서 이혼소송을 제기하는 경우, 조정을 신청하지 않고, 바로 이혼소송을 제기하면 법원이 직권으로 조정에 회부

재판상 이혼 사유

1) 배우자에게 부정한 행위가 있었을 때
2) 배우자가 악의로 다른 일방을 유기한 때
3) 배우자 또는 그 직계존속으로부터 심히 부당한 대우를 받았을 때
4) 자기의 직계존속이 배우자로부터 심히 부당한 대우를 받았을 때
5) 배우자의 생사가 3년 이상 분명하지 않을 때
6) 그 밖에 혼인을 계속하기 어려운 중대한 사유가 있을 때

유책배우자의 이혼청구 가부

1) 원칙(대법원판결)
 - 혼인파탄에 대해 주된 책임이 있는(유책) 배우자는 그 파탄을 이유로 스스로 이혼청구를 할 수 없음
2) 예외적으로 특수한 사정이 있는 경우
 판례는 예외적으로 유책 배우자의 이혼청구를 인정하고 있음

판례

● **관련판례(1)/ 대법원 1991.9.13, 선고, 91므85, 판결**

민법 제840조 제1호 소정의 재판상 이혼사유인 배우자에 부정한 행위가 있었을 때라 함은 혼인한 부부간의 일방이 부정한 행위를 한 때를 말하는 것이므로 혼인 전 약혼단계에서 부정한 행위를 한 때에는 위 제1호의 이혼사유에 해당한다고 할 수는 없다.

판례

● **관련판례(2)/ 대법원 1990.7.24, 선고, 89므1115, 판결**

피청구인이 캬바레에 춤을 추러 갔다가 그 곳에서 다른 남자를 만나 알게 되어 친하게 되고 그 남자와 기차를 타고 대천에서 서울에 있는 피청구인의 집까지 동행한 사실만으로는 피청구인이 민법 제840조 제1호 소정의 부정한 행위를 한 것으로 단정할 수 없다(이혼 안됨).

판례

● **관련판례(3)/ 대법원 2010. 7. 15. 선고 2010므1140 판결**

부부 중에 성기능의 장애(소극)가 있거나 부부간의 성적인 접촉이 부존재하더라도 부부가 합심하여 전문적인 치료와 조력을 받으면 정상적인 성생활로 돌아갈 가능성이 있는 경우에는 그러한 사정은 일시적이거나 단기간에 그치는 것이므로 그 정도의 성적 결함만으로는 '혼인을 계속하기 어려운 중대한 사유'가 될 수 없으나,
그러한 정도를 넘어서서 정당한 이유 없이 성교를 거부하거나 성적 기능의 불완전으로 정상적인 성생활이 불가능하거나 그 밖의 사정으로 부부 상호간의 성적 욕구의 정상적인 충족을 저해하는 사실이 존재하고 있다면, 부부간의 성관계는 혼인의 본질적인 요소임을 감안할 때 이는 '혼인을 계속하기 어려운 중대한 사유'가 될 수 있다.

3. 재산분할 과 위자료

재산분할 청구권이란?

1) 부부가 이혼하면 혼인 중 부부가 공동으로 모은 재산을 나눌 필요가 생기며,
이 때 이혼한 부부 일방이 상대 배우자에 대해 재산분할을 청구할 수 있는 권리
2) 협의 이혼, 재판상 이혼의 경우에 모두 인정
3) 부부 사이에 재산분할에 관한 합의가 이루어지지 않으면 가정법원에 재산분할 심판을 청구할 수 있음
4) 부부가 이혼하는 경우 재산분할청구권은
이혼한 날부터 2년을 경과하면 소멸(민법 제839조의2 제3항)

위자료 청구권이란?

1) 위자료 청구권의 경우는 혼인파탄에 귀책사유가 있는 배우자에게 귀책사유가 없는 배우자가 청구하는 것이므로, 당연히 유책배우자는 위자료 청구를 할 수 없다.
2) 부부가 이혼하는 경우의 위자료청구권은 그 손해 또는 가해자를 안 날부터 (즉, 이혼한 날부터) 3년이 지나면 시효로 인해 소멸

재산분할청구권과 위자료청구권의 관계

1) 재산분할은 혼인 중 부부가 공동으로 모은 재산에 대해 본인의 기여도에 따른 상환을 청구하는 것을 목적으로 함
2) 위자료는 부부 일방의 잘못으로 이혼하게 된 사람의 정신적 고통을 위로하는 것을 목적으로 함
3) 이상의 두 권리는 권리의 발생근거, 제도의 입법취지, 재판 절차 진행 등
여러 가지 관점에서 차이가 있어 판례는 이를 별개의 제도로 보고 있음 (대법원 2001. 5. 8. 선고 2000다58804 판결)

재산분할청구권과 위자료청구권의 관계

4) 혼인 중 부부 일방이 제3자에게 채무가 있는 경우 그것이 부부의 공동재산 형성에 따른 채무(예를 들어 같이 살 집을 마련하기 위해 대출받은 돈)이거나 일상가사에 관한 채무(예를 들어 생활용품 구입비)라면 재산분할의 대상이 될 수 있음

판례

● **관련판례(1)/ 대법원 1995. 5. 23. 선고 94므1713,1720 판결**

이혼 당시에 이미 수령한 퇴직금·연금 등은 재산분할의 대상이 될 수 있음

판례

● **관련판례(2)/ 대법원 2014. 7. 16. 선고 2013므2520 판결**

이혼 당시 부부 일방이 아직 재직 중이어서 실제 퇴직급여를 수령하지 않았더라도 이혼소송의 사실심 변론종결시에 이미 잠재적으로 존재하여 그 경제적 가치의 현실적 평가가 가능한 재산인 퇴직급여채권도 재산분할의 대상에 포함시킬 수 있다.

사실심 변론종결시를 기준으로 그 시점에 퇴직할 경우 수령할 수 있을 것으로 예상되는 퇴직급여 상당액의 채권이 그 대상이 된다.

4. 양육비와 면접교섭권

양육비

1) 자녀의 양육에 소요되는 비용은 부부가 공동으로 부담하는 것이 원칙
2) 이혼한 경우 양육자가 부모의 일방일 때에는 양육자가 아닌 다른 일방에게 상대방의 부담 몫만큼의 양육비를 청구할 수 있음
3) 양육자가 제3자일 때에는 부모 쌍방에 대해 양육비를 청구할 수 있음

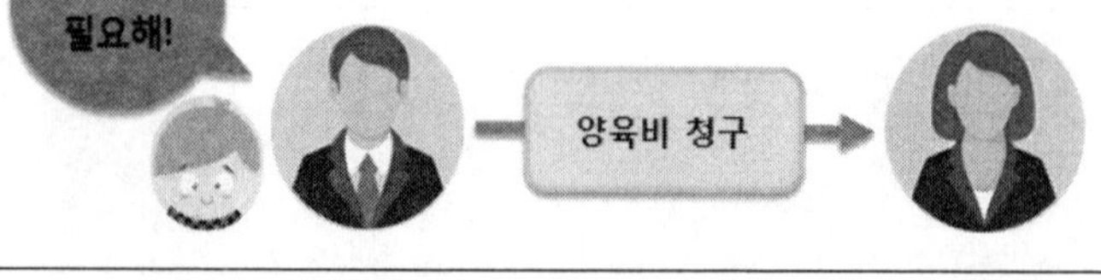

양육비 변경

1) 양육비에 관한 사항을 정한 후 사정이 변경된 경우에는 당사자가 합의해서 양육비를 변경할 수 있음
2) 합의가 이루어지지 않으면 법원에 심판을 청구해서 양육비를 변경할 수 있음
3) 양육비 감액청구를 할 수 있는 경우
 - 양육비 부담자가 실직, 파산, 부도나 그 밖의 사정 등으로 경제사정이 악화된 경우
 - 양육자가 취직하거나 그 밖의 사정 등으로 경제사정이 호전된 경우
4) 양육비 증액청구를 할 수 있는 경우
 - 물가가 양육비 협의 또는 지정 당시보다 오른 경우
 - 자녀가 상급학교에 진학함에 따라 학비가 증가한 경우 등

면접교섭권이란?

1) 이혼 후 자녀를 직접 양육하지 않는 부모 일방과 자녀가 상호 면접교섭 할 수 있는 권리
2) 면접교섭에는 직접적인 만남, 서신교환, 전화통화, 선물교환, 일정기간의 체재(예를 들어 주말 동안의 숙박) 등 다양한 방법이 활용될 수 있음
3) 자녀가 부모를 만나기 싫어하거나, 부모가 친권상실사유에 해당하는 등
 자녀의 복리를 위해 필요한 경우에는
 당사자의 청구 또는 가정법원의 직권에 의해
 면접교섭이 제한되거나 배제될 수 있다.

면접교섭권의 이행강제 방법

1) 가정법원에 이행명령 신청
- 상대방이 정당한 이유 없이 면접교섭허용의무를 이행하지 않으면, 그 의무를 이행할 것을 가정법원에 신청할 수 있음

2) 이행명령 위반에 대해 과태료 부과 신청
- 상대방이 가정법원의 이행명령을 받고도 면접교섭을 허용하지 않으면 가정법원이 직권으로 또는 가정법원에 신청해서 상대방에게 1천만원 이하의 과태료를 부과시킬 수 있음
- 공백이 발생하여 자녀의 복리를 해칠 우려가 있기 때문

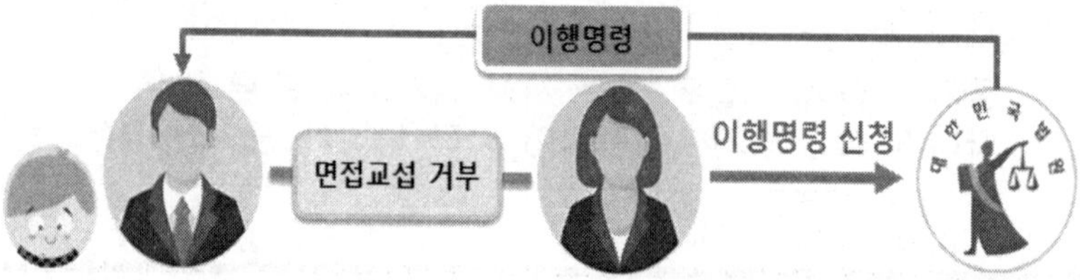

판례

● **관련판례 / 대법원 1994. 5. 13. 자 92스21 결정**

양육비는?
부모 중 한 쪽이 자녀를 양육하게 된 경위와 그에 소요된 비용의 액수,
그 상대방이 부양의무를 인식한 것인지 여부와 그 시기,
그것이 양육에 소요된 통상의 생활비인지 아니면 이례적이고 불가피하게 소요된 다액의 특별한 비용(치료비 등)인지 여부와 당사자들의 재산 상황이나 경제적 능력과 부담의 형평성 등 여러 사정을 고려하여 적절하다고 인정되는 분담의 범위를 정할 수 있다.

14장 임금

LAW

1. 최저임금과 통상임금

통상임금

1) 통상임금이란 정기적, 일률적으로 소정 근로의 양 또는 질에 대하여 지급하기로 된 임금으로서 실제 근무일이나 실제 수령한 임금에 구애됨이 없이 고정적이고 평균적으로 지급되는 일반임금

2) 실제 근로시간이나 실적에 따라 증감될 수 있는 평균임금의 최저한을 보장하고, 소정의 시간외 야간 및 휴일근로에 대한 가산수당, 해고예고수당 등의 산정근거가 된다.

통상임금

3) 부양가족이 있는 근로자에게만 지급된 가족수당과 상근자에 한하여 현물로 지급되며 현물을 제공받지 않은 근로자에 대하여 그에 상당하는 금품이 제공되지 않은 경우의 중식대가 통상임금에 포함되지 않는다.
(대법원 2003. 4. 22. 선고 2003다10650 판결)

최저임금의 개념 및 적용대상

1) 최저임금이란

국가가 근로자의 생활안정과 노동력의 질적 향상을 위해 임금의 최저수준을 보장하여 주는 것으로, 사용자에 대해 그 준수를 강제함으로써 근로자는 임금조건 을 보호 (「최저임금법」 제1조 참조)

2) 최저임금의 결정

최저임금은 고용노동부장관이 매년 8월 5일까지 최저임금 심의위원회의 심의를 거쳐 결정하고 그 내용을 고시하며(「최저임금법」 제8조제1항 및 제10조제 1항), 고시된 최저임금은 다음 연도 1월 1일부터 효력이 발생
(「최저임금법」 제10조제2항 본문)

최저임금의 적용대상

1) 최저임금은 근로자를 사용하는 모든 사업 또는 사업장에 적용되지만, 동거하는 친족만을 사용하는 사업과 가사(家事) 사용인에게는 적용하지 않는다.
(규제「최저임금법」 제3조제1항)

2) 사용자는 최저임금의 적용을 받는 근로자에게 최저임금액 이상의 임금을 지급해야 한다.(규제「최저임금법」 제6조제1항)

최저임금의 적용대상

3) 위반 시 제재

사용자가 최저임금의 적용을 받는 근로자에게
최저임금액보다 적은 임금을 지급하거나
최저임금을 이유로 종전의 임금을 낮춘 경우
3년 이하의 징역 또는 2천만원 이하의 벌금에 처해지며,
경우에 따라 징역과 벌금이 병과(倂科)될 수 있다.
(「최저임금법」 제28조제1항)

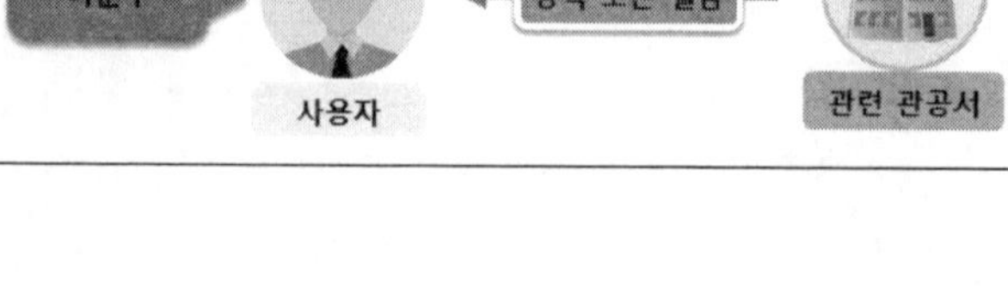

최저임금의 효력

1) 최저임금의 적용을 받는 근로자와 사용자 사이의 근로계약 중 최저임금액에 미치지 못하는 금액을 임금으로 정한 부분은 무효로 하며, 이 경우 무효로 된 부분은 이 법으로 정한 최저임금액과 동일한 임금을 지급하기로 한 것으로 본다.
(3년 이하의 징역 또는 2천만 이하의 벌금)

2) 단순노무직종 근로자는 수습 근로자라고 할지라도 최저임금의 감액 없이 최저시급의 100%를 지급해야 함(시행 2018.3.20.)

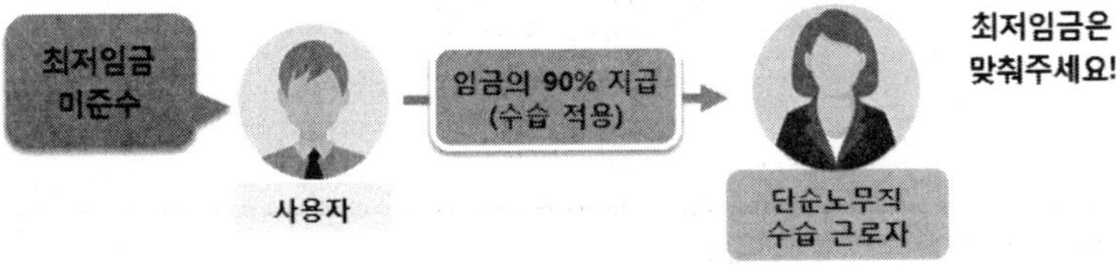

최저임금의 효력

13) 도급으로 사업을 행하는 경우 도급인이 책임져야 할 사유로 수급인이 근로자에게 최저임금액에 미치지 못하는 임금을 지급한 경우
도급인은 해당 수급인과 연대(連帶)하여 책임을 진다.

최저임금에 산입하지 아니하는 임금

1) 매월 1회 정기적으로 지급하는 임금 외의 임금
   : 상여금, 근속수당 등
2) 소정의 근로시간 또는 소정의 근로일에 대하여 지급하는 임금 외의 임금 (가산수당)
   - 가족수당, 급식수당, 주택수당, 교통비, 통근수당 등
   - 근로자의 생활을 보조하는 수당, 식사, 기숙사·주택제공, 통근차운행 등의 현물이나 이와 유사한 형태로 지급되는 급여 등
   - 근로자의 복리후생을 위한 성질의 것
3) 기타 최저임금액에 산입하는 것이 적당하지 아니한 임금

판례

- **관련판례(1)/ 대법원 1993. 5. 11. 선고 93다4816 판결**

성질상 통상임금에 산입되어야 할 수당을 통상임금에서 제외하기로 하는 노사간 합의의 효력(=무효)

- **관련판례(2)/ 대법원 1996. 6. 28. 선고 94다14742 판결**

대학병원에 근무하는 임상병리사·약사 등의 당직근무의 성격 및 그에 대하여 가산 임금을 지급하여야 하는지 여부(한정적극)

2. 임금의 (가)압류

임금 (가)압류

1) 채권자가 근로자(채무자)에게 일정한 금전청구권이 있을 경우 근로자(채무자)의 임금에 대하여 일정기간동안 (가)압류 처분하여 집행권원을 가진 채권자가 나중에 강제 집행을 할 목적으로 채무자의 임금청구권을 (가)압류가 가능하다.
2) 이에 회사(제3채무자)가 근로자(채무자)의 임금을 일정금액 (가)압류하여 채권자에게 지급하여야 한다.

임금의 압류금지 금액

급여채권의 2분의 1에 해당하는 금액이 월 300만원을 초과하는 경우에는

[월 300만원 + (월 급여채권액의 1/2-월 300만원)× 1/2]을 압류금지 금액으로 함

(「민사집행법」 제246조제1항제4호 단서 및 「민사집행법 시행령」 제4조)

급여채권 압류금지금액

「민사집행법」 제246조제1항제4호, 「민사집행법 시행령」 제3조 및 제4조

1. 월 185만원 이하 : 압류할 수 없음
2. 월 185만원 초과 월 370만원 : 월 185만원
3. 월 370만원 초과 월 600만원 : 월 급여채권액 × ½
4. 월 600만원 초과 : 월 300만원+[{(월 급여채권액 × ½) - 월 300만원} × ½]

추심명령

1) 추심이란 채권자가 채무자를 대신하여 제3채무자에게 직접 채권을 수령하는 것을 말한다.
2) 채권의 이전이 없으나 채권자는 채무자에 갈음하여 제3채무자에게 추심을 할 수 있다.
   다만, 채권자는 추심권을 포기하고 다른 집행이 가능하다.
3) 추심 이후 법원에 신고하여야 하며, 기타의 채권자들은 배당요구가 가능하다.
   (회사 측 -> 근로자의 임금 보관과 지급의무 발생)

전부명령

1) 전부명령은 채무자의 제3채무자에 대한 채권이
   전부채권자에게 변제에 갈음하여 이전되므로,
   전부명령이 확정되면 변제의 효력이 있다.
2) 전부명령이 확정되면 제3채무자에게 송달시로 소급하여
   실체적 효력이 발생한다.
3) 전부명령이 확정되면 회사는 보관하였던 근로자의 임금을 채권자에게 지급하여야 한다.

판례

● 관련판례(1)/ 대법원 2005. 7. 28. 선고 2004다8753 판결

압류가 경합된 상태에서 발령된 압류 및 추심명령의 추심채권자가 제3채무자의 금전채권에 대하여 다시 압류 및 추심명령을 받아 추심금을 지급받은 경우에는 지체 없이 압류가 경합된 상태에서의 압류 및 추심명령의 발령법원에 추심금을 공탁하고 그 사유를 신고하여야 한다.

판례

•관련판례(2)/ 대법원 2005. 4. 15. 선고 2005도157 판결[근로기준법위반]

임금이나 퇴직금을 지급할 수 없는 불가피한 사정이 인정되는 경우, 근로기준법 제36조 위반 범죄의 책임조각사유가 되는지 여부(적극)?

• 사용자가 기업이 불황이라는 사유만을 이유로 하여 임금이나 퇴직금을 지급하지 않거나 체불하는 것은 근로기준법이 허용하지 않는다.

• 사용자가 모든 성의와 노력을 다했어도 임금의 체불이나 미불을 방지할 수 없었다는 것이 사회통념상 긍정할 정도가 되어 사용자에게 더 이상의 적법행위를 기대할 수 없는 경우

• 근로기준법 제36조 위반(근로자의 임금, 퇴직금 등 미지급/3년 이하의 징역 또는 3천만원 이하의 벌금에 처한다) 범죄의 책임조각사유로 된다. (대법원 2001. 2. 23. 선고 2001도204 판결 등)

3. 근로자와 퇴직수당

근로기준법상 근로자에 해당하는지 여부의 판단 기준

1) 근로기준법상의 근로자에 해당하는지 여부는 계약의 형식이 고용계약인지 도급계약인지보다 그 실질에 있어 근로자가 사업 또는 사업장에 임금을 목적으로 종속적인 관계에서 사용자에게 근로를 제공하였는지 여부에 따라 판단하여야 한다.

근로기준법상 근로자에 해당하는지 여부의 판단 기준

2) 종속적인 관계가 있는지 여부
- 업무 내용을 사용자가 정하고 취업규칙 또는 복무(인사)규정 등의 적용을 받으며 업무 수행 과정에서 사용자가 상당한 지휘·감독을 하는지
- 사용자가 근무시간과 근무장소를 지정하고 근로자가 이에 구속을 받는지
- 노무제공자가 스스로 비품·원자재나 작업도구 등을 소유하거나 제3자를 고용하여 업무를 대행케 하는 등 독립하여 자신의 계산으로 사업을 영위할 수 있는지
- 노무 제공을 통한 이윤의 창출과 손실의 초래 등 위험을 스스로 안고 있는지

근로기준법상 근로자에 해당하는지 여부의 판단 기준

2) 종속적인 관계가 있는지 여부
- 보수의 성격이 근로 자체의 대상적 성격인지
- 기본급이나 고정급이 정하여졌는지 및 근로소득세의 원천징수 여부 등 보수에 관한 사항
- 근로 제공 관계의 계속성과 사용자에 대한 전속성의 유무와 그 정도
- 사회보장제도에 관한 법령에서 근로자로서 지위를 인정받는지 등

➡ 경제적·사회적 여러 조건을 종합하여 판단하여야 한다.

퇴직위로금이나 명예퇴직수당

1) 퇴직위로금이나 명예퇴직수당은 그 직에서 퇴임하는 자에 대하여 그 재직 중 직무집행의 대가로서 지급되는 후불적 임금으로서의 보수의 성질을 아울러 갖고 있다고 할 것이므로 퇴직금과 유사하다.
(대법원 2000. 6. 8. 자 2000마1439 결정)
2) 따라서 이들은 민사소송법 제579조 제4호 소정의 압류금지 채권인 퇴직금 기타 유사한 급여채권에 해당한다.

판례

● **관련판례(1)/ 대법원 2009. 10. 29. 선고 2009다51417 판결**

[퇴직금청구]
의류제조업을 영위하는 갑의 사업장에서 별도의 사업자등록을 하고 의류제조공정 중 봉제업무를 수행하고 기본급 없이 작업량에 따른 성과급만을 지급받은 을이 근로기준법상의 근로자에 해당한다고 한 사례

판례

● **관련판례(2)/ 대법원 2007. 11. 15. 선고 2005다24646 판결**

행정청이 명예퇴직한 교사를 재임용하면서 명예퇴직수당을 환수함에 있어, 명예퇴직시부터 재임용시까지의 퇴직기간을 고려하지 않은 채
기지급 된 명예퇴직수당 전액을 반환하도록 한 것은
그 하자가 중대하고 명백하여 당연무효에 해당한다고 본 사례

4. 체당금

체당금이란 ?

기업의 도산 등으로 인하여
퇴직한 근로자가 임금 및 퇴직금을 지급받지 못한 경우
정부가 사업주를 대신하여
일정 범위의 체불임금과 퇴직금을 지급해 줌으로써
근로자의 기본적인 생활안정을 도모하고자 하는 제도

체당금 지급 요건

1) '사업주'는 '산재보험 적용대상 사업주'일 것
2) '사업주'가 당해 사업을 6개월 이상 수행하였을 것
3) '근로자'는 '근로기준법상 근로자'로서 '퇴직기준일'의
   1년 전이 되는 날 이후부터 3년 이내에 퇴직하였을 것
4) '기업의 도산 등 사실'이 인정 될 것

임금채권보장법 (제7조 체불 임금 등의 지급)

1) 고용노동부장관은 사업주가 다음 각 호의 어느 하나에 해당하는 경우에
퇴직한 근로자가 지급받지 못한 임금등의 지급을 청구하면
제3자의 변제에 관한 「민법」 제469조에도 불구하고
그 근로자의 미지급 임금등["체당금(替當金)"]을 사업주를 대신하여 지급한다.

가. 「채무자 회생 및 파산에 관한 법률」에 따른 회생절차개시의 결정이 있는 경우

나. 「채무자 회생 및 파산에 관한 법률」에 따른 파산선고의 결정이 있는 경우

다. 고용노동부장관이 대통령령으로 정한 요건과 절차에 따라 미지급 임금등을 지급할 능력이 없다고 인정하는 경우

임금채권보장법 (제7조 체불 임금 등의 지급)

라. 사업주가 근로자에게 미지급 임금등을 지급하라는 다음 각 목의 어느 하나에 해당하는 판결, 명령, 조정 또는 결정 등이 있는 경우

①「민사집행법」 제24조에 따른 확정된 종국판결
②「민사집행법」 제56조제3호에 따른 확정된 지급명령
③「민사집행법」제56조제5호에 따른 소송상 화해, 청구의 인낙(認諾) 등 확정판결과 같은 효력을 가지는 것
④「민사조정법」 제28조에 따라 성립된 조정
⑤「민사조정법」제30조에 따른 확정된 조정을 갈음하는 결정
⑥「소액사건심판법」제5조의7제1항에 따른 확정된 이행권 고결정

임금채권보장법 (제7조 체불 임금 등의 지급)

2) 제1항에 따라 고용노동부장관이 사업주를 대신하여 지급하는 임금등["체당금(替當金)"]의 범위는 다음 각 호와 같다.

가. 「근로기준법」 제38조제2항제1호에 따른 임금 및 「근로자퇴직급여 보장법」 제12조제2항에 따른 최종 3년간의 퇴직급여 등

나. 「근로기준법」 제46조에 따른 휴업수당(최종 3개월분으로 한정한다)

임금채권보장법 시행령(제9조 체당금의 청구와 지급)

법 제7조에 따라 체당금을 받으려는 사람은
다음 각 호의 구분에 따른 기간에 고용노동부장관에게 청구하여야 한다.

가. 일반체당금 : 파산선고등 또는 도산등사실인정이 있는 날부터 2년 이내(금2,100만원 범위)

나. 소액체당금 : 판결등이 있는 날부터 1년 이내(금 1,000만원 범위)

판례

● **관련판례 / 대법원 2011. 1. 27. 선고 2008다13623 판결**

근로복지공단이 임금채권보장법에 따라 근로자에게 최우선변제권이 있는 최종 3개월분의 임금과 최종 3년분의 퇴직금 중 일부를 체당금으로 지급하고 그에 해당하는 근로자의 임금 등 채권을 배당절차에서 대위행사하는 경우, 최우선변제권이 있는 근로자의 나머지 임금 등 채권과 근로복지공단이 대위하는 채권 사이의 배당순위

• 변제할 정당한 이익이 있는 자가 채무자를 위하여 근저당권의 피담보채무의 일부를 대위변제한 경우, 대위변제자는 변제한 가액의 범위 내에서 종래 채권자가 가지고 있던 채권 및 담보에 관한 권리를 법률상 당연히 취득하게 되지만 이때에도 채권자는 대위변제자에 대하여 우선변제권을 가진다.

• 이러한 법리는 근로복지공단이 최우선변제권이 있는 최종 3개월분의 임금과 최종 3년분의 퇴직금 중 일부를 체당금으로 지급하고 그에 해당하는 근로자의 임금 등 채권을 대위하여 행사하는 경우에도 그대로 적용되어 최우선변제권이 있는 근로자의 나머지 임금 등 채권이 공단이 대위하는 채권에 대하여 우선변제권을 갖는다고 보아야 한다.

15장 자동차

LAW

1.교통사고 처벌규정

교통사고에 대한 처벌

교통사고란 차의 교통으로 인하여
사람을 사상(死傷)하거나 물건을 손괴(損壞)하는 것을 말한다.
(「교통사고처리 특례법」 제2조제2호)

교통사고 가해자 및 교통법규 위반자에 대해
가해지는 금고나 벌금 등을 형사처벌이라고 하고,
이에 관한 법률로는 「도로교통법」, 「형법」, 「교통사고처리 특례법」, 「특정범죄 가중처벌 등에 관한 법률」 등이 있다.

교통사고에 대한 처벌

1) 차의 운전자가 업무상 필요한 주의를 게을리 하거나 중대한 과실로 다른 사람의 건조물이나 그 밖의 재물을 부서지게 한 때에는 2년 이하의 금고나 500만원 이하의 벌금(「도로교통법」 제151조)
2) 차의 운전자가 교통사고로 인하여 업무상 과실 또는 중대한 과실로 인해 사람을 죽거나 다치게 한 경우(「형법」 제268조)에는 5년 이하의 금고 또는 2천만원 이하의 벌금(「교통사고처리 특례법」 제3조제1항)

교통사고에 대한 처벌

3) 자동차(원동기장치자전거 포함)의 운전자가
「도로교통법」 제12조제3항에 따른 어린이 보호구역에서
「도로교통법」 제12조제1항을 위반하여
어린이(13세 미만)에게 「교통사고처리 특례법」 제3조제1항의 죄를 범한 경우
다음 각 호의 구분에 따라 가중처벌(「특정범죄 가중처벌 등에 관한 법률」 제5조의13)

- 어린이를 사망에 이르게 한 경우에는 무기 또는 3년 이상의 징역
- 어린이를 상해에 이르게 한 경우에는 1년 이상 15년 이하의 징역 또는 500만원 이상 3천만원 이하의 벌금

공소의 제기

차의 교통으로 「형법」 제268조의 죄 중 업무상과실치상죄(業務上過失致傷罪) 또는 중과실치상죄(重過失致傷罪)를 범한 운전자에 대하여는 피해자의 명시적인 의사에 반하여 공소(公訴)를 제기할 수 없다.
(「교통사고처리 특례법」 제3조제2항 / 반의사 불벌죄)

공소의 제기

다만, 차의 운전자가 위의 죄 중 업무상과실치상죄 또는 중과실치상죄를 범하고도 피해자를 구호(救護)하는 등 「도로교통법」 제54조 제1항에 따른 조치를 하지 않고 도주하거나 피해자를 사고 장소로부터 옮겨 유기(遺棄)하고 도주한 경우, 같은 죄를 범하고 「도로교통법」 제44조제2항을 위반하여 음주측정 요구에 따르지 않은 경우와 다음 어느 하나에 해당하는 행위(12대 중과실 교통사고)로 인하여 같은 죄를 범한 경우에는 피해자의 명시적인 의사에 반하여도 공소를 제기할 수 있다.
(「교통사고처리 특례법」 제3조제2항 단서)

12대 중과실 교통사고

1. 규제「도로교통법」 제5조에 따른 신호기가 표시하는 신호 또는 교통정리를 하는 경찰공무원등의 신호를 위반하거나 통행금지 또는 일시정지를 내용으로 하는 안전표지가 표시하는 지시를 위반하여 운전한 경우
2. 「도로교통법」 제13조제3항을 위반하여 중앙선을 침범하거나 「도로교통법」 제62조를 위반하여 횡단, 유턴 또는 후진한 경우
3. 규제「도로교통법」 제17조제1항 또는 제2항에 따른 제한속도를 시속 20킬로미터 초과하여 운전한 경우

12대 중과실 교통사고

4. 「도로교통법」 제21조제1항, 제22조, 제23조에 따른 앞지르기의 방법·금지시기·금지장소 또는 끼어들기의 금지를 위반하거나 「도로교통법」 제60조제2항에 따른 고속도로에서의 앞지르기 방법을 위반하여 운전한 경우
5. 「도로교통법」 제24조에 따른 철길건널목 통과방법을 위반하여 운전한 경우
6. 「도로교통법」 제27조제1항에 따른 횡단보도에서의 보행자 보호의무를 위반하여 운전한 경우

12대 중과실 교통사고

7. 「도로교통법」 제43조, 규제「건설기계관리법」 제26조 또는 「도로교통법」 제96조를 위반하여 운전면허(무면허) 또는 건설기계조종사면허를 받지 않거나 국제운전면허증을 소지하지 않고 운전한 경우 이 경우 운전면허 또는 건설기계조종사면허의 효력이 정지 중이거나 운전의 금지 중인 때에는 운전면허 또는 건설기계조종사면허를 받지 않거나 국제운전면허증을 소지하지 않은 것으로 봄
8. 「도로교통법」 제44조제1항을 위반하여 술에 취한 상태에서 운전을 하거나 같은 법 제45조를 위반하여 약물의 영향으로 정상적으로 운전하지 못할 우려가 있는 상태에서 운전한 경우

12대 중과실 교통사고

9. 「도로교통법」 제13조제1항을 위반하여 보도(步道)가 설치된 도로의 보도를 침범하거나 「도로교통법」 제13조제2항에 따른 보도 횡단방법을 위반하여 운전한 경우
10. 규제「도로교통법」 제39조제3항에 따른 승객의 추락 방지의무를 위반하여 운전한 경우

12대 중과실 교통사고

11. 규제「도로교통법」 제12조제3항에 따른 어린이 보호구역에서 「도로교통법」 제12조제1항에 따른 조치를 준수하고 어린이의 안전에 유의하면서 운전하여야 할 의무를 위반하여 어린이의 신체를 상해(傷害)에 이르게 한 경우
12. 규제「도로교통법」 제39조제4항을 위반하여 자동차의 화물이 떨어지지 않도록 필요한 조치를 하지 않고 운전한 경우

교통사고 후 공소제기 면제

교통사고를 일으킨 차가
규제「보험업법」 제4조, 제126조, 제127조 및 제128조,
규제「여객자동차 운수사업법」 제60조, 제61조 또는
「화물자동차 운수사업법」 제51조에 따른
보험 또는 공제에 가입된 경우에는
「교통사고처리 특례법」 제3조제2항 본문에 규정된 죄를 범한 차의 운전자에 대하여 공소를 제기할 수 없다.
(「교통사고처리 특례법」 제3조제2항 및 제4조제1항 본문)

교통사고 후 공소제기 면제

다만, 예외적으로 아래의 어느 하나에 해당하는 경우에는
공소를 제기할 수 있다(「교통사고처리 특례법」 제4조제1항 단서).

1) 12대 중과실(「교통사고처리 특례법」 제3조제2항 단서)에 해당하는 경우
2) 피해자가 신체의 상해로 인하여 생명에 대한 위험이 발생하거나 불구(不具)가 되거나 불치(不治) 또는 난치(難治)의 질병이 생긴 경우
3) 보험계약 또는 공제계약이 무효로 되거나 해지되거나
   계약상의 면책 규정 등으로 인하여
   보험회사, 공제조합 또는 공제사업자의 보험금 또는
   공제금 지급의무가 없어진 경우

2. 자동차 사고와 도주

차의 정의

차란 다음의 어느 하나에 해당하는 것을 말한다.

1) 자동차
2) 건설기계
3) 원동기장치자전거
4) 자전거
5) 사람 또는 가축의 힘이나 그 밖의 동력(動力)으로 도로에서 운전되는 것.
다만, 철길이나 가설(架設)된 선을 이용하여 운전되는 것, 유모차와 행정안전부령으로 정하는 보행보조용 의자차는 제외한다.

자동차의 종류

「자동차관리법」 제3조에 따른 다음의 자동차
다만, 원동기장치자전거는 제외한다.

1) 승용자동차
2) 승합자동차
3) 화물자동차
4) 특수자동차
5) 이륜자동차

도로교통법 제54조(사고발생 시의 조치)

1) 차 또는 노면전차의 운전 등 교통으로 인하여 사람을 사상하거나 물건을 손괴(이하 "교통사고")한 경우에는 그 차 또는 노면전차의 운전자나 그 밖의 승무원(이하 "운전자등")은 즉시 정차하여 다음 각 호의 조치를 하여야 한다.

가. 사상자를 구호하는 등 필요한 조치

나. 피해자에게 인적 사항(성명・전화번호・주소 등) 제공

도로교통법 제54조(사고발생 시의 조치)

2) 제1항의 경우 그 차 또는 노면전차의 운전자등은 경찰공무원이 현장에 있을 때에는 그 경찰공무원에게, 경찰공무원이 현장에 없을 때에는 가장 가까운 국가경찰관서(지구대 등)에 다음 각 호의 사항을 지체 없이 신고하여야 한다. 다만, 차 또는 노면전차만 손괴된 것이 분명하고 도로에서의 위험방지와 원활한 소통을 위하여 필요한 조치를 한 경우에는 그러하지 아니하다.

도로교통법 제54조(사고발생 시의 조치)

3) 주요 신고 내용

가. 사고가 일어난 곳(장소)

나. 사상자 수 및 부상 정도

다. 손괴한 물건 및 손괴 정도

라. 그 밖의 조치사항 등

특정범죄 가중처벌

특정범죄가중처벌등에관한법률 제5조의3에서 소정의 도주차량 운전자에 대한 가중처벌규정은 자신의 과실로 교통사고를 야기한 운전자가 그 사고로 사상을 당한 피해자를 구호하는 등의 조치를 취하지 아니하고 도주하는 행위에 강한 윤리적 비난 가능성이 있음을 감안하여 이를 가중처벌한다.

도주차량 운전자의 가중처벌

1) 「도로교통법」 제2조에 규정된 자동차・원동기장치자전거의 교통으로 인하여
「형법」 제268조의 죄를 범한 해당 차량의 운전자가 피해자를 구호(救護)하는 등
「도로교통법」 제54조제1항에 따른 조치를 하지 아니하고 도주한 경우에는 다음 각 호의 구분에 따라 가중처벌한다.
가. 피해자를 사망에 이르게 하고 도주하거나, 도주 후에 피해자가 사망한 경우에는 무기 또는 5년 이상의 징역에 처한다.
나. 피해자를 상해에 이르게 한 경우에는 1년 이상의 유기징역 또는 500만원 이상 3천만원 이하의 벌금에 처한다.

도주차량 운전자의 가중처벌

2) 사고운전자가 피해자를
사고 장소로부터 옮겨 유기하고 도주한 경우에는
다음 각 호의 구분에 따라 가중처벌한다.
가. 피해자를 사망에 이르게 하고 도주하거나,
도주 후에 피해자가 사망한 경우에는
사형, 무기 또는 5년 이상의 징역에 처한다.
나. 피해자를 상해에 이르게 한 경우에는
3년 이상의 유기징역에 처한다.

판례

● **관련판례 / 대법원 2019. 4. 11., 선고, 2019도1503, 판결**

[도로교통법위반(사고후미조치)·도로교통법위반(음주운전)
주·정차된 차만 손괴한 것이 분명한 경우, 구 도로교통법 제54조 제1항 제2호에 따라 피해자에게 인적 사항을 제공하지 않은 사람은 도로교통법 제148조의 적용 범위에서 제외되고 도로교통법 제156조 제10호만 적용되는지 여부(적극) 및 그 밖에 구 도로교통법 제54조 제1항에 따른 교통사고 발생 시의 조치(구호 등)를 하지 않은 사람에 대하여는 여전히 도로교통법 제148조(5년 이하의 징역이나 1천500만원 이하의 벌금에 처한다)가 적용되는지 여부(적극)

3. 자동차 손해배상

손해배상

1) 어떤 자가 자신의 행위로 인해 타인에게 손해를 가한 경우
그것이 그의 책임 있는 사유에 기인한 것인 한
그는 그 손해를 전보하여 피해자로 하여금
그러한 가해행위가 없었다면 생겼을 상태로 회복시켜 주어야 한다.

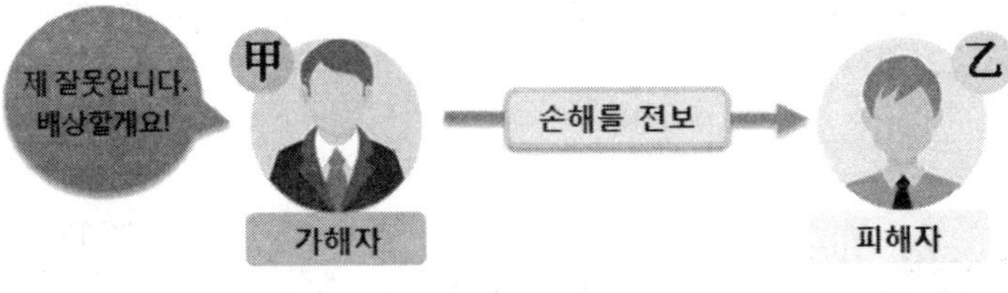

2) 따라서 손해배상의 목적은
피해자에게 가해행위로 인하여 입은 손해를 전보(塡補)해 주는 것, 혹은 가해행위가 없었더라면 생겼을 이익상태로 회복시켜 주는 것이다.

손해배상

3) 불법행위 내용에 대하여도
민법 제750조에 의하여 "고의 또는 과실로 인한 위법행위로 타인에게 손해를 가한 자는 그 손해를 배상할 책임이 있다." 라고 규정

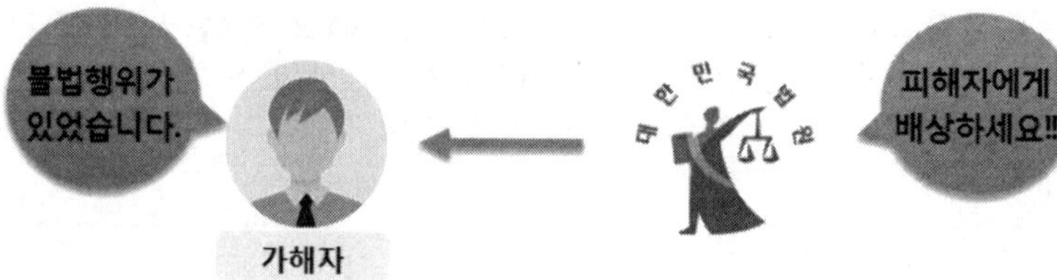

과실상계

1) 불법행위로 인한 손해의 발생,
2) 확대에 채권자(피해자)의 과실이 있는 경우 이를 참작하여
3) 채무자(가해자)의 손해배상책임을 감면하는 제도를 과실상계라고 한다.

소송당사자

1) 손해배상의 경우 합의가 이루어지지 않을 경우
   피해자는 가해자 또는 보험회사를 상대로 소송이 가능하다.
2) 여기서 가해자는 운전자뿐만 아니라 차주도 포함한다.
3) 가해자를 알 수 없는 경우
   고의 또는 과실이 있는 책임있는 자를 피고로 할 수 있다.
   (예: 고속도로 사고 시 도로공사 등)

판례

● **관련판례(1)/대법원 1994. 8. 23. 선고 93다59595 판결**

[손해배상(자)]

버스승객이 버스가 정차한 상태에서 열린 출입문을 통하여 하차하다가 넘어져 사고가 난 경우 자동차 운행 중의 사고이기는 하나 운행으로 말미암아 일어난 것이라고는 볼 수 없다는 이유로 자동차손해배상책임을 부인한 사례

판례

● **관련판례(2)/ 대법원 1993. 8. 27. 선고 93다16826 판결**

[손해배상(산)]

폭우로 끝부분이 유실된 임시교량을 지나던 자동차가 하천으로 떨어진 사고에서 교량건설회사의 손해배상책임을 인정한 사례

4. 과속과 스쿨존

속도위반 시 규정

제한 속도 위반	무인카메라등의 단속장비 적발 과태료(운전자 모름)		단속 경찰관에게 현장 적발 범칙금과 벌점	
20km 이하 속도 위반	40,000원	벌점 x	30,000원	벌점 x
20~40km 속도위반	70,000원	벌점 x	60,000원	벌점 15점
40~60km 속도위반	100,000원	벌점 x	90,000원	벌점 30점
60km 이상 속도위반	130,000원	벌점 x	120,000원	벌점 60점

[벌점 40점 이상 면허정지] [승용차의 경우]

스쿨존 속도위반 시 규정

제한 속도 위반	무인카메라등의 단속장비 적발 과태료(운전자 모름)		단속 경찰관에게 현장 적발 범칙금과 벌점	
20km 이하 속도 위반	70,000원	벌점 x	60,000원	벌점 15점
20~40km 속도위반	100,000원	벌점 x	90,000원	벌점 30점
40~60km 속도위반	130,000원	벌점 x	120,000원	벌점 60점
60km 이상 속도위반	160,000원	벌점 x	150,000원	벌점 120점

[벌점 40점 이상 면허정지] [승용차의 경우]

스쿨존 사고 예시

1) 제한 속도가 30km 스쿨존에서
시속 20km를 더 초과한 50km/h의 속도로 주행했다면?
▶ 범칙금 9만원 + 벌점 30점 또는 과태료 10만원
2) 만약 이때, 교통사고까지 발생하게 되면
▶ 교통사고처리특례법에 따라 5년 이하의 금고나 2천만원 이하의 벌금
3) 피해자가 어린이라면
▶ 15년 이하의 징역 또는 500만원~3천만원 이하의 벌금
* 참조-형법: 제257조(상해, 존속상해) ①사람의 신체를 상해한 자는 7년 이하의 징역, 10년 이하의 자격정지 또는 1천만원 이하의 벌금에 처한다.
4) 그 어린이가 사망했다면 무기 또는 3년 이하의 징역

벌칙

도로교통법 제151조(벌칙) 차 또는 노면전차의 운전자가 업무상 필요한 주의를 게을리하거나 중대한 과실로 다른 사람의 건조물이나 그 밖의 재물을 손괴한 경우에는 2년 이하의 금고나 500만원 이하의 벌금에 처한다. <개정 2018. 3. 27.>
제151조의2(벌칙) 자동차등의 운전자가 제46조의3을 위반하여 난폭운전을 한 경우에는 1년 이하의 징역이나 500만원 이하의 벌금에 처한다.[시행일 : 2020. 12. 10.]

판례

● **관련판례/ 대법원 1999. 7. 23. 선고 99다19346 판결**

1) 황색 점선의 중앙선이 설치된 고속도로에서 자기차선을 따라 운행하는 자동차 운전자에게 반대차선의 자동차가 중앙선을 침범할 것을 예상하여 운전할 주의의무가 있는지 여부(한정 소극)
2) 중앙선을 침범하여 운행하던 자동차가 반대차선에서 과속으로 운행하던 자동차와 충돌한 경우, 과속 운전자에게 과실이 있는지 여부(한정 소극)

16장 자영업과 법인

LAW

1. 사업자 등록증

사업자등록의 개념

사업자등록이란
부가가치세 납세의무자에 해당하는 사업자 및
그에 관계된 사업내용을 관할 세무서에 신고하는 것

사업자등록증을 교부받고 등록번호를 확인
각종 세금 등을 납부할 경우 등록번호 기재는 필수요건

신청기간 및 신청방법

사업자는 사업장마다 사업 개시일부터 20일 이내에
필요한 서류를 갖추어 사업장 관할 세무서장에게
사업자등록을 신청해야 한다.
(「부가가치세법」 제8조제1항 본문)

다만, 신규로 사업을 시작하려는 사람은
사업 개시일 이전이라도 사업자등록을 신청할 수 있다.
(「부가가치세법」 제8조제1항 단서)

제출서류

사업자등록을 하려는 사업자는 다음의 사항을 적은 사업자등록 신청서를 관할 세무서(국세청 홈텍스를 통한 제출 포함)에 제출해야 한다. (「부가가치세법 시행령」 제11조제1항,「부가가치세법 시행규칙」 별지 제4호서식)

1) 사업자의 인적사항
2) 사업자등록 신청 사유
3) 사업 개시 연월일 또는 사업장 설치 착수 연월일
4) 그 밖의 참고 사항

상호 선정과 광고물

1) 소상공인은 자유롭게 성명 등의 명칭으로 상호를 선정할 수 있다(「상법」 제18조).
   - 법인형태로서 회사가 아니면 상호에 회사임을 표시하는 문자를 사용해서는 안되며,
   - 누구든지 부정한 목적으로 다른 사람의 영업으로 오인할 수 있는 상호를 사용해서는 안된다. (「상법」 제20조 전단 및 제23조제1항)

※ 이를 위반하면 200만원 이하의 과태료가 부과(「상법」 제28조)

상호 선정과 광고물

2) 허가를 받지 않고 광고물 등(입간판·현수막·벽보·전단은 제외)을 표시하거나 설치한 사람은 1년 이하의 징역 또는 1천만원 이하의 벌금에 처한다.
   (「옥외광고물 등의 관리와 옥외광고산업 진흥에 관한 법률」 제18조제1항제1호)
   신고를 하지 않고 광고물 등(입간판·현수막·벽보·전단은 제외)을 표시하거나 설치한 사람은 500만원 이하의 벌금에 처한다. (「옥외광고물 등의 관리와 옥외광고산업 진흥에 관한 법률」 제18조제2항제1호)

판례

- **관련판례/ 대법원 2008. 9. 25. 선고 2008다44238 판결**

[1] 상가건물임대차보호법 제3조 제1항에서 건물의 인도와 더불어 대항력의 요건으로 규정하고 있는 사업자등록은 거래의 안전을 위하여 임차권의 존재를 제3자가 명백히 인식할 수 있게 하는 공시방법으로서 마련된 것이다.

판례

- **관련판례/ 대법원 2008. 9. 25. 선고 2008다44238 판결**

[2] 상가건물임대차보호법상 대항력을 인정받기 위하여 사업자등록이 갖추어야 할 요건
  - 건물의 일부분을 임차한 경우 그 사업자등록이 제3자에 대한 관계에서 유효한 임대차의 공시방법이 되기 위해서는 사업자등록신 청시 그 임차 부분을 표시한 도면을 첨부하여야 한다.

2. 법인의 상호와 영업양도

회사의 상호

1) 회사의 상호에는 그 종류에 따라
   합명회사, 합자회사, 유한책임회사, 주식회사 또는
   유한회사의 문자를 사용하여야 한다(상법 제19조).

2) 상호의 명칭은 문자, 아라비아숫자 가능하며,
   기호, 도형, 무늬 불가능 함

회사의 상호

1) 누구든지 부정한 목적으로
타인의 영업으로 오인할 수 있는 상호를 사용하지 못한다.
2) 위 항의 규정에 위반하여 상호를 사용하는 자가 있는 경우에 이로 인하여 손해를 받을 염려가 있는 자 또는
상호를 등기한 자는 그 폐지를 청구할 수 있다.
3) 동일한 특별시·광역시·시·군에서 동종영업으로
타인이 등기한 상호를 사용하는 자는
부정한 목적으로 사용하는 것으로 추정한다.

상호의 등기

1) 개인상인은 등기 의무 없음(다만 등기하면 상호 보호 강화됨)
2) 회사는 절대적 등기사항
3) 상호를 등기할 경우 타인이 등기한 상호는
동일한 특별시·광역시·시·군에서 동종영업의 상호로 등기하지 못한다.

영업 양도의 경우

1) 양도인 경업금지의무 (상법 제41조)
가) 양수인보호
- 약정 있을 때 : 20년
- 약정 없을 때 : 10년
나) 범위 - 동일하거나 동일한 행정구역에서 동종영업
(양도한 영업과 경쟁관계에 있거나 대체관계 있는 영업까지 포괄하는 넓은 개념)

영업 양도의 경우

2) 상호를 계속 사용할 경우

① 영업양수인이 양도인의 상호를 계속 사용하는 경우에는 양도인의 영업으로 인한 제3자의 채권에 대하여 양수인도 변제할 책임이 있다.

② 전항의 규정은 양수인이 영업양도를 받은 후 지체 없이 양도인의 채무에 대한 책임이 없음을 등기한 때에는 적용하지 아니한다.
양도인과 양수인이 지체 없이 제3자에 대하여 그 뜻을 통지한 경우에 그 통지를 받은 제3자에 대하여도 같다.

판례

- **관련판례 / 대법원 2020. 2. 6., 선고, 2019다270217, 판결**

영업양수인이 책임지는 제3자의 채권은 영업양도 당시까지 발생한 것이어야 하는지 여부(적극) 및 영업양도 당시로 보아 가까운 장래에 발생될 것이 확실한 채권도 영업양수인이 책임져야 하는지 여부(소극)

3. 직원의 실수와 회사의 책임

회사(법인/자영업자/사용자) 책임

1) 직원의 고의와 과실로 인하여 발생한 고객의 손해는
그 관리자 및 회사(법인/자영업자/사용자)에게 책임이 있다.

2) 과실로 인하여 소유자로부터
위탁을 받아 타인의 재산과 업무 등을 관리하는 자 또한
관리의무의 소홀함으로 인하여 발생한 손해에 대하여
회사에 부가되는 책임(무과실 책임)이 있다.

손해배상 책임

1) 배상책임자
   - 회사(법인/자영업자/사용자)가 책임주체
   - 따라서 특별손해와 관련한 예견가능성은 사용자를 기준으로 판단한다.
2) 직원(피용자) 자신의 책임
   - 민법 제750조에 의해 불법행위책임을 지며, 사용자 책임 성립시 양자는 부진정연대채무 관계

구상권

1) 직원의 고의 및 과실로 인하여 회사(법인/자영업자/사용자)가 직원의 고의 및 과실로 인하여 발생한 고객의 채무(債務)를 대신 갚아준 경우 회사(법인/자영업자/사용자)가 과실있는 직원에게 금원의 반환을 청구하는 권리

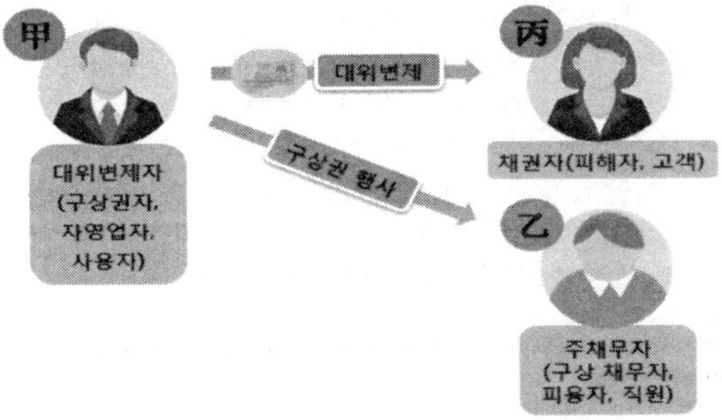

구상권

2) 직원을 위하여 변제한 회사(법인/자영업자/사용자)는 구상권의 범위 안에서 거래처 또는 고객(채권자)이 가지고 있던 권리를 행사할 수 있다.
3) 구상권은 10년간 행사하지 않으면 소멸한다.

부진정 연대채무

1) 성립

① 법인의 불법행위책임과 그 이사 기타 대표자 개인의 책임
② 책임무능력자의 불법행위에 대한
감독의무자의 책임과 대리감독자의 책임
③ 직원(피용자)의 불법행위로 인한
직원(피용자)의 배상의무와 회사(자영업자/사용자)의 배상의무
④ 공동불법행위자의 배상의무 등

부진정 연대채무

2) 요건

① 직원(피용자)의 불법행위
② 타인을 사용하여 어느 사무에 종사하게 할 것
③ 직원(피용자)이 사무집행에 관하여 제3자에게 손해를 가 했을 것
- 피용자의 불법행위가 외형상 객관적으로 사용자의 사무집행과 관련된 것이라고 보여질 때에는 행위자의 주관적 사정을 고려함이 없이 이를 사무집행에 관하여 한 행위로 본다(대판).
- 그러나 피용자의 행위가 사무집행에 관한 것이 아님을 피해자가 알았거나 중대한 과실로 모른 때에는 사용자책임은 부정된다(대판).

④ 사용자가 면책사유를 입증하지 못할 것

판례

● **관련판례/ 대법원 1996. 10. 11. 선고 96다30182 판결**

[민법 제756조의 사용자와 피용자의 관계의 의미]

민법 제756조의 사용자와 피용자의 관계는 반드시 유효한 고용관계가 있는 경우에 한하는 것이 아니고, 사실상 어떤 사람이 다른 사람을 위하여 그 지휘·감독 아래 그 의사에 따라 사업을 집행하는 관계에 있을 때에도 그 두 사람 사이에 사용자, 피용자의 관계가 있다.

4. 대금(채권)의 회수방안

채권

특정인(채권자)이 다른 특정인(채무자)에 대하여 특정의 행위(급부)를 청구할 수 있는 권리를 말하며, 이에 대응하는 의무를 채무라고 한다.

1) 물건을 판매한자(채권자) -> 물건을 외상으로 가져간 고객(채무자)
2) 급부를 청구하는 자를 채권자라고 하고, 그 의무자를 채무자라고 한다.

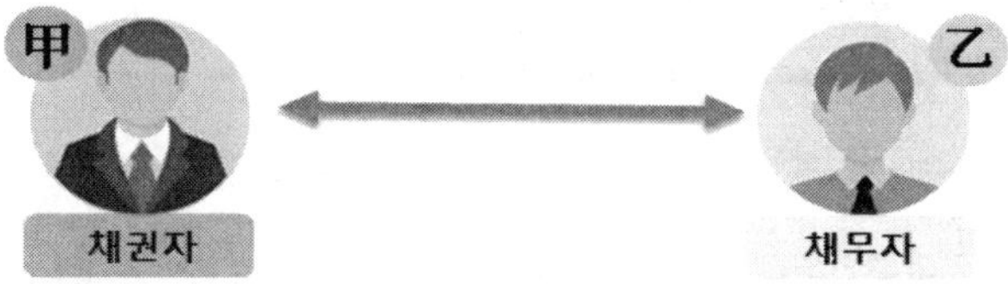

- 판매자
- 청구하는 자

- 외상 구매자
- 이행 의무자

물건의 판매와책임

1) 물건을 파는 회사(자영업자 또는 법인)는 고객(거래처)과 거래를 통하여 채권이 발생
2) 회사(자영업자 또는 법인)는 물건의 대금청구권을 가진 채권자가 되고, 고객은 그 의무를 가진 채무자가 된다.
3) 할부매매에서 목적물의 소유권은 대내외적으로 매도인에게 있으며, 매수인은 장래에 대금을 모두 지급할 것을 조건으로 하는 조건부 권리를 취득

물건의 판매와책임

4) 매수인이 대금 완납 이전에 타인에게 물건(목적물)을 처분할 수는 있으나, 이는 계약인수에 해당되어 매도인(판매자)의 동의를 필요로 한다.
5) 매매계약에 따른 물건 또는 권리의 이전에 있어 하자가 있는 경우 매수인을 보호하기 위하여 매도인에게 일정한 책임을 부담하도록 규정되어 있는 규정을 매도인의 담보책임이라고 한다.

채무불이행

1) 채무불이행이란 채무자가 채무의 내용에 좇은 이행을 하지 않는 것
2) 채무불이행의 유형에는 ①이행지체, ②이행불능, ③불완전이행
3) 이행지체는 채무가 이행기에 있고,
   이행이 가능함에도 불구하고 채무자가 이행을 하지 않는 것을 의미
   - 이행지체가 성립하면 채권자는 채무자에 대하여
   ①강제이행, ②손해배상(지연배상), ③전보배상, ④계약해제권 등을 행사할 수 있다.

채무불이행

4) 이행불능은 채권이 성립한 후에
   채무자의 귀책사유로 인하여 채무의 이행이 불가능하게 된 것
   - 이행불능이 성립하면 채권자는 채무자에 대하여
   ①손해배상(전보배상), ②계약해제권 등을 행사할 수 있다.

금전의 반환시기

1) 확정기한 ⇒ 기한이 도래한 때
2) 기한이익 상실 특약 ⇒ 특약의 약정과 그 사실의 도래를 요함
3) 불확정기한 ⇒ 기한을 정한 사실이 발생한 때(조건 성취 시 등)
4) 기한의 정함이 없는 경우 ⇒ 최고시

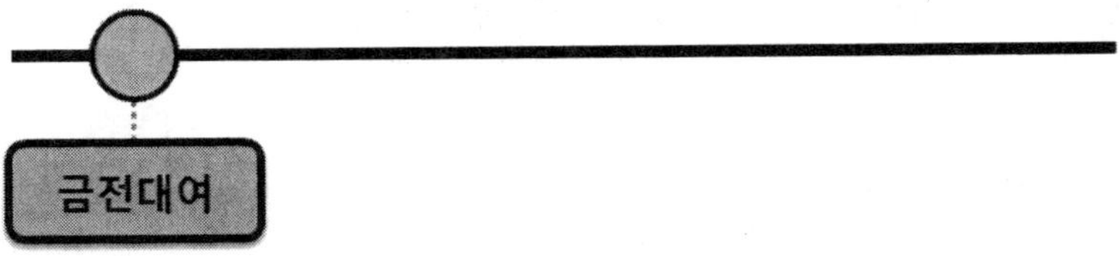

판례

● **관련판례 / 대법원 1992. 5. 22. 선고 92다4796 판결**

대여금채무의 시효기간이 도과하였으나, 시효완성 후 채무를 승인한 채무자는 시효완성의 사실을 알고 그 이익을 포기한 것이라 추정할 수 있는지 여부(적극)?

- 대여금채무가 이미 시효기간이 도과한 상태에서 '을'은 다른 채권자들이 많이 있기 때문에 '갑'에 대한 채무만을 변제하기는 곤란하다고 변명하면서 좀 더 참아 줄 것을 요청하였고,
- 시효완성 후 채무를 승인한 때에는 채무자는 시효완성의 사실을 알고 그 이익을 포기한 것이라 추정할 수 있다고 한 사례

17장 주택

LAW

1. 주택 매매시 주의사항

공동주택과 부동산 매매계약

1) 공동주택과 기준
- 아파트 : 5층 이상 / 면적 무관
- 연립주택 : 4층 이하 / 연면적 660㎡ 이상
- 다세대주택 : 4층 이하 / 연면적 660㎡ 이하

공동주택과 부동산 매매계약

2) 부동산 매매계약이란
- 매도인은 부동산의 소유권을 상대방에게 이전하고 매수인은 그 대금을 지급하기로 하는 계약(「민법」 제563조).
- 부동산 매매계약의 효력
  : 계약의 당사자 사이에 특별한 약정이 없으면 매도인은 매수인에게 목적 부동산을 이전해야 하고
  이와 동시에 매수인은 매도인에게 그 대금을 지급(「민법」 제568조).

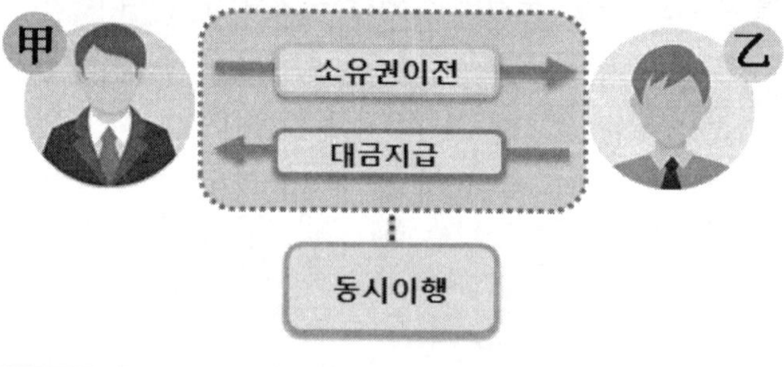

부동산등기부의 확인

1) 부동산등기부의 개념
 : 부동산등기부란 전산정보처리조직에 의해 입력·처리된 부동산 등기정보자료(「부동산등기법」 제2조제1호)

2) 부동산등기부의 구성
 - 토지등기부(土地登記簿)와 건물등기부(建物登記簿)가 있다.
 - 부동산등기부를 편성할 때는 1필의 토지 또는 1개의 건물에 1개의 등기기록을 두며 등기기록에는 표제부, 갑구(甲區), 을구(乙區)가 있다. (「부동산등기법」 제14조제1항 및 제15조)

부동산등기부의 확인

가) 토지등기기록의 표제부
 - 토지등기기록의 표제부에는 표시번호란, 접수란, 소재지번란, 지목란, 면적란, 등기원인 및 기타사항란이 있다(「부동산등기규칙」제13조제1항).

등기부 등본 (현재 유효사항) - 토지 [제출용]

[토지] 경상북도 울릉군 울릉읍 독도리 1 고유번호 1758-1996-029014

【 표 제 부 】 (토지의 표시)					
표시번호	접 수	소 재 지 번	지 목	면 적	등기원인 및 기타사항
3	2005년10월7일	경상북도 울릉군 울릉읍 독도리 1	임야	3320㎡	축척변경

부동산등기부의 확인

나) 건물등기기록의 표제부
 - 건물등기기록의 표제부에는 표시번호란, 접수란, 소재지번 및 건물번호란, 건물내역란, 등기원인 및 기타사항란이 있다(「부동산등기규칙」 제13조제1항).

등기사항전부증명서(말소사항 포함)
- 건물 -

고유번호 1101-2018-000405

[건물] 서울특별시 서초구 서초동 967-1

【 표 제 부 】 (건물의 표시)				
표시번호	접 수	소재지번 및 건물번호	건 물 내 역	등기원인 및 기타사항
1	2018년4월19일	서울특별시 서초구 서초동 967-1 [도로명주소] 서울특별시 서초구 서초대로 219	시멘트블럭조 시멘트기와지붕 단층주택 85㎡	

부동산등기부의 확인

다) 갑구

- 갑구에는 소유권의 변동과 가등기, 압류등기, 가압류등기, 경매 개시 결정 등기, 소유자의 처분을 금지하는 가처분등기 등이 기재되어 있다.

【 갑 구 】 (소유권에 관한 사항)				
순위번호	등 기 목 적	접 수	등 기 원 인	권리자 및 기타사항
1	소유권보존	2018년4월19일 제549호		소유자 김우리 600104-******* 서울특별시 서초구 서초대로46길 60, 101동 201호(서초동, 서초아파트)

부동산등기부의 확인

라) 을구

- 소유권 이외의 권리인 저당권, 전세권 등이 기재되며, 저당권, 전세권 등의 설정 및 변경, 이전, 말소등기도 기재 되어 있다.

【 을 구 】 (소유권 이외의 권리에 관한 사항)				
순위번호	등 기 목 적	접 수	등 기 원 인	권리자 및 기타사항
1	근저당권설정	2018년4월19일 제550호	2018년4월19일 설정계약	채권최고액 금60,000,000원 채무자 김우리 서울특별시 서초구 서초대로46길 60, 101동 201호(서초동, 서초아파트) 근저당권자 이거래 750614-******* 서울특별시 종로구 창덕궁길 100(계동) 공동담보 토지 서울특별시 서초구 서초동 967-1

부동산등기부의 확인

마) 전유부분의 표제부

- 구분한 각 건물 중 대지권이 있는 건물이 있는 경우 전유부분의 표제부에는 대지권의 표시를 위한 표시번호란, 대지권종류란, 대지권비율란, 등기원인 및 기타사항란을 둔다.

【 표 제 부 】 (전유부분의 건물의 표시)				
표시번호	접 수	건물번호	건 물 내 역	등기원인 및 기타사항
1 (전 1)	1987년12월31일	제5층 제505호	철근콘크리트조 84.06㎡	도면편철장 제9책제399장 부동산등기법 제177조의 6 제1항의 규정에 의하여 1999년 01월 29일 전산이기

(대지권의 표시)			
표시번호	대지권종류	대지권비율	등기원인 및 기타사항
1 (전 1)	1 소유권대지권	47483.3분의 56.51	1987년12월11일 대지권 1987년12월31일 부동산등기법 제177조의 6 제1항의

부동산등기부의 확인

바) 대법원 인터넷등기소를 통해 등기기록을 열람하려는 경우
- 대법원 인터넷등기소 홈페이지(www.iros.go.kr)를 통해 365일 24시간 등기기록의 사항을 열람할 수 있으며 최초 열람 후 1시간 이내에는 재열람할 수 있다.

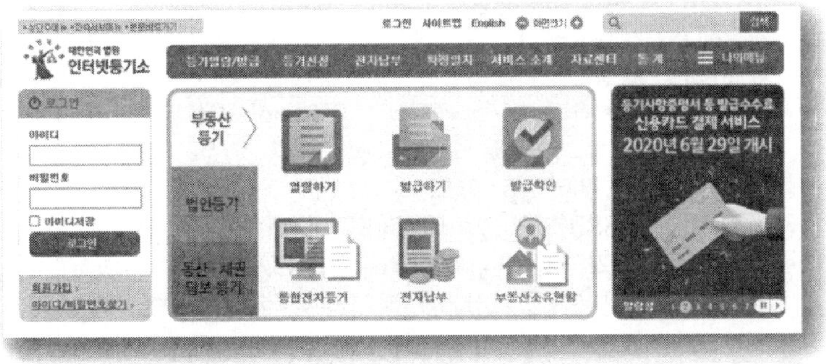

매매계약 후 처리절차

1) 소유권 이전등기

부동산 매매계약 후 잔금을 지급한 이후에는 매도인과 매수인 사이의 소유권 변동을 위해 부동산등기부에 **등기**해야 한다.

매매계약 후 처리절차

2) 부동산에 흠결이 있는 경우

가) 매수인이 매매계약 당시 목적 부동산에 흠결이 있음을 모른 경우

- 매매의 목적 부동산에 흠결이 있는 경우 매수인이 이로 인하여 계약의 목적을 달성할 수 없는 경우에 한해 계약을 해제할 수 있다.
  (「민법」 제580조제1항 및 제575조제1항 전단).
- 매매의 목적 부동산에 흠결이 있다 하더라도 매수인이 이로 인하여 계약의 목적을 달성할 수 있는 경우에는 손해배상만을 청구할 수 있다.
  (「민법」 제580조제1항 및 제575조제1항 후단).
- 매수인의 계약해제 또는 손해배상청구권은 매수인이 그 사실을 안 날부터 6개월 이내에 행사해야 한다(「민법」 제582조).

매매계약 후 처리절차

2) 부동산에 흠결이 있는 경우

나) 매수인이 매매계약 당시 목적 부동산에 흠결이 있음을 알았거나 과실로 알지 못한 경우

- 매매의 목적 부동산에 흠결이 있는 경우라 하더라도 계약을 해제할 수 없고 손해배상도 청구할 수 없다.
  (「민법」 제580조제1항, 제575조제1항 및 제2항)

매매계약 후 처리절차

3) 계약을 파기하고 싶을 경우

가) 매도인이 계약을 파기하는 경우 = 계약금의 배액을 지급

나) 매수인이 계약을 파기하는 경우 = 계약금 포기

다) 중도금 지급 이후에는 합의가 안될 경우 계약 파기 안됨

매매계약 후 처리절차

4) 각종 세금 납부

: 부동산 매매계약 후에
매도인은 양도소득세, 지방소득세, 농어촌특별세를
매수인은 취득세, 등록세, 농어촌특별세, 지방교육세 등을 납부

판례

● **관련판례 / 대법원 2015. 4. 23. 선고 2014다231378 판결**

매도인이 '계약금 중 일부만 지급된 경우 지급받은 금원의 배액을 상환하고 매매계약을 해제할 수 있다'고 주장한 사안에서, 매도인이 계약금의 일부로서 지급받은 금원의 배액을 상환하는 것으로는 매매계약을 해제할 수 있는지 여부(소극)?

• 매도인이 '계약금 중 일부만 지급된 경우 '실제 교부받은 계약금'의 배액만을 상환하여 매매계약을 해제할 수 있다면 이는 당사자가 일정한 금액을 계약금으로 정한 의사에 반하게 될 뿐 아니라,
• 계약금 일부만 지급된 경우 수령자가 매매계약을 해제할 수 있다고 하더라도 해약금의 기준이 되는 금원은 '실제 교부받은 계약금'이 아니라 '약정 계약금'이라고 봄이 타당하므로,
 매도인이 계약금의 일부로서 지급받은 금원의 배액을 상환하는 것으로는 매매계약을 해제할 수 없다고 한 사례

2. 부동산의 소유권 이전등기

부동산 거래신고제도

부동산에 대하여 매매 등을 할 경우 부동산 또는 부동산을 취득할 수 있는 권리에 대하여 계약체결일로부터 60일 이내에 해당 토지, 건축물 소재지 관할 시장·군수·구청장관계기관에 신고를 하여야 한다.
부동산이 매매될 경우 신고의무자는 거래당사자 또는 부동산 개업공인중개사이다.
(규제「부동산 거래신고 등에 관한 법률」 제3조제2항 및 제3항)

거래신고와 과태료

1) 부동산거래신고에 관하여 부동산거래신고를 하지 않을 경우 금 500만원 이하의 과태료가 부과
(「부동산 거래신고 등에 관한 법률」 제28조제2항)
2) 부동산 거래신고를 허위로 한 경우에는 신고가액의 정도에 따라 해당 주택 취득세의 0.5배부터 3배까지의 과태료가 부과
(「부동산 거래신고에 관한 법률 시행령」별표2 다.)

소유권 이전등기(「부동산등기법」 제3조제1호)

1) 법률행위를 원인으로 한 소유권 이전등기
- 매매, 증여, 사인증여, 재산분할, 양도담보, 교환, 계약의 해제, 현물출자, 대물변제 등을 원인으로 한 소유권 이전등기

2) 법률규정에 의한 소유권 이전등기
- 「공익사업을 위한 토지 등의 취득 및 보상에 관한 법률」에 의한 토지 등의 수용,
「자산유동화에 관한 법률」에 의한 유동화자산의 양도 등의 설정, 상속, 판결, 경매를 원인으로 한 소유권 이전등기

매매에 의한 소유권 이전등기

1) "매매에 의한 소유권 이전등기"란
   매매라는 법률행위로 소유권이 이전된 경우
   이를 공시하기 위해 신청하는 등기
2) 매수인의 소유권 이전등기청구권은
   10년간 행사하지 않으면 소멸시효가 완성된다(「민법」 제162조제1항).

매매에 의한 소유권 이전등기

3) 부동산의 소유권 이전을 내용으로 하는 계약을 체결한 자는 다음 중 어느 하나에 정해진 날부터 60일 내에 소유권 이전등기를 신청해야 한다.
   다만, 그 계약이 취소·해제되거나 무효인 경우에는 그렇지 않는다.
   - 계약의 당사자가 서로 대가적인 채무를 부담하는 경우
     반대급부의 이행이 완료된 날
   - 계약당사자의 일방만이 채무를 부담하는 경우
     그 계약의 효력이 발생한 날 등

인터넷 신청 절차도

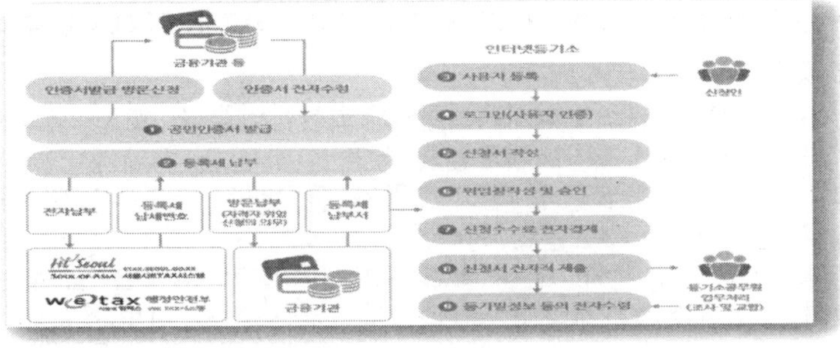

증여에 의한 소유권 이전등기

1) 증여에 의한 소유권 이전등기는
부동산증여계약에 의해 소유권을 이전하는 경우의 등기
2) 증여는 당사자 일방이
무상으로 재산을 상대방에 수여하는 의사를 표시하고 상대방이 이를 승낙함으로써 그 효력이 생기는 계약(「민법」 제554조)
3) 등기의무자 : 증여자(증여하는 자) / 등기권리자 : 수증자(증여받는 자)

상속에 의한 소유권 이전등기

1) 상속이란 사람의 사망으로 인해 재산상의 법률관계가
피상속인으로부터 상속인에게 포괄적으로 승계되는 것
2) 상속을 원인으로 한 소유권 이전등기(「부동산등기법」 제23조제3항)
3) 협의분할에 의한 상속을 원인으로 한 소유권 이전등기(「민법」 제1013조)
- 상속재산의 협의분할은 상속인들의 공동소유인 상속재산을 협의에 의해 분할해 각 상속인의 단독상속으로 하는 것을 말한다.

판례

● **관련판례 / 대법원 2018. 4. 10. 선고 2017다257715 판결**

[소유권이전등기]

명의신탁자와 명의수탁자가 계약명의신탁약정을 맺고 명의수탁자가 당사자가 되어 매도인과 부동산에 관한 매매계약을 체결하는 경우, 계약과 등기의 효력을 판단하는 기준(=매매계약을 체결할 당시 매도인의 인식)

이때 매도인이 계약 체결 이후 명의신탁약정 사실을 알게 되었다는 이유로 위 계약과 등기가 무효로 되는지 여부(소극)

판례

● **관련판례 / 대법원 2018. 4. 10. 선고 2017다257715 판결**

【판결요지】

1) 부동산 실권리자명의 등기에 관한 법률 제4조 제2항 단서는 부동산 거래의 상대방을 보호하기 위한 것으로 상대방이 명의신탁약정이 있다는 사실을 알지 못한 채 물권을 취득하기 위한 계약을 체결한 경우 그 계약과 그에 따른 등기는 유효이다.
2) 명의신탁자와 명의수탁자가 계약명의신탁약정을 맺고 명의수탁자가 당사자가 되어 매도인과 부동산에 관한 매매계약을 체결하는 경우 그 계약과 등기의 효력은 매매계약을 체결할 당시 매도인의 인식을 기준으로 판단해야 한다.

3. 주택 임대차 계약

전세권과 임대차의 비교

1) 전세권자는 용익물권자로써의 지위,
즉 부동산을 점유하여 사용, 수익할 권리가 있다.
다만, 전세권자는 사용, 수익함에 있어서 발생하는 수선의무를 부담한다.
2) 즉, 부동산의 현상을 유지는 등의
통상적인 관리비용은 전세권자가 부담하는 것이며,
이러한 수선의무 때문에 전세권자는 전세권설정자에 대하여 필요비의 상환을 청구할 수 없다.

전세권과 임대차의 비교

구분	전세권	임대차
성질	물권	채권
등기여부	필수	선택적
사용대가의 지급 방법	전세금 지급 (「민법」 제303조제1항)	보증금 또는 월차임 지급 (「민법」 제618조)
양도 및 전대 가능 여부	임대인의 동의 없이 가능 (「민법」 제306조)	임대인의 동의가 필요 (「민법」 제629조)

우선변제권

임차인은

① 대항요건(주택의 인도 및 전입신고)과

② 임대차계약증서상의 확정일자를 갖춘 경우

임차주택이 경매 또는 공매될 때
임차주택의 환가대금에서 후순위권리자나 그 밖의 채권자보다 우선하여 보증금을 변제받을 권리인 우선변제권을 취득
(「주택임대차보호법」 제3조의2 제2항)

주택임대차 간련 사례

1) 대법원 1995. 10. 12. 선고 95다22283 판결
주택임대차보호법이 적용되는 임대차계약에서 기간을 2년 미만으로 정한 임차인이 스스로 기간 만료를 이유로 임차보증금의 반환을 구할 수 있는지 여부(적극)

주택임대차 간련 사례

2) 대법원 1996. 8. 20. 선고 96다17653 판결
임대인이 소유권을 취득하였다가 계약해제로 소유권을 상실하게 된 경우, 그 계약해제 전에 주택임대차보호법 소정의 대항요건을 갖춘 임차인의 대항력 유무(적극)

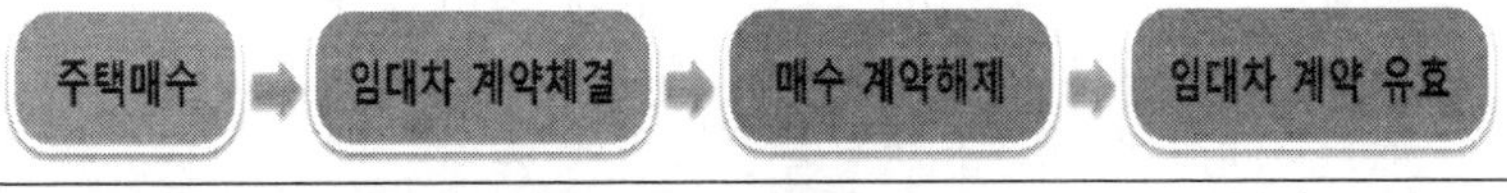

주택임대차 간련 사례

3) 대법원 1986. 11. 21. 선고 85다카1367 판결
임차인이 비주거용으로 임대차계약을 체결한 후,
임의로 주거용으로 개조하여 사용하고 있다면
임대인이 승낙한 경우에만 주거용으로 인정

4주택임대차인의 대항력

대항력 있는 임차인이란?

1) 경매로 낙찰 받은 매수인에게 대항할 수 있는 임차인
2) 매각으로 말소되는
   등기부상 최선순위의 설정자(근저당권자, 가압류권자, 압류권자 등)보다
   먼저 대항요건(주택의 인도와 주민등록)을 갖춘 임차인
3) 대항력 있는 임차인의 보증금은 낙찰 받은 매수인이 전부 인수하여야 함

주택임대차의 대상

1) 주택임대차보호법의 보호대상은 주거용 건물의 임대차
2) 주거용이냐 아니냐의 판단은
   실제로 주거로 사용하느냐의 여부에 따라 판단
3) 미등기건물이나 무허가건물도 주거용으로 사용하고 있다면
   주택임대차보호법의 보호를 받을 수 있음
4) 임대차계약, 미등기 전세계약도 보호를 받을 수 있으며(주택임대차보호법 제12조),
   상가건물임대차의 경우에도 동일.

대항력

1) 대항력의 요건으로서
   주택의 인도(=입주, 점유)와 주민등록(=전입신고)로 규정
2) 다음 날부터라 함은 '오전 0시부터'를 말함
3) 2가지 대항요건을 갖춘 임차인은
   제3자에게 자신의 임차권을 주장할 수 있음

대항력

4) 계약기간 중 임차주택이 경매로 소유권이 이전(낙찰)된 경우에는 임차권이 소멸하는 것이 원칙
- 임차인은 경매로 낙찰 받은 매수인에게 임차권을 주장할 수 없는 것이 원칙(주택임대차보호법 제3조의5)
- 다만, 대항력 있는 임차인은 낙찰 받은 매수인으로부터 보증금 전액을 받을 수 있음

대항력

5) 계약기간 중 임차주택이 매매 등으로 소유권이 제3자에게 이전된 경우,
- 임차인은 새로운 소유자에 대하여 자신의 임차권을 주장할 수 있고,
- 임대차기간이 만료되면
  새로운 소유자에게 직접 보증금의 반환을 청구할 수 있음
  (임대인의 지위가 새로운 소유자에게 '승계'되기 때문)
- 원래의 소유자는 임대인의 지위에서 '탈퇴'함

판례

● **관련판례(1)/ 대법원 2013. 1. 17. 선고 2011다49523 판결**

주택임대차보호법상 대항력을 갖춘 임차인의 임대차보증금반환채권이 가압류된 상태에서 임차주택이 양도된 경우,
양수인이 채권가압류의 제3채무자 지위를 승계하는지 여부 및 이 경우 가압류채권자는 양수인에 대하여만 가압류의 효력을 주장할 수 있는지 여부(적극)

판례

● **관련판례(2)/ 대법원 2003. 7. 22. 선고 2003다21445 판결**

주택임대차로서의 우선변제권을 취득한 것처럼 외관을 만들었을 뿐 실제 주택을 주거용으로 사용·수익할 목적을 갖지 아니한 계약에 주택임대차보호법이 정하고 있는 우선변제권이 있는지 여부(소극)

18장 증여와 유언

LAW

1. 증여의 효력

증여란

1) '증여자'가 무상으로 재산을 '수증자'에게 수여하는 의사를 표시하고 수증자가 이에 대한 승낙의 의사표시를 하여 성립하는 '계약'이다. (무상계약)
2) 증여는 당사자 일방이 무상으로 재산을 상대방에 수여하는 의사를 표시하고 상대방이 이를 승낙함으로써 그 효력이 생긴다.

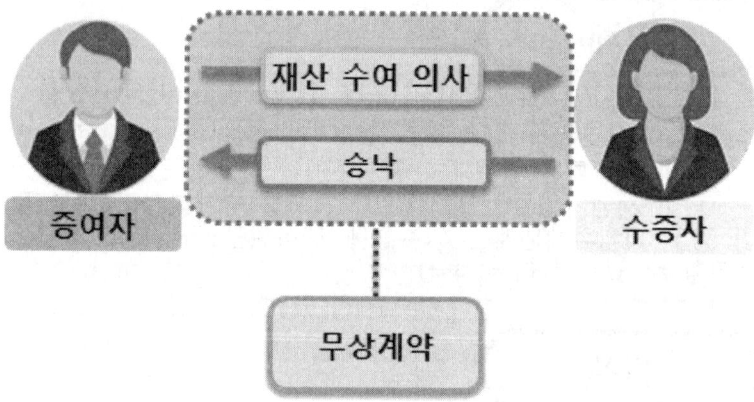

증여란

3) 증여는 무상계약이기 때문에 증여자에게만 불리한 내용의 계약이다.
따라서 증여자의 경솔한 의사표시에 대한 보완장치라고 볼 수 있다.
다만, 서면에 의하지 않은 증여도 '이미 이행한 부분'에 대하여는 해제할 수 없다.
4) 부담부 증여란
수증자에게도 부담이 있는 증여로써,
수증자가 일정한 급부를 하여야할 채무를 부담하는 형태의 증여이다.
(채무불이행에 따른 계약해제권 행사도 가능)

수증자의 행위와 증여의 해제

1) 증여의 의사가 서면으로 표시되지 아니한 경우에는 각 당사자는 이를 해제할 수 있다.
2) 수증자가 증여자에 대하여 다음 각호의 사유가 있는 때에는 증여자는 그 증여를 해제할 수 있다.
1. 증여자 또는 그 배우자나 직계혈족에 대한 범죄행위가 있는 때
2. 증여자에 대하여 부양의무 있는 경우에 이를 이행하지 아니하는 때
3) 전항의 해제권은 해제원인 있음을 안 날로부터 6월을 경과하거나 증여자가 수증자에 대하여 용서의 의사를 표시한 때에는 소멸한다(민법 제556조).

판례

- **관련판례(1)/ 대법원 1969. 11. 25. 선고 69다1432 판결**

[소유권이전등기말소등]
사찰재산의 증여행위는 그 사찰의 목적수행을 불가능하게 하고 그 존립자체를 위태롭게 하는 정도의 것이면
이에 대한 주무관청의 허가가 있어도 당연 무효이다.

판례

- **관련판례(1)/ 대법원 1977. 2. 8. 선고 76다2423 판결**

[부당이득금반환]
증여자가
증여의 목적물에 대한 등기명의를 가지고 있다는 것만으로
이를 전전매수하여 점유한 자에 대하여 불법점유라고 주장할 수 있는지 여부(소극)

2. 유언

의의

1) 유언은 자연인이 그의 사망 이후 법률관계 중
일정한 사항에 대하여 미리 정하는 일방적인 의사표시이다.
오직 자연인에 한하여 인정되는 제도로써
상대방 없는 단독행위에 해당한다.

의의

2) 유언은 엄격한 방식을 요구하는 요식행위이며,
법률이 정하는 방식에 따르지 않은 유언은 효력이 없다.
유언은 유언자의 사망시 효력이 발생하기 때문에
추후 유언의 내용 등에 관하여 분쟁이 발생하는 경우
이를 확인할 방법이 없다.
따라서 민법은 유언자의 진의를 명확하게 할 목적으로 유언은 반드시 엄격한 방법에 의하여야 한다고 규정하고 있다.
법률의 규정에 따르지 않은 유언은
설령 유언자의 진실성이 담보된다고 하더라도 무효가 된다.

유언효력과 종류

1) 유언은 법에서 정한 방식에 의하지 않으면 효력이 발생하지 않는다.
2) 만 17세에 달하지 못한 자는 유언을 하지 못한다.
3) 유언의 방식은 자필증서, 녹음, 공정증서, 비밀증서와 구수증서의 5종으로 한다.

유언의 방식

1) 자필증서
① 자필증서에 의한 유언은
유언자가 그 전문과 연월일, 주소, 성명을 자서하고 날인하여야 한다.
② 전항의 증서에 문자의 삽입, 삭제 또는 변경을 함에는 유언자가 이를 자서하고 날인하여야 한다.

유언의 방식

2) 녹음

녹음에 의한 유언은 유언자가 유언의 취지, 그 성명과 연월일을 구술하고 이에 참여한 증인이 유언의 정확함과 그 성명을 구술하여야 한다.

3) 공정증서

유언자가 증인 2인이 참여한 공증인의 면전에서 유언의 취지를 구수하고 공증인이 이를 필기낭독하여 유언자와 증인이 그 정확함을 승인한 후 각자 서명 또는 기명날인하여야 한다.

유언의 방식

4) 비밀증서

① 유언자가 필자의 성명을 기입한 증서를 엄봉날인하고, 이를 2인 이상의 증인의 면전에 제출하여 자기의 유언서임을 표시한 후 그 봉서표면에 제출연월일을 기재하고 유언자와 증인이 각자 서명 또는 기명날인하여야 한다.

② 이러한 유언봉서는 그 표면에 기재된 날로부터 5일 내에 공증인 또는 법원서기에게 제출하여 그 봉인상에 확정일자인을 받아야 한다.

유언의 방식

5) 구수증서

① 질병 기타 급박한 사유로 인하여 비밀증서 방식에 의할 수 없는 경우에 유언자가 2인 이상의 증인의 참여로 그 1인에게 유언의 취지를 구수하고 그 구수를 받은 자가 이를 필 기낭독하여 유언자의 증인이 그 정확함을 승인한 후 각자 서명 또는 기명날인하여야 한다.

② 이러한 방식에 의한 유언은 그 증인 또는 이해관계인이 급박한 사유의 종료한 날로부터 7일내에 법원에 그 검인을 신청하여야 한다.

판례

● **관련판례 / 대법원 2010. 10. 28. 선고 2009다20840 판결**

[1] 유언집행자는 유증의 목적인 재산의 관리 기타 유언의 집 행에 필요한 모든 행위를 할 권리의무가 있다(민법 제1101조).

[2] 유증 목적물에 관하여 유증의 이행을 구하는 소송에 있어서는 유언집행자가 이른바 법정소송담당으로서 피고적격을 가진다고 보아야 한다.

[3] 유언집행자가 있는 경우 그의 유언집행에 필요한 한도에서 상속인의 상속재산에 대한 처분권은 제한되며 그 제한 범위 내에서 상속인은 피고적격이 없다고 보아야 한다.

3. 증여와 사해행위

사해행위란?

채권자를 해함을 알면서 행한 채무자의 법률행위
개별 채권자가 취소하여 채무자의 재산 회복을
재판상 청구할 수 있는 채권자의 권리를
사해행위취소권(詐害行爲取消權)이라한다(민법 제406, 제407조).

사해행위 유형

① 무상행위(증여)
② 변제(대물변제)
③ 담보제공
④ 매각
⑤ 임차권, 전세권의 설정(채무초과 시)
⑥ 상속재산의 분할 협의
⑦ 이혼시 재산분할 등

판례

● **관련판례(1)/ 대법원 1991. 7. 12. 선고 90므576 판결**

[상속재산 분할]
공동재산상속인들 간에 피상속인의 소유였던 부동산에 대한 경매분할을 청구하는 사건에 있어서 생전의 증여계약사실이 인정되나 소유권이전등기가 경료되지 아니한 경우, 위 부동산이 상속재산에서 제외되는지 여부(소극)

판례

● **관련판례(2)/ 대법원 2001. 9. 4. 선고 2000다66416 판결**

[사해행위취소]
[1] 채권자가 채권자취소권을 행사하면서 원상회복만을 구하는 경우에도 가액배상을 명할 수 있는지 여부(적극)
[2] 근저당권이 설정되어 있는 부동산에 관하여 사해행위가 이루어진 후 근저당권이 말소되어 사해행위를 취소하고 가액의 배상을 명하는 경우, 그 가액의 산정시기(=사실심 변론종결 시)
[3] 채권자가 채권자취소권을 행사할 수 있는 채권액에 사해행위 이후 사실심 변론종결시까지 발생한 이자나 지연손해금이 포함되는지 여부(적극)

4. 사후 증여(유증)

유증이란?

유언으로써 자기 재산의 일부를
무상으로 타인에게 주는 행위

1) 유증은 유언자가 사망한 때부터 그 효력이 발생한다.
2) 정지조건부 유증은
그 조건이 유언자 사망 후에 성취된 때에는 조건성취시부터, 기한부인 경우에는 기한이 도래한 때부터 효력이 발생한다 (민법 1073조).

수증자와 유증의무자

1) 유증자로부터 지정된 재산을 받을 자를 수증자(受贈者)라 하고, 유증을 이행할 의무를 진 상속인을 유증의무자라 한다.
2) 수증자는 유언의 효력발생 당시에 존재하는 자이면 누구든지 될 수 있다. (민법 1089조 1항)
- 다만 상속인은 유류분반환청구 가능/ 직계비속: ½, 형제자매 1/3 범위
3) 자연인은 물론이고 법인, 그리고 상속인도 수증자가 될 수 있다.

유증의 승인 및 포기

1) 수증자는 유언자가 사망한 뒤에 언제든지
유증의 효력을 승인하거나 포기할 자유가 있다.
2) 승인이나 포기는 유언자 사망시에 소급하여 그 효력이 있다 (민법 1074조).
3) 포괄유증의 경우에는 상속의 승인·포기의 경우에 준한다.
유증의 승인 또는 포기는 취소할 수 없다.
4) 수증자가 사망한 뒤에는
그 승인·포기권은 수증자의 상속인이 결정한다
(민법1075 ·1076조).

판례

- **관련판례 / 대법원 2012. 4. 16. 자 2011스191,192 결정**

[기여분 및 상속재산분할]
[1] 상속분 산정(민법 제1008조) 에서 증여 또는 유증을 참작하는 것이 실제로 유증 또는 증여를 받은 경우에 한정되는지 여부(적극)
[2] 상속포기 신고가 상속개시 후 일정한 기간 내에 적법하게 이루어진 경우, 포기자의 유류분반환청구권도 당연히 소멸하는지 여부(적극)
[3] 상속인이 상속재산에 대한 처분행위를 한 후 상속포기 신고를 하여 수리된 경우, 상속포기의 효력이 있는지 여부(소극)

19장 지적재산권

LAW

1. 특허권 침해

특허권

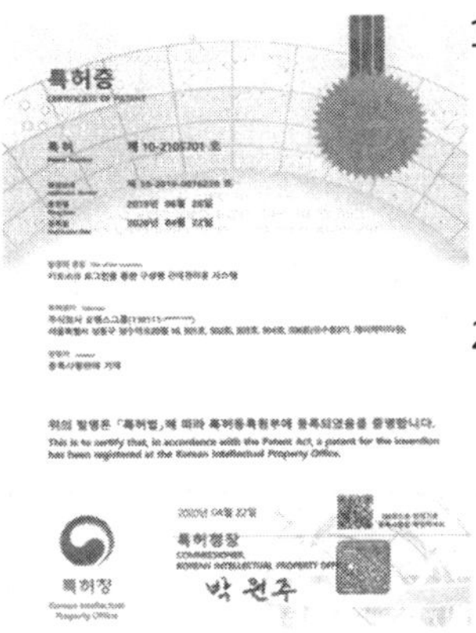

1) 발명을 한 사람 또는 그 승계인은 특허법에서 정하는 바에 따라 특허를 받을 수 있는 권리를 가진다. (특허법 제33조 제1항 본문)

2) 특허권은 재산권으로 인정되며, 타인에게 매도되거나 담보물이 될 수 있고, 특허권자의 사후 상속인에게 승계될 수도 있다.

특허권자의 권리

1) 특허권자는 자신의 발명품의 제조·사용·판매에 대한 독점권을 가지므로 타인에게 특허실시를 허락할 수 있으며 특허실시권자로부터 사용료를 받거나 기타의 보상을 받을 수 있다.
2) 특허권자는 자기의 권리를 침해한 자 또는 침해할 우려가 있는 자에 대하여 그 침해의 금지 또는 예방을 청구할 수 있다.

특허권자의 권리

3) 특허권자는 고의 또는 과실로
자기의 특허권 또는 전용실시권을 침해한 자에 대하여
침해로 인하여 입은 손해의 배상을 청구할 수 있다.

4) 손해배상을 청구하는 경우
그 권리를 침해한 자가 그 침해행위를 하게 한 물건을 양도하였을 때에는 그 물건의 양도수량에 권리(특허권)의 침해행위가 없었다면 판매할 수 있었던 물건의 단위수량당 이익액을 곱한 금액을 특허권자가 입은 손해액으로 할 수 있다.

특허를 받을 수 있는 자

1) 발명을 한 사람 또는 그 승계인은 법에서 정하는 바에 따라 특허를 받을 수 있는 권리를 가진다.
다만, 특허청 직원 및 특허심판원 직원은 상속이나 유증(遺贈)의 경우를 제외하고는 재직 중 특허를 받을 수 없다.

2) 2명 이상이 공동으로 발명한 경우에는
특허를 받을 수 있는 권리를 공유한다.

권리의 이전

1) 특허를 받을 수 있는 권리는 이전할 수 있다.

2) 특허를 받을 수 있는 권리가 공유인 경우에는
각 공유자는 다른 공유자 모두의 동의를 받아야만 그 지분을 양도할 수 있다.

3) 특허출원 후에는 특허를 받을 수 있는 권리의 승계는
상속, 그 밖의 일반승계의 경우를 제외하고는
특허출원인 변경신고를 하여야만 그 효력이 발생한다.

특허권의 존속기간과 침해죄

1) 특허권의 존속기간은
   특허권을 설정등록한 날부터
   특허출원일 후 20년이 되는 날까지로 한다.
2) 특허권 또는 전용실시권을 침해한 자는
   7년 이하의 징역 또는 1억원 이하의 벌금에 처한다.
   특허침해죄는 고소가 없으면 공소(公訴)를 제기할 수 없다.

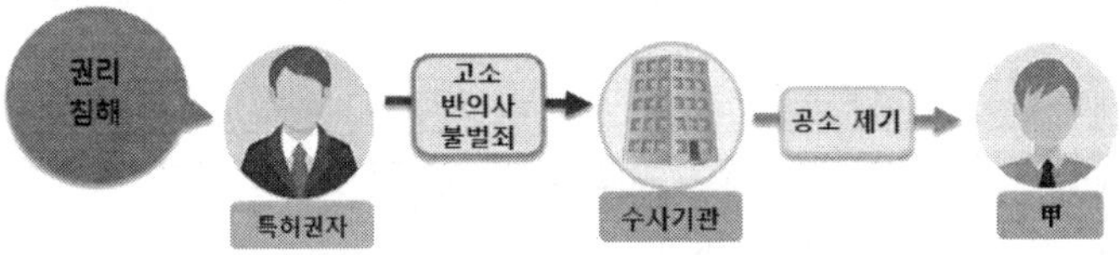

판례

● **관련판례(1)/ 대법원 2020. 5. 14., 선고, 2020후10087, 판결**

[등록무효(특)]
특허출원 전에 특허를 받을 수 있는 권리를 계약에 따라 이전한 양도인이 특허출원을 하여 설정등록이 이루어진 경우, 그 특허권이 특허무효사유에 해당하는 '정당한 권리자 아닌 사람'의 특허인지 여부(적극)

판례

● **관련판례(2)/ 대법원 2019. 1. 31., 선고, 2018다267252, 판결**

[특허침해금지 및 손해배상청구의소]
특허권침해소송의 상대방이 제조 등을 하는 제품 또는 사용하는 방법에 특허발명의 특허청구범위에 기재된 구성 중 변경된 부분이 있는 경우, 그 제품 등이 특허발명의 특허권을 침해한다고 보기 위한 요건 특허발명의 특허권을 침해한다고 하기 위해서는 특허발명의 특허청구범위에 기재된 각 구성요소와 그 구성요소 간의 유기적 결합관계가 침해제품 등에 그대로 포함되어 있어야 한다.

2. 저작권 침해

저작권이란?

1) 저작물이란
소설, 시 등과 같이 인간의 사상 및 감정을 표현한 창작물
2) 저작권은 저작자(저작물을 창작한 자)가 가지는 권리
- 저작권은 저작물을 창작한 때부터 발생
- 어떠한 절차나 형식의 이행을 필요로 하지 않음
- 이는 저작자의 창작활동을 보호
- 저작재산권은 전부 또는 일부 양도 가능

저작물의 예시

1) 소설・시・논문・강연・연설・각본 그 밖의 어문저작물
2) 음악저작물
3) 연극 및 무용・무언극 그 밖의 연극저작물
4) 회화・서예・조각・판화・공예・응용미술저작물 그 밖의 미술저작물
5) 건축물・건축을 위한 모형 및 설계도서 그 밖의 건축저작물
6) 사진저작물(이와 유사한 방법으로 제작된 것을 포함한다)
7) 영상저작물
8) 지도・도표・설계도・약도・모형 그 밖의 도형저작물
9) 컴퓨터 프로그램 저작물

저작재산권의 종류

1) 복제권
- 저작자는 그의 저작물을 복제할 권리를 가진다.
2) 공연권
- 저작자는 그의 저작물을 공연할 권리를 가진다.
3) 공중송신권
- 저작자는 그의 저작물을 공중송신(방송 등)할 권리를 가진다.
4) 전시권
- 저작자는 미술저작물 등의 원본이나 그 복제물을 전시할 권리를 가진다.

저작재산권의 종류

5) 배포권
- 저작자는 저작물의 원본이나 그 복제물을 배포할 권리를 가진다.
다만, 저작물의 원본이나 그 복제물이 해당 저작재산권자의 허락을 받아 판매 등의 방법으로 거래에 제공된 경우에는 그러하지 아니하다.

6) 대여권
- 저작자는 상업적 목적으로 공표된 음반이나 상업적 목적으로 공표된 프로그램을 영리를 목적으로 대여할 권리를 가진다.

7) 2차적 저작물작성권
- 저작자는 그의 저작물을 원저작물로 하는 2차적저작물을 작성하여 이용할 권리를 가진다.

보호기간

저작권은
저작자의 사후 70년까지 존속하는 것이 원칙

판례

● **관련판례(1)/ 대법원 2006. 7. 13. 선고 2004다10756 판결**

[1] '편집앨범'의 제작자는 원반 등의 음반제작자의 저작인접물에 대한 이용허락 외에 저작권자로부터 음악저작물에 대한 이용허락을 얻어야 하는지 여부(한정 적극)
[2] 음악저작물의 저작권자로부터 저작권을 신탁적으로 양도받은 사람이 신탁법 및 저작권법상의 등록을 하지 않았더라도 저작권 침해자에 대하여 손해배상을 청구할 수 있는지 여부(적극)

판례

● **관련판례(2)/ 대법원 2010. 2. 11. 선고 2007다63409 판결**

[저작권침해금지]〈게임 케릭터 사건〉

만화 등 '캐릭터'가 원저작물과 별개로 저작권법에 의하여 보호되는 저작물이 될 수 있는지 여부(적극)
만화, 텔레비전, 영화, 신문, 잡지 등 대중이 접하는 매체를 통하여 등장하는 인물, 동물 등의 형상과 명칭을 뜻하는 캐릭터의 경우 그 인물, 동물 등의 생김새, 동작 등의 시각적 표현에 작성자의 창조적 개성이 드러나 있으면 원저작물과 별개로 저작권법에 의하여 보호되는 저작물이 될 수 있다.

판례

● **관련판례(3)/ 대법원 2003. 2. 28. 선고 2001도3115 판결**

[저작권법위반]

[1] 저작권 침해자가 출판된 저작물을 전부 복제하지 않았다 하더라도 그 중 상당한 양을 복제한 경우에는 출판권자의 출판권을 침해하는 것이라 할 수 있는지 여부(적극)
[2] 저작물을 복제함에 있어 저자의 표시를 달리 하였을 경우 출판권 침해가 되는지 여부(한정 적극)

판례

● **관련판례(4)/ 대법원 2014. 9. 25. 선고 2014다37491 판결**

[손해배상]

저작권법상 공연권 침해로 손해배상책임이 발생하기 위한 요건
• 저작권법이 보호하는 공연권이 침해되었다고 하기 위해서는 침해되었다고 주장하는 기존의 저작물과 대비대상이 되는 공연 사이에 실질적 유사성이 있다는 점 외에도 공연이 기존의 저작물에 의거하여 이루어졌다는 점이 인정되어야 한다.
• 나아가 저작권 침해로 인하여 손해배상책임이 발생하기 위해서는 행위자의 고의·과실 등 민법 제750조에 의한 불법행위 성립요건이 구비되어야 한다.

3. 디자인권 침해

디자인(design)과 디자인권이란?

디자인이란
물품(글자체를 포함)의 형상・모양・색채 또는
이들을 결합한 것으로서 주어진 목적에 맞게 구성하고,
시각을 통하여 아름다운 모습을 갖추도록 하는 것을 말한다.
이러한 디자인에 대한 등록 및 독점적인 권리가
디자인권이다.

디자인권자의 권리

1) 디자인권은 설정등록한 날부터 발생하여 디자인등록출원일 후 20년이 되는 날까지 존속한다. 다만, 관련디자인으로 등록된 디자인권의 존속기간 만료일은 그 기본디자인의 디자인권 존속기간 만료일로 한다.
2) 디자인권자는 업으로서 등록디자인 또는 이와 유사한 디자인을 실시할 권리를 독점한다.

디자인권자의 권리

3) 디자인권자는 디자인권을 포기할 수 있다. 이 경우 복수 디자인등록된 디자인권은 각 디자인권마다 분리하여 포기할 수 있다.
4) 디자인권의 상속이 개시되었으나 상속인이 없는 경우에는 그 디자인권은 소멸된다.

디자인권자의 권리

5) 디자인권 침해죄가 성립할 경우
디자인권 또는 전용실시권을 침해한 자는
7년 이하의 징역 또는 1억원 이하의 벌금에 처한다.
다만 고소가 없으면 공소를 제기할 수 없다.

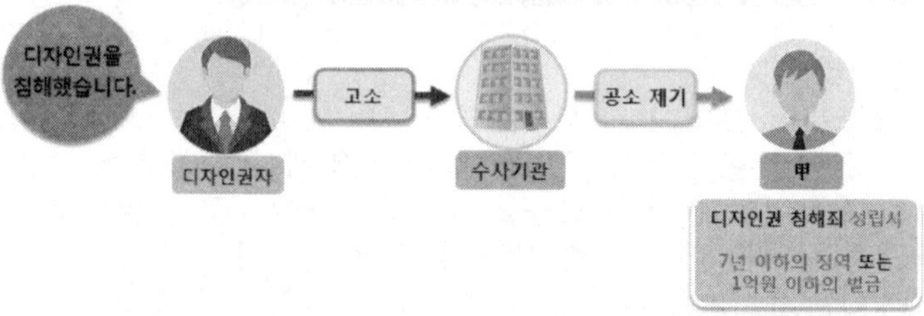

디자인등록을 받을 수 없는 디자인

1) 국기, 군기(軍旗), 훈장 등과 공공기관 등의 표장과 외국의 국기, 국장 또는 국제기관 등의 문자나 표지와 동일하거나 유사한 디자인
2) 디자인이 주는 의미나 내용 등이 일반인의 통상적인 도덕관념이나 선량한 풍속에 어긋나거나 공공질서를 해칠 우려가 있는 디자인
3) 타인의 업무와 관련된 물품과 혼동을 가져올 우려가 있는 디자인
4) 물품의 기능을 확보하는 데에 불가결한 형상만으로 된 디자인

디자인권의 이전 및 공유 등

1) 디자인권은 이전할 수 있다.
다만, 기본디자인의 디자인권과 관련디자인의 디자인권은 같은 자에게 함께 이전하여야 한다.
2) 디자인권이 공유인 경우에
각 공유자는 다른 공유자의 동의를 받지 아니하면
그 지분을 이전하거나 그 지분을 목적으로 하는
질권(예: 물건을 전당포에 맡기는 행위 등)을 설정할 수 없다.

손해액의 추정

디자인권자 또는 전용실시권자는 고의나 과실로 인하여 자기의 디자인권 또는 전용실시권을 침해한 자에 대하여 그 침해에 의하여 자기가 입은 손해의 배상을 청구하는 경우 그 권리를 침해한 자가 그 침해행위를 하게 한 물건을 양도하였을 때에는 그 물건의 양도수량에 디자인권자 또는 전용실시권자가 그 침해행위가 없었다면 판매할 수 있었던 물건의 단위수량당 이익액을 곱한 금액을 디자인권자 또는 전용실시권자가 입은 손해액으로 할 수 있다.

[예시]

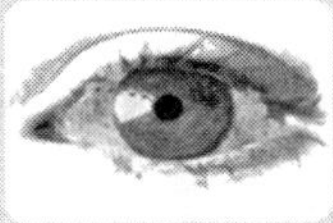

1개 5,000원 X **판매수 8,000개** = **4천만 원**

판례

● **관련판례 /대법원 2018. 7. 20., 선고, 2015후1669, 판결**

등록무효(디)(디자인등록 출원서상 창작자 허위 기재 사건)
디자인을 창작한 자가 아니라도 그로부터 디자인등록을 받을 수 있는 권리를 승계한 자가 직접 출원하여 디자인등록을 받은 경우, 구 디자인보호법 제68조 제1항 제2호, 제3조 제1항에 정한 등록무효사유에 해당하는지 여부(소극/가능)

4. 초상권 침해

초상권이란?

초상권은
자기 의사에 반하여
사람의 얼굴이나 성명 기타 신체적 특징에 관해 타인이 함부로 그림으로 그리거나 사진으로 촬영하지 아니하고, 신문·잡지·도서·광고 등에 허가 없이 공표되지 않으며 영리적으로 이용당하지 않을 권리를 말한다.

인격권과 초상권

1) 인격권
   - 헌법 제10조
     "모든 국민은 인간으로서의 존엄과 가치를 가지며, 행복을 추구할 권리를 가진다"
   - 개인의 일반적 인격권을 보장
2) 초상권
   개인의 인격권에는 사람이 자기의 얼굴이나 신체 기타의 모습을 함부로 촬영당하거나 촬영된 사진 등이 함부로 공표되지 아니할 개별적 인격권으로서의 초상권이 포함된다.

위법성의 조각사유

개인의 사생활과 관련된 사항의 공개가 사생활의 비밀을 침해하는 것이더라도, 사생활과 관련된 사항이 공공의 이해와 관련되어 공중의 정당한 관심의 대상이 되는 사항에 해당하고,
공개가 공공의 이익을 위한 것이며, 표현내용·방법 등이 부당한 것이 아닌 경우에는 위법성이 조각될 수 있다.

초상권 침해에 대한 구제

초상권 침해를 당한 자는 「민법」 제750조 및 제751조에 따라 불법행위에 기한 손해배상청구를 할 수 있다.
고의 또는 과실로 인한 위법행위로 타인에게 손해를 가한 자는 그 손해를 배상할 책임이 있고, 타인의 신체, 자유 또는 명예를 해하거나 그 밖에 정신상 고통을 가한 자는 재산 외의 손해에 대해서도 배상할 책임이 있다. (「민법」 제751조제1항)

초상권 침해에 대한 구제

불법행위로 인한 손해배상의 청구권은 피해자나 그 법정대리인이 그 손해 및 가해자를 안 날부터 3년, 불법행위를 한 날부터 10년이내 손해배상 청구권을 행사하지 않으면 시효로 인하여 소멸.

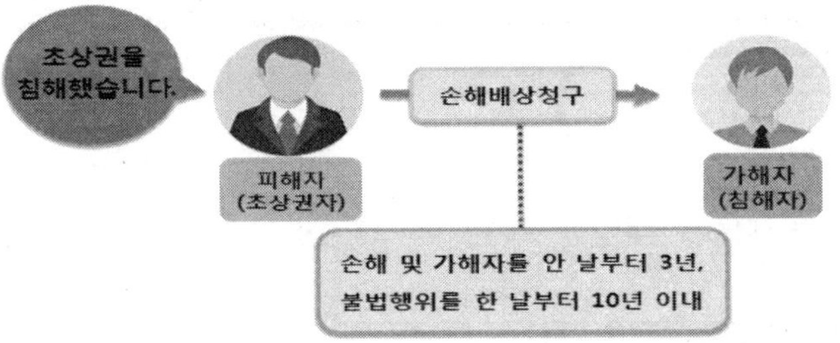

판례

● **관련판례(1) / 대법원 1997. 9. 30. 선고 97도1230 판결**

피해자의 동의하에 촬영된 나체사진의 존재가
피고인의 인격권과 초상권을 침해하는 것으로 볼 수 있는지
여부(소극)

판례

● **관련판례(2) / 2004. 2. 6. 선고 2003나13979 판결**

[1] 보험회사 직원들이 민사재판의 증거수집 및 그 제출을 위하여
교통사고 피해자들을 비밀리에 추적하면서 사생활에 대한 사진을 몰래 촬영한 경우, 교통사고 피해자들의 초상권 및 사생활의 비밀을 침해하는지 여부(적극)
[2] 다만 교통사고 피해자들의 초상권 및 사생활의 비밀이 침해되는 결과가 초래
되었다고 하더라도 이러한 결과는 그 행위 목적의 정당성, 수단·방법의 보충성과 상당성을 참작할 때 공정한 민사재판권의 실현이라는 우월한 이익을 위하여 수인하여야 하는 범위 내에 속하므로 그 위법성이 조각된다고 판단한 사례

판례

● **관련판례(3) / 대법원 2013. 6. 27. 선고 2012다31628 판결**

[사생활 침해행위금지 등]

[1] 불법행위를 구성하는 사생활의 비밀과 자유 또는 초상권에 대한 부당한 침해가 공개된 장소에서 이루어졌다거나 민사소송의 증거를 수집할 목적으로 이루어졌다고 하여 정당화되는지 여부(소극)
[2] 갑 주식회사 등이 을, 병의 동의 없이 을 등의 양가 상견례, 데이트 장면 등을 상세히 묘사하고, 을 등을 무단으로 촬영한 사진을 싣는 보도를 한 사안에서, 갑 회사 등은 공동불법행위자로서 을 등이 입은 정신적 손해를 배상할 의무가 있다고 한 사례

20장 청소년과 아동

LAW

1. 근로 청소년

근로가 가능한 최저 연령 및 취직인허증

근로란 정신 및 육체적 노동을 지칭하고, 원칙적으로 15세 미만인 청소년과「초·중등교육법」에 따라 중학교에 재학 중인 18세 미만의 청소년은 근로할 수 없다. (「근로기준법」 제64조제1항)
다만, 13세 이상 15세 미만인 청소년으로서 고용노동부장관이 발급한 취직인허증을 받은 청소년은 재직할 수 있다.
- 예외 : 예술공연 참가를 위한 경우에는 13세 미만도 가능
  (「근로기준법」 제64조제1항 단서 및 규제「근로기준법 시행령」 제35조제1항)

근로청소년 해당 연령

근로청소년에 대한 기준은 아래 표의 구분에 따른 19세 미만의 청소년을 말하고, 주로 민법, 청소년보호법, 근로기준법, 직업안정법에서 규정하고 있다.
각 개별법령에 따라 근로청소년의 해당연령이 다르다

근거 법령	연령(만)	구분(명칭)
「민법」 제4조	19세 미만	미성년자
「청소년 보호법」 제2조제1호	19세 미만 (단, 만 19세가 되는 해의 1월1일을 맞이한 사람은 제외)	청소년
「근로기준법」 제65조	18세 미만	연소자
「직업안정법」 제21조의3제2항	18세 미만의 구직자	
「직업안정법」 제21조의3제3항	19세 미만인 청소년	

연소자 증명서의 비치

1) 사용자(고용인)는 18세 미만인 청소년을 고용하는 경우에는 그 연령을 증명하는
   ① 가족관계기록사항에 관한 증명서
   ② 친권자 또는 후견인의 동의서
   사업장에 갖추어야 한다(「근로기준법」 제66조).
2) 사용자가 연소자 증명서를 갖추지 않고 18세 미만의 청소년을 고용한 경우에는 500만원 이하의 과태료가 부과(「근로기준법」 제116조제1항제2호)

취업의 금지

1) 청소년유해업소
2) 청소년 출입·고용금지업소
3) 청소년고용금지업소

예시

1) 청소년게임제공업 및 인터넷컴퓨터게임 시설제공업
2) 숙박업, 목욕장업, 이용업 중 다음에 해당하는 영업
3) 「식품위생법」에 따른 식품접객업 중 다음에 해당하는 영업
   - 일반음식점영업 중 음식류의 조리·판매보다는 주로 주류의 조리·판매를 목적으로 하는 소주방·호프·카페 등의 형태로 운영되는 영업
4) 비디오물 소극장업
5) 유해화학물질 영업
6) 만화대여업
7) 청소년유해매체물 및 청소년유해약물등을 제작·생산·유통하는 영업

위반시 제재

위반하여 18세 미만의 청소년을
도덕상 또는 보건상 유해·위험한 사업에 사용하거나
갱내에서 일을 시킨 사용자는
3년 이하의 징역 또는 3천만원 이하의 벌금(「근로기준법」 제109조제1항)

법정근로시간

15세 이상 18세 미만의 청소년은
1일에 7시간, 1주에 35시간을 초과하여 일할 수 없다.
그러나 예외적으로 사용자와 청소년 사이에 합의를 한 경우에는 하루에 1시간, 1주에 5시간을 한도로 연장하여 일할 수 있다(「근로기준법」 제69조).
사용자가 18세 미만의 청소년에 대한 근로 가능시간을 위반한 경우에는 2년 이하의 징역 또는 2천만원 이하의 벌금에 처한다(「근로기준법」 제110조제1호).

법정근로시간

1) 18세 미만의 청소년은 오후 10시부터 오전 6시까지의 시간이나 휴일에는 일할 수 없다(「근로기준법」 제70조제2항 본문).
2) 다만, 청소년의 동의가 있고, 관할 지방고용노동관서의 장이 인가한 경우에는 오후 10시부터 오전 6시까지의 시간이나 휴일에도 일할 수 있다
(「근로기준법」 제70조제2항 단서 및 「근로기준법 시행령」 제59조제8호).

판례

● **관련판례 /** 대법원 2004. 2. 12., 선고, 2003도6282, 판결

[청소년보호법위반]

[1] 일반음식점 영업허가를 받은 업소가 실제로는 주로 주류를 조리·판매하는 영업행위를 한 경우, 청소년보호법상의 청소년고용금지업소에 해당하는지 여부(적극)

[2] 주간에는 주로 음식류를, 야간에는 주로 주류를 조리·판매하는 형태의 영업행위를 한 경우, 청소년보호법상의 청소년고용금지업소에 해당하는지 여부(한정 적극)

2. 학교폭력

학교폭력이란?

학교폭력이란

학교 내외에서 학생을 대상으로 발생한
상해, 폭행, 감금, 협박, 약취·유인, 명예훼손·모욕,
공갈, 강요·강제적인 심부름 및 성폭력, 따돌림, 사이버 따돌림,
정보통신망을 이용한 음란·폭력 정보 등에 의하여
신체·정신 또는 재산상의 피해를 수반하는 행위를 말한다.
(「학교폭력예방 및 대책에 관한 법률」 제2조제1호)

학교폭력의 유형(교육부 자료)

1) 신체폭력
2) 언어폭력
3) 금품갈취(공갈)
4) 강요(속칭 빵 셔틀/강제적 심부름)
5) 따돌림

학교폭력의 유형(교육부 자료)

6) 성폭력
- 폭행·협박을 하여 성행위를 강제하거나 유사 성행위, 성기에 이물질을 삽입하는 등의 행위
- 상대방에게 폭행과 협박을 하면서 성적 모멸감을 느끼도록 신체적 접촉을 하는 행위
- 성적인 말과 행동을 함으로써 상대방이 성적 굴욕감, 수치감을 느끼도록 하는 행위

학교폭력의 유형(교육부 자료)

7) 사이버폭력
- 속칭 사이버모욕, 사이버명예훼손, 사이버성희롱, 사이버스토킹, 사이버음란물 유통, 대화명 테러, 인증놀이, 게임부주 강요 등 정보통신기기를 이용하여 괴롭히는 행위
- 특정인에 대해 모욕적 언사나 욕설 등을 인터넷 게시판, 채팅, 카페 등에 올리는 행위
- 특정인에 대한 허위 글이나 개인의 사생활에 관한 사실을 인터넷, SNS 등을 통해 불특정 다수에 공개하는 행위
- 성적 수치심을 주거나, 위협하는 내용, 조롱하는 글, 그림, 동영상 등을 정보통신망을 통해 유포하는 행위
- 공포심이나 불안감을 유발하는 문자, 음향, 영상 등을 휴대폰 등 정보통신망을 통해 반복적으로 보내는 행위

가해학생에 대한 조치(제17조)

[학교폭력예방 및 대책에 관한 법률 (약칭: 학교폭력예방법)]

1) 피해학생에 대한 서면사과
2) 피해학생 및 신고·고발 학생에 대한 접촉, 협박 및 보복 행위의 금지
3) 학교에서의 봉사
4) 사회봉사
5) 학내외 전문가에 의한 특별 교육이수 또는 심리치료
6) 출석정지
7) 학급교체
8) 전학
9) 퇴학처분 가능

가해자의 손해배상책임

1) 손해의 배상

학교폭력으로 인하여 피해자에게 치료비 등 손해가 발생한 경우에, 그에 대한 민사상의 손해배상청구 가능하다.
모든 학교폭력 사안에 대하여 민사처리가 가능하며, 민사소송에 의한 손해배상청구는 치료비와 정신적 손해에 대한 배 상청구로 이루어지고, 손해배상의 범위에는 재산상의 손해, 재산이외의 손해, 명예회복처분 등이 있다.

가해자의 손해배상책임

2) 교사의 책임

교사의 경우에는 그 지도·감독 하에 있는 학생의 가해행위로 인하여 발생한 손해를 배상할 책임을 지게 된다.

그러나 가해행위가 발생한 사안이 '학교에서의 교육활동 및 이와 밀접한 생활관계인 경우' (교육활동과 밀접불가분의 관계가 있는지 여부)이고 교사가 '학교폭력이 발생할 것을 알았거나 알 수 있는 경우'(예견가능성)에 한하여 책임을 부담하는데,

- 이러한 두 가지 요건을 모두 충족하였다고 하더라도 교사가 상황에 적합한 예방 조치를 하는 등 결과를 방지하기 위한 노력을 충분히 한 경우라면 법적인 책임을 지지 않는다.

가해자의 손해배상책임

3) 국가, 지방자치단체 또는 학교법인의 책임

국·공립학교에서 발생한 학교폭력 사건의 경우에,

교사 이외에도 학교를 설치·운영하는 국가 또는 지방자치단체가 피해학생에 대한 배상책임을 부담한다.

학교폭력 사건의 발생에 대하여 교사에게 경과실만 있는 경우에는 교사 개인은 손해배상책임을 부담하지 않고, 지방자치단체가 배상책임을 부담

교사에게 고의 또는 중과실이 있는 경우에는

교사 개인도 지방자치단체와 함께 불법행위로 인한 손해배상책임을 지게 된다.

가해자의 손해배상책임

교사의 중과실

교사에게 통상 요구되는 정도의 상당한 주의를 하지 않더라도
약간의 주의만 기울였다면
손쉽게 위법, 유해한 결과를 예견할 수 있는 경우임에도
이를 간과하였을 때이며,
고의에 가까울 정도로 현저한 주의를 하지 않은 상태를 의미

가해자의 손해배상책임

4) 사립학교 책임

사립학교에서 발생한 학교폭력 사건의 경우에,
교사 이외에도 학교를 설치·운영하는
학교법인이 피해학생에 대한 배상책임을 부담한다.
교사에게 고의 또는 과실이 있는 경우에는
교사 개인도 학교법인과 함께 불법행위로 인한 손해배상 책임을 지게 된다.

판례

- **관련판례 / 서울중앙지법 2012. 8. 30. 선고 2010가합77373 판결 [확정]**

[손해배상]
서울특별시가 설치·운영하는 초등학교에 재학 중인 학생 갑이 자율휴업일 방과 후 수업에 출석하기 위하여 등교하던 중 을에게 납치되어 성폭행을 당한 사안에서, 서울특별시는 갑과 가족들이 입은 손해를 배상할 책임이 있다고 한 사례

3. 청소년의 형사처벌

형사 미성년자

순서	나이	형사 미성년자	형벌	보호처분	결과
1	14세 이상 19세 미만	X	O	O	범죄소년
2	10세 이상 14세 미만	X	X	O	촉법소년
3	10세 미만	O	X	X	귀가조치

보호처분의 종류

순서	보호처분	기간
1	보호자 감호위탁	6개월(6개월 연장 가능)
2	수강명령	100시간 이내
3	사회봉사명령	200시간 이내
4	보호관찰관의 보호관찰	단기 1년 이내 장기 2년 이내
5	소년원송치	단기 6개월이내 장기 2년 이내

판례

● **관련판례(1)/ 대구지법 2015. 4. 3. 선고 2013가단9021 판결**

[손해배상(기)] 항소

갑 지방자치단체가 설립·운영하는 중학교에서 학생 을이 휴식시간에 다른 반 학생 병의 얼굴을 때려 코뼈 골절상 등을 가하자, 병과 그 가족들이 을과 그 부모 정, 무 및 갑 지방자치단체를 상대로 손해배상을 구한 사안에서, 을은 직접 가해자로서, 정과 무는 을을 감독할 의무가 있는 부모로서 병과 그 가족들이 입은 손해를 연대하여 배상할 책임이 있으나, 갑 지방자치단체는 국가배상법 제2조에 따른 책임을 지지 않는다고 한 사례

판례

● **관련판례(2)/ 부산지법 2016. 7. 20. 선고 2015가합6947 판결**

[전학처분 무효확인] 확정

갑 고등학교 교장이 재학생인 을과 병이 싸우다가 병이 3주간의 치료가 필요한 비골골절 등을 당하였다는 이유로 을에 대하여 전학조치를 한 사안에서, 전학조치가 재량권의 범위를 일탈하거나 남용한 것이므로 무효라고 한 사례

4. 아동학대

아동과 아동학대란?

아동이란

18세 미만의 사람(규제「아동복지법」 제3조제1호)

아동학대란

보호자를 포함한 성인이 아동의 건강 또는 복지를 해치거나 정상적 발달을 저해할 수 있는 신체적·정신적·성적 폭력이나 가혹행위를 하는 것과 아동의 보호자가 아동을 유기하거나 방임하는 것 (「아동복지법」 제3조제7호)

아동학대의 유형

1) 신체학대

- 보호자를 포함한 성인이 아동에게 우발적인 사고가 아닌 상황에서 신체적 손상을 입히거나 또는 신체손상을 입도록 허용한 모든 행위

- 보호자를 포함한 성인이 아동의 건강 또는 복지를 해치거나 정상적 발달을 저해할 수 있는 신체적 폭력이나 가혹행위를 하는 것

아동학대의 유형

2) 정서학대
- 보호자를 포함한 성인이 아동에게 행하는 언어적 모욕, 정서적 위협, 감금이나 억제, 기타 가학적인 행위
- 언어적, 정신적, 심리적 학대

[예시]
- 예로서 잠을 재우지 않는 것
- 형제나 친구 등과 비교, 차별, 편애하는 행위
- 아동을 짐을 싸서 쫓아내는 행위
- 미성년자 출입금지 업소에 아동을 데리고 다니는 행위 등도 포함

아동학대의 유형

3) 성학대
- 보호자를 포함한 성인이 자신의 성적 충족을 목적으로 18세 미만의 아동에게 행하는 모든 성적 행위

4) 방임
- 보호자가 아동에게 위험한 환경에 처하게 하거나 아동에게 필요한 의식주, 의무교육, 의료적 조치 등을 제공하지 않는 행위
- 유기는 보호자가 아동을 보호하지 않고 버리는 행위

[예시]
- 아동의 출생신고를 하지 않는 행위
- 보호자가 아동을 두고 가출한 경우
- 특별한 사유 없이 학교(의무교육)에 보내지 않거나 아동에게 필요한 의료적 처치 등을 하지 않는 행위 등

아동학대범죄에 대한 처벌규정

1) 형법
  - 상해와 폭행의 죄, 폭행치사상, 유기와 학대의 죄, 체포와 감금의 죄
  - 아동을 사망(무기 또는 5년 이상의 징역)에 이르게 한 때

2) 아동학대범죄의 처벌 등에 관한 특례법
  - 아동학대범죄를 범한 사람이
    아동의 생명에 대한 위험을 발생하게 하거나
    불구 또는 난치의 질병에 이르게 한 때(3년 이상의 징역)

아동학대범죄에 대한 처벌규정

3) 아동복지법

  - 아동을 매매하는 행위(10년 이하의 징역/미수범 처벌)
  - 아동에게 음란한 행위를 시키거나
    이를 매개하는 행위 또는 아동에게 성적 수치심을 주는 성희롱 등의 성적 학대행위(10년 이하의 징역 또는 1억원 이하의 벌금)
  - 아동에게 구걸을 시키거나 아동을 이용해 구걸하는 행위
    (5년 이하의 징역 또는 5천만원 이하의 벌금)

판례

◆관련판례/서울남부지법 2011. 8. 19. 선고 2009가합15740 판결

[손해배상(기)] 항소

[1] 영·유아를 보육하는 어린이집 원장 및 보육교사가 부담하는 주의의무의 내용

[1] 영·유아를 보육하는 어린이집의 원장 및 보육교사는 영·유아를 홀로 방치하지 말고 곁에서 발생 가능한 위급 상황에 대비하여야 할 뿐만 아니라, 각종 영아 사망의 원인 등에 대한 지식을 갖추고 사고율이 낮아지도록 조치를 취할 주의의무가 있다. 특히 영·유아에게 어떤 질병이 있어 건강상태가 약화된 경우에는 위와 같은 주의의무가 더욱 가중된다.

판례

◆관련판례/서울남부지법 2011. 8. 19. 선고 2009가합15740 판결

[손해배상(기)] 항소

[2] 형사상 범죄를 구성하지 아니하는 침해행위가 민사상 불법행위를 구성할 수 있는지 여부(적극)

[3] 어린이집에서 영아 갑이 영아급사증후군으로 사망한 사안에서, 어린이집 원장 을의 과실로 갑을 사망에 이르게 하였으므로, 을은 갑 및 갑의 부모가 입은 손해를 배상할 책임이 있다고 한 사례.
(다만 갑의 사망원인이 명확하게 확정되지 않고 영아급사증후군으로만 인정되는 점 등을 고려하여 손해배상액을 70%로 제한함)

21장 출생과 가족관계

1. 가족관계 등록제도

LAW

가족관계등록의 의의

가족관계등록이란?
국민의 출생·혼인·사망 등 가족관계의 발생 및
변동사항에 관한 등록과 그 증명에 관한 사항을 등록부에 기록하는 것
(「가족관계의 등록 등에 관한 법률」 제1조)

가족관계등록부에 기록

1) "가족관계등록부에 기록"이란

시(구)·읍·면의 장 또는 가족관계등록관이 국민의 출생·혼인·사망 등
가족관계의 발생 및 변동사항을 전산정보처리조직에 의해 등록부에 기록하는 것(「가족관계의 등록 등에 관한 규칙」 제2조제1호)

2) 또한 등록기준지의 지정 또는 변경, 정정에 관한 사항,

가족관계등록부 작성 또는 폐쇄에 관한 기록사항
(「가족관계의 등록 등에 관한 규칙」 제2조제3호)

가족관계등록부에 기록

3) 외국인의 경우

- 가족으로 기록될 사람이 외국인인 경우에는 성명, 출생연월일, 국적, 외국인등록번호, 성별에 관한 사항을 기록 (「가족관계의 등록 등에 관한 규칙」 제2조제4호 단서)

등록사항별 일반증명서의 종류 및 기재사항

증명서의 종류	기재 사항	
	공통 사항	개별 사항
가족관계 증명서	본인의 등록기준지·성명·성별·본·출생연월일 및 주민등록번호	부모의 성명·성별·본·출생연월일 및 주민등록번호(입양의 경우 양부모를 부모로 기록. 다만, 단독입양한 양부가 친생모와 혼인관계에 있는 때에는 양부와 친생모를, 단독입양한 양모가 친생부와 혼인관계에 있는 때에는 양모와 친생부를 각각 부모로 기록함) 배우자, 생존한 현재의 혼인 중의 자녀의 성명·성별·본·출생연월일 및 주민등록번호
기본증명서		본인의 출생, 사망, 국적상실에 관한 사항
혼인관계 증명서		배우자의 성명·성별·본·출생연월일 및 주민등록번호 현재의 혼인에 관한 사항
입양관계 증명서		친생부모·양부모 또는 양자의 성명·성별·본·출생연월일 및 주민등록번호 현재의 입양에 관한 사항
친양자 입양관계 증명서		친생부모·양부모 또는 친양자의 성명·성별·본·출생연월일 및 주민등록번호 현재의 친양자 입양에 관한 사항

가족관계등록부에 등의 증명서 교부 신청

[별지 제11호 서식]

가족관계등록부 등의 증명서 교부 등 신청서			
신청 대상	□대상자	성 명	(한자 :)
		등록기준지	
		주민등록번호	- ※ [illegible] 경우 등록기준지의 기재 없이 주민등록번호로도 신청할 수 있습니다.
신청내용	1. 등록사항별 증명서 ①가족관계증명서…( )통 ②기본증명서…( )통 ③혼인관계증명서…( )통 ④입양관계증명서…( )통 ⑤친양자입양관계증명서…( )통 2. 신고서류기재사항증명…( )건 3. 수리·불수리 증명……( )건 4. 열람(신고서류) ____년 ____월 ____일 접수 ____________신고 5. 종전 「호적법」에 따른 제적 : 본적____________ 호주: ________ 대상자 : 외 제적등본…( )통, 제적초본…( )통, 제적부열람…( )건		
주민등록번호(뒷부분6자리숫자의) 공개신청 여부	□공개신청	공개 신청 사유	□ 1. 신청대상자의 주민등록번호를 정확하게 기재한 경우 □ 2. 신청인이 신청대상자 본인 또는 본인의 부모, 양부모, 배우자, 자녀 및 그 대리인인 경우 □ 3. 가족관계등록관서 출석 신청인이 계명상 필요를 소명 □ 4. 공무원 등이 공용목적임을 소명한 경우
※ 수수료	① 등록사항별 증명서 또는 제적 등본 1통당 1,000원, 제적초본 1통당 500원 ② 신고서류 열람·증명(신고서류기재사항증명, 수리·불수리 증명 등),제적부 열람 1건당 200원		
청구사유			
소명자료			
신 청 인	성명 □□(서명) 주민등록번호 -	신청인자격	의
	주소	휴대전화번호	
		전화번호	
접수번호	20 년 월 일 ○○시(구)·읍·면장 귀하		

접 수 증

접수일자: 20 . . . 신청인 성명:

접수번호: 납부수수료액:

열람교부예정시간: ○○시(구)·읍·면장 □□

※ 법 제117조 3호·제14조 제1항·제2항 및 제42조를 위반하여 거짓이나, 그밖의 부정한 방법으로 다른 사람의 신고서류를 열람하거나 신고서류에 기재되어 있는 사항 또는 등록부등의 기록사항에 관한 증명서를 교부받은 사람은 3년 이하의 징역 또는 1천만원 이하의 벌금에 처하게 됩니다. 법 제11조제6항을 위반하여 발급대상이 아닌 사람에게 고의로 발급한 사람도 같은 처벌을 받습니다.

※ 발급관서가 "시"인 경우에는 "구"가 설치되지 않은 시를 말합니다.

정부24 서비스 정책정보 기관정보 고객센터

민원안내 및 신청

가족관계등록부 등의 증명서 교부 신청

신청방법	인터넷 방문	처리기간	즉시
수수료	증명서 1통당 1,000원 / 인터넷으로 발급받을 때는 무료임	신청서	가족관계등록부 등의 증명서 교부신청서(대법원 예규 제512호 별지 제11호 서식)
구비서류	있음 (하단참조)	신청자격	본인 또는 대리인

신청하기

기본정보

- 이 민원은 국민의 출생·혼인사항 등 가족관계의 발생 및 변동사항에 관한 증명서(가족관계증명서, 기본증명서, 혼인관계증명서, 입양관계증명서, 친양자입양관계증명서)를 발급 받고자 할 때 신청하는 민원사무입니다.

가족관계증명서

[별지 제1호 서식]

가 족 관 계 증 명 서(일 반)

등록기준지	서울특별시 영등포구 은행로 1234

구분	성 명	출생연월일	주민등록번호	성별	본
본인	김본인(金本人)	1975년 01월 01일	750101-1234567	남	金海

가족사항

구분	성 명	출생연월일	주민등록번호	성별	본
부	김양부(金養父)	1953년 01월 01일	530101-1234567	남	金海
모	이양모(李養母)	1954년 01월 01일	540101-2345678	여	全州
배우자	박여인(朴女人)	1978년 01월 01일	780101-2345678	여	密陽
자녀	윤양자(尹養子)	2009년 01월 01일	090101-4345678	여	坡平
자녀	김중삼(金中三)	2012년 01월 01일	120101-3234567	남	金海

위 가족관계증명서(일반)는 가족관계등록부의 기록사항과 틀림없음을 증명합니다.

년 월 일

○○시(읍·면)장 ○ ○ ○ 직인

※ 위 증명서는 「가족관계의 등록 등에 관한 법률」 제15조제2항에 따른 등록사항을 현출한 일반증명서입니다.

판례

● **관련판례 / 대법원 2011. 9. 2. 자 2009스117 전원합의체 결정**

[등록부 정정]〈성전환자의 성별정정 사건〉

갑이 을과 혼인을 하여 미성년자인 자녀 병을 두고 있었는데 성전환수술 등을 받고 가족관계등록부상의 성별란 정정을 신청한 사안에서, 현재 혼인 중에 있거나 미성년자인 자녀를 둔 성전환자의 성별정정은 허용되지 않는다.

2. 입 양

입양이란?

입양이란 혈연적으로 친자관계가 없는 사람 사이에
법률적으로 친자관계를 맺는 신분행위

이러한 입양은 양부모가 되려는 사람과 양자가 될 사람 사이
에합의가 있거나(「민법」 제883조제1호),
가정법원의 허가(「민법」 제867조제1항)를 얻은 때에

입양신고를 함으로써 그 효력이 발생한다.

양자의 지위

입양신고로 양부모와 양자 사이에는
법적 친자관계가 생기고,
부양이나 상속 등에서 자연혈족의 경우와 동일한 권리가 인정
(「민법」 제772조제1항)

일반양자는
입양이 된 이후에도 친생부모의 성과 본을 그대로 유지

친양자는
양친의 성과 본을 따르게 되며, 친생부모와의 관계는 종료

입양기관을 통해서 이루어진 입양은
가정법원의 허가를 얻어야 하며, 친양자와 동일한 지위를 가짐

입양의 종류

구분	일반양자	친양자	기관입양	국제입양
근거	「민법」 제866조부터 제908조까지	「민법」 제908조의2부터 제908조의8까지	「입양특례법」	「입양특례법」 제18조 및 제19조, 「국제사법」 제43조 및 제44조에 따라 입양 당시 양친의 본국법
성립 요건	협의로 성립	재판으로 성립	가정법원의 허가	양친이 될 사람의 본국법에서 정하고 있는 실질적 요건 충족
양자의 성·본	친생부모의 성과 본을 유지	양친의 성과 본으로 변경	양친의 성과 본으로 변경	부모와 자녀의 본국법이 같은 경우에는 그 법에 따르고, 그 외의 경우에는 자녀의 상거소지법에 따름

입양의 종류

구분	일반양자	친양자	기관입양	국제입양
친생부모와의 관계	유지	종료	종료	부모와 자녀의 본국법이 같은 경우에는 그 법에 따르고, 그 외의 경우에는 자녀의 상거소지법에 따름
입양의 효력	입양한 때부터 혼인 중의 자로서의 신분을 취득하나, 친생부모와의 관계는 친권 이외는 유지됨	재판이 확정된 때부터 혼인 중의 자로서의 신분을 취득하며, 친생부모와의 관계는 종료됨	재판이 확정된 때부터 혼인 중의 자로서의 신분을 취득하며, 친생부모와의 관계는 종료됨	양친의 본국법에 따르게 되므로, 친자관계가 발생함

일반입양과 친양자 입양

1) 일반양자 입양
일반양자는 친생부모의 친자녀로서의 지위와
양부모의 양자로서의 지위를 모두 갖게 된다.
친생부모와의 관계는 친권 이외에는 유지되므로 입양이 된 이후에도 친생부모의 성과 본을 그대로 유지
2) 친양자 입양
친양자는 입양이 되면 양부모의 완전한 친자녀와 같이 되는 양자
친양자는 재판을 통해 성립하며, 재판이 확정되면 양부모의 혼인 중에 태어난 자녀가 되므로, 양자는 양친의 성과 본을 따르게 되며, 친생부모와의 관계는 종료됨

양부모의 자격요건

1) 양부모는 성년자일 것(「민법」 제866조)
2) 양부모가 성년자이면 남녀, 기혼, 미혼, 자식의 유무를 불문하고 입양할 수 있다.
3) 부부가 입양하는 때에는 부부 모두가 성년에 달해야 한다.
4) 피성년후견인은 성년후견인의 동의를 받아 입양을 할 수 있다(「민법」 제873조제1항).

양부모의 자격요건

5) 피성년후견인이 미성년자를 입양 하려는 경우에는
가정법원의 허가를 받아야 하며,
이 때 가정법원은 양자가 될 미성년자의 복리를 위하여
그 양육 상황, 입양의 동기, 양부모(養父母)의 양육능력,
그 밖의 사정을 고려하여 입양의 허가를 하지 않을 수 있다.
(「민법」 제873조제2항 및 제867조).
6) 배우자 있는 사람은 배우자와 공동으로 양부모가 되어야 한다.
(「민법」 제874조제1항).

입양의 무효

1) 입양신고를 한 후에도 입양의 성립요건에
중대한 결격사유가 있는 경우에는 입양이 무효로 된다(「민법」 제883조).
2) 양부모가 되려는 사람과 양자가 될 사람 사이에
입양의 합의가 없는 경우에는 입양신고가 수리되었다고 해도 그 입양은 무효이다(「민법」 제883조제1호).
3) 미성년자 또는 피성년후견인을 입양하려는 경우에는
가정법원의 허가를 받아야 하며, 이를 받지 못한 경우에는 입양이 무효가 된다.
(「민법」 제883조제2호, 제867조제1항 및 제873조제2항).

입양의 무효

4) 양자가 될 사람이 13세 미만인 경우에는
법정대리인이 그를 갈음하여 입양을 승낙해야 하며,
입양의 승낙이 없으면 입양은 무효이다.
(「민법」 제883조제2호 및 제869조제2항).
5) 양부모가 되려는 사람이 존속이나 연장자를 입양한 경우
그 입양은 무효가 된다.
(「민법」 제883조제2호 및 제877조).

입양의 취소

1) 입양 취소는 입양 취소의 원인이 있더라도
입양 취소의 의사표시만으로 할 수 없고,
반드시 가정법원에 소를 제기해서 판결로만 취소할 수 있다.
(「민법」 제884조제1항).
2) 가정법원은 양자가 될 미성년자의 복리를 위하여
그 양육 상황, 입양의 동기, 양부모의 양육능력,
그 밖의 사정을 고려하여 입양을 취소할 수 있다.
(「민법」 제884조제2항 및 제867조제2항).

입양의 취소

3) 입양 취소의 재판이 확정된 경우
소를 제기한 사람은 재판의 확정일부터 1개월 이내에 재판서의 등본 및 확정증명서를 첨부하여 입양 취소의 재판이 확정된 취지를 신고해야 한다.
- 입양 취소의 소의 상대방도 입양 취소의 재판이 확정된 취지를 신고할 수 있다.
(「가족관계의 등록 등에 관한 법률」 제65조 및 제58조).

파양

3)"파양"이란 입양성립 후에 발생한 원인으로 양부모와 양자의 친자관계를 해소시키는 행위를 말한다.
2) 양부모와 양자의 친자관계는 입양 당사자의 사망만으로 해소되지 않고, 파양에 의해서만 해소된다(「민법」 제776조).
왜냐하면, 입양의 성립으로 양부모와 양자 사이에 양부모와 양자관계 및 그 양부모의 혈족과의 사이에도 혈족관계가 생기기 때문이다.

판례

● **관련판례 (1)/ 창원지법 2015. 7. 9., 자, 2014브67, 결정**

[친양자 입양신청] [확정]
甲과 乙이 협의이혼을 하면서 丙에 대한 친권자 및 양육자로 甲을 지정하고 양육비의 지급이나 면접교섭권 등에 대하여는 별도로 정하지 않았는데, 그 후 甲이 丁과 혼인하여 丙을 함께 양육하고 丁이 丙에 대하여 친양자 입양을 청구한 사안에서, 丁의 丙에 대한 친양자 입양은 친양자 입양의 조건을 충족하지 못하였거나, '친양자 입양이 적당하지 아니하다고 인정되는 경우'에 해당한다고 한 사례

판례

● **관련판례 (2)/ 창대법원 2004. 4. 9., 선고, 2003므2411, 판결**

[입양의 무효]

[1] 입양의 실질적 요건 및 가족관계등록부 형식적으로만 입양한 것처럼 가장하기로 하여 이루어진 입양신고의 효력(소극)

[2] 진실로 양자로 입양할 의사 없이 다른 사람의 호적부로 전적할 때까지 잠정적으로 양자로 입양하는 것처럼 가장하는 입양신고를 함으로써 이루어진 입양은 당사자 사이에 입양의 합의가 없는 때에 해당하여 무효라고 한 사례

3. 출생신고

출생신고란?

1) "출생신고"란 신생아 출생 시 가족관계등록부 및 주민등록에 등록하기 위해 시(구)·읍·면의 장에게 신고하는 것을 말한다.

2) 혼인 중 출생자의 출생신고는 부(父) 또는 모(母)가 해야 하고, 혼인 외 출생자의 출생신고는 모(母)가 해야 한다.
(「가족관계의 등록 등에 관한 법률」 제46조제2항).

출생신고란?

3) 부(父)가 인지하지 않은 혼인 외 출생자라도
부의 성과 본을 알 수 있으면 부의 성과 본을 따를 수 있다.
다만, 부의 성명이 그 자녀의 일반등록사항란 및
특정등록사항란의 부(父)란에 기재되지 않는다.
(「가족관계의 등록 등에 관한 규칙」 제56조)
4) 부 또는 모가 신고할 수 없는 경우에는
동거하는 친족, 분만에 관여한 의사·조산사 또는
그 밖의 사람이 출생신고를 해야 한다.
(「가족관계의 등록 등에 관한 법률」 제46조제3항)

신고 기한과 의무

1) 신고의무자가 출생 후 1개월 이내에 신고를 하지 않아
자녀의 복리가 위태롭게 될 우려가 있는 경우에는
검사 또는 지방자치단체의 장이 출생신고를 할 수 있다.
(「가족관계의 등록 등에 관한 법률」 제46조제4항 및 제44조제1항)
2) 출생신고는 출생 후 1개월 이내에 해야 한다.
(「가족관계의 등록 등에 관한 법률」 제44조제1항)
3) 신고의무자가 정당한 사유 없이 출생신고를 기간 내에 하지 않은 경우에는 5만원 이하의 과태료가 부과
(「가족관계의 등록 등에 관한 법률」 제122조)

신고 장소

1) 출생신고는 출생지에서 할 수 있다.
(「가족관계의 등록 등에 관한 법률」 제45조제1항).
2) 출생신고는 출생자의 등록기준지 또는
신고인의 주소지나 현재지에서 할 수 있다.
다만, 외국에 거주하거나 체류하는 대한민국 국민의 경우
재외국민 가족관계등록사무소에서도 할 수 있다.
(「가족관계의 등록 등에 관한 법률」 제20조제1항)

출생신고 신청서 작성

출생신고는 출생신고서에 다음 사항을 기재해야 한다.
(「가족관계의 등록 등에 관한 법률」 제44조제2항).

1) 자녀의 성명·본·성별 및 등록기준지
2) 자녀의 혼인 중 또는 혼인 외의 출생자의 구별
3) 출생의 연월일시 및 장소
4) 부모의 성명·본·등록기준지 및 주민등록번호
(부 또는 모가 외국인인 경우 그 성명·출생연월일·국적 및 외국인등록번호)
5) 부모가 혼인신고 시 모의 성과 본을 따르기로 하는 협의가 있는 경우에는 그 사실 (「민법」 제781조제1항 단서)

출생신고 신청서 작성

6) 자녀가 복수국적자(複數國籍者)인 경우 그 사실 및 취득한 외국 국적
7) 출생증명서
8) 자녀의 출생 당시 모가 한국인임을 증명하는 서면
9) 자녀가 이중국적자인 경우 취득한 국적을 소명하는 자료
10) 신고인의 신분증명서
11) 부·모의 혼인관계증명서

부·모 중 한국인이 부(父)인 경우의 출생신고

1) 혼인 중 출생자인 경우에는
부 또는 그 밖의 출생신고 의무자(국내에 거주하는 외국인 모 포함)가 신고를 하면 가족관계등록부가 작성된다.

2) 혼인 외 출생자인 경우에는
부의 출생신고만으로는 가족관계등록부가 작성되지 않는다.

부·모 중 한국인이 모(母)인 경우의 출생신고

1) 혼인 중 출생자인 경우
   자녀는 모 또는 그 밖의 출생 신고의무자(국내에 거주하는 외국인 부 포함)가
   신고를 하면 가족관계등록부가 작성된다.
2) 혼인 외 출생자인 경우
   자녀는 모 또는 그 밖의 출생 신고의무자(국내에 거주하는 외국인 부 포함)가
   신고를 하면 가족관계등록부가 작성된다.
   다만, 모의 성과 본을 따르며, 부는 표시할 수 없다.

판례

● **관련판례 / 대법원 2010. 3. 11., 선고, 2009므4099, 판결**

[친생자관계존부확인]

당사자가 입양의 의사로 친생자 출생신고를 한 경우, 입양신고로서의 효력이 발생하기 위한 요건

당사자가 양친자관계를 창설할 의사로 친생자 출생신고를 하고 거기에 입양의 실질적 요건이 모두 구비되어 있다면 그 형식에 다소 잘못이 있더라도 입양의 효력이 발생한다.
- 여기서 입양의 실질적 요건이 구비되어 있다고 하기 위하여는
- 입양의 합의가 있을 것,
- 15세 미만자는 법정대리인의 승낙이 있을 것,
- 양자는 양부모의 존속 또는 연장자가 아닐 것 등
- 민법 제883조 각 호 소정의 입양의 무효사유가 없어야 함은 물론
- 입양의 의사로 친생자 출생신고를 하였다 하더라도 위와 같은 요건을 갖추지 못한 경우에는 입양신고로서의 효력이 생기지 아니한다.

4. 혼인신고

혼인신고란?

1) 혼인신고란
법적으로 인정된 남녀 간의 결합을 위해 혼인사실을 시(구)·읍·면의 장에게 신고하는 것(결혼식 무관)
2) 혼인신고자는 혼인을 하려는 당사자로서
신고기간이 별도로 존재하지는 않는다.
(「민법」 제812조제1항 참조).

혼인신고 절차(혼인신고서 기재사항)

1) 당사자의 성명·본·출생연월일·주민등록번호 및 등록기준지 (당사자가 외국인인 경우에는 그 성명·출생연월일·국적 및 외국인등록번호)
2) 당사자의 부모와 양부모의 성명·등록기준지 및 주민등록번호
3) 부모가 혼인신고 시 모의 성과 본을 따르기로 협의한 경우에는 그 사실 (「민법」 제781조제1항 단서)
4) 8촌 이내의 혈족(친양자의 입양 전 혈족 포함) 사이에서는 혼인을 하지 못하므로 이러한 근친혼에 해당되지 않는다는 사실
5) 성년자인 증인 2인이 연서할 것

혼인으로 발생하는 권리와 의무

1) 부부는 동거하며 서로 부양하고 협조해야 한다.
그러나 정당한 이유로 일시적으로 동거하지 않는 경우에는 서로 인용해야 한다(「민법」 제826조제1항).
2) 미성년자가 혼인을 한 때에는 성년자로 본다(「민법」 제826조의2).
3) 부부는 일상의 가사에 관해 서로 대리권이 있다(「민법」 제827조제1항).
4) 부부의 공동생활에 필요한 비용은 당사자간에 특별한 약정이 없으면 부부가 공동으로 부담한다(「민법」 제833조).

혼인취소사유(「민법」 제816조).

1) 혼인 당사자가 만18세가 되지 않은 경우(「민법」 제807조)
2) 미성년자가 부모의 동의를 받지 않고 혼인한 경우 또는 피성년후견인이 부모나 성년후견인의 동의를 받지 않고 혼인한 경우(「민법」 제808조)
3) 6촌 이내의 혈족의 배우자, 배우자의 6촌 이내의 혈족, 배우자의 4촌 이내의 혈족의 배우자인 인척이거나 이러한 인척이었던 사람이 혼인한 경우 (「민법」 제809조제2항)

혼인취소사유(「민법」 제816조).

4) 6촌 이내의 양부모계(養父母系)의 혈족이었던 사람과 4촌 이내의 양부모계의 인척이었던 사람이 혼인한 경우 (「민법」 제809조제3항)
5) 배우자가 있는 사람이 혼인을 한 경우 / 중혼(「민법」 제810조)
6) 혼인 당시 당사자 일방에 부부생활을 계속할 수 없는 악질 기타 중대한 사유가 있음을 알지 못한 경우
7) 사기 또는 강박으로 혼인을 한 경우 등

혼인취소의 효력

혼인의 취소의 효력은
혼인 전으로 소급하지 않는다(「민법」 제824조).

혼인취소 청구권의 청구권자 및 시효

1) 부모의 동의 없는 혼인의 취소청구권자 및 시효

- 미성년자가 연령을 위반하거나 부모의 동의를 받지 않은 혼인에 대해서는
  당사자 또는 그 법정대리인이 취소를 청구할 수 있다(「민법」 제817조).
- 부모의 동의를 받지 않은 혼인은 혼인의 당사자가
  19세가 된 후 또는 성년후견종료의 심판이 있은 후 3개월이 지나거나 혼인 중에 임신한 경우에는
  그 취소를 청구하지 못한다(「민법」 제819조).

혼인취소 청구권의 청구권자 및 시효

2) 근친혼 등의 취소청구권자 및 시효
- 근친혼에 대해서는 당사자 또는 그 직계존속 또는
  4촌 이내의 방계혈족이 취소를 청구할 수 있다(「민법」 제817조).
- 6촌 이내의 혈족과 결혼하는 등의 근친혼이라 하더라도
  그 당사자 간에 혼인 중 포태(胞胎)를 한 경우에는
  그 취소를 청구하지 못한다(「민법」 제820조).

3) 중혼의 취소청구권자
- 중혼인 경우에는 당사자 및 그 배우자, 직계혈족, 4촌 이내 의 방계혈족 또는 검사가 취소를 청구할 수 있다(「민법」 제818조).

혼인취소 청구권의 청구권자 및 시효

4) 악질 등 사유에 의한 혼인취소청구권의 소멸
   - 당사자 일방에 부부생활을 계속할 수 없는 악질 기타 중대한 사유가 있다 하더라도 이 사실가 있음을 안 날로부터 6월을 경과한 경우에는 그 취소를 청구하지 못한다(「민법」 제822조).

5) 사기, 강박으로 인한 혼인취소청구권의 소멸
   - 사기 또는 강박에 의한 혼인은 사기를 안 날 또는 강박을 면한 날로부터 3개월을 경과한 경우에는 그 취소를 청구하지 못한다(「민법」 제823조).

판례

- **관련판례 / 부산가법 2018. 1. 19., 선고, 2016드단6800, 판결**

[혼인의 무효] [확정]

甲과 乙은 혼인신고를 마친 법률상 부부인데, 乙의 아들 丙이 甲과 乙 사이의 혼인신고서가 甲에 의하여 위조되었고, 위 혼인신고 당시 乙은 의사능력이 없는 상태였으므로 위 혼인신고가 무효라고 주장하면서 甲과 乙 사이의 혼인 무효 확인을 구한 사안에서, 甲과 乙 사이의 혼인신고가 유효하다고 한 사례

- 혼인신고 당시 乙에게 의사능력이 없거나 부족했다 하더라도, 甲과 乙이 혼인신고 무렵까지 2년 가량 동거생활을 유지하고 있었고,
- 웨딩샵에서 결혼사진까지 찍어 주거지 벽에 걸고 지낸 사실,
- 乙이 동거기간 甲에게 월 100만 원 정도의 생활비를 계속 지급해온 사실
- 혼인신고 당시 甲과 乙이 사실혼관계에 있었음이 인정되므로
- 甲과 乙 사이의 혼인신고가 유효하다고 한 사례

22장 치매와 후견인

LAW

1. 치매와 대책

치매(또는 심신상실의 상태에 있는 자/피성년후견인

1) 치매 선고(심신상실의 상태에 있는 자/피성년후견인)나
   한정치산(피한정후견인) 선고는
   정신적 능력이 불충분한 자의 법률행위를 제한하기 위한 법률제도

2) 치매 선고(심신상실의 상태에 있는 자/피성년후견인)를 받은 자는 그의 법률행위를 취소할 수 있게 된다.

치매(또는 심신상실의 상태에 있는 자/피성년후견인

3) 한정치산(피한정후견인)을 선고받은 자는
   미성년자와 같은 행위능력을 갖게 되는바,
   - 이와 같은 '심신상실의 상태에 있는 자'(피성년후견인)이나 한정치산(피한정후견인)의 선고 여부를 결정함에 있어서는 의학적 견해를 기초로 하여 결정 한다.

판례

● **관련판례(1)/서울가정법원 2000. 11. 29., 자, 99브130, 결정**

= 금치산 선고(심신상실의 상태에 있는 자 / 피성년후견인)의 요건으로서
'심신상실의 상태에 있는 자'라고 함은

1) 자기행위의 결과에 대하여 합리적인 판단을 할 능력 즉 의사능력이 없는 자를 의미하고,
2) 한정치산(피한정후견인) 선고의 요건으로서
'심신이 박약하거나 재산의 낭비로 자기나 가족의 생활을 궁박하게 할 염려가 있는 자'라고 함은
- 정신장애의 정도가 심신상실자와 같이 의사능력을 완전히 상실한 정도에는 이르지 아니하지만 그 판단능력이 불완전한 자나 사려 없이 재산을 낭비하는 성벽이 있는 자를 의미한다.

판례

● **관련판례(2)/의정부지법 2015. 10. 14., 선고, 2014노2767, 판결**

[업무상 과실치사] [확정]

요양원 운영자 피고인 甲과 요양보호사 피고인 乙이, 요양원에 입소한 치매 노인 丙이 음식물을 제대로 삼키지 못한 채 사레가 들린 듯 기침을 하는 장면을 목격하고도 식사 현장을 떠나는 등 적정한 조치를 취하지 않아 '이물질에 의한 기도폐색'으로 사망에 이르게 하였다고 하여 업무상 과실치사로 기소된 사안에서,

피고인들이 업무상 주의의무를 위반하여 그 결과 丙이 사망에 이르렀다고 한 사례

판례

● **관련판례(3)/대구고법 1988. 6. 1. 선고 87나1128 제3민사부판결**

[보증채무금] [확정]

특별대리인의 선임이 있어야 소송행위를 할 수 있는 경우
정신의학상 기질성뇌증후군(치매상태)으로 정상적인 의사결정능력이나 사리변별능력이 결여된 상태에 있어 소송수행능력이 없는 자를 상대로 소송행위를 하려는 경우,
그 상대방이 금치산이나 한정치산의 선고를 받은 바 없는 자라면 수소법원으로부터 그 자를 위한 특별대리인의 선임을 받아야 한다.

2. 후견인의 선정

후견인 청구권자

1) 본인
2) 배우자
3) 4촌 이내의 친족
4) 미성년후견(감독)인
5) 임의후견(감독)인
6) 검사 또는 지방자치단체의

후견인 자격

1) 당사자의 질병·장애·노령 등으로 인한 정신적 제약이 존재할 경우
2) 친족 또는 제3자(법인 포함) 중에서 법원이 직권으로 선임
- 파산자, 법원이 해임한 후견인 등은 후견인을 할 수 없다.

후견인의 종류

1) 성년후견
- 사무처리 능력이 광범위하게 장기간 결여된 자(주로 고령의 치매 환자)를 대상
-> 피성년후견인의 행위는 취소가능

2) 한정후견
- 사무처리 능력이 부족한 경우(주로 나이가 젊지만 사리판단능력이 떨어지는 사람)
-> 후견인의 동의를 받아야 하는 행위를 단독으로 한 경우 취소가능 과도하지 않는 행위는 취소불가

후견인의 종류

3) 특정후견
- 일시적 혹은 특정한 사무에 한 후원필요시
-> 피특정후견인 단독해위 가능

4) 임의후견
- 사무처리 능력이 부족하거나 부족하게 될 상황을 대비
-> 피임의후견인의 행위능력 제한 규정 없음

후견인 수

1) 수인 가능
2) 후견등기부를 통하여 공시

후견 감독인

1) 후견감독인은 후견인에게
   임무수행에 관한 보고를 요구할 수 있고
   피후견인의 재산상황을 조사할 수 있다.
2) 또한 후견감독인은 긴급처분권이 있어
   피후견인의 신상이나 재산에 관해 급박한 사정이 있는 경우 필요한 행위 또는 처분을 할 수 있다.
3) 나아가 후견인의 재산관리에 관여할 수 있고,
   이해상반행위에 대한 대리권,
   중요한 법률행위에 대한 동의권 등의 권한을 갖고 있다.

판례

● **관련판례 / 서울가법 2002. 8. 19., 자, 2002느합35, 심판**

[친권상실선고 및 후견인해임 심판] [확정]

부모의 이혼으로 미성년인 자의 친권행사자로 지정된 부가 사망하여 미성년인 자의 친족이 그 모를 상대로 한 친권상실선고심판청구와 그 모에 대한 친권상실선고가 행해질 것을 전제로 하여 그 법정후견인인 외조모를 상대로 한 후견인해임심판청구를 병합하여 제기한 것에 대하여 그 청구를 모두 인용한 사례

3. 성년후견인

성년후견인이란?

본인 스스로 의사결정과 판단이 어려운 성년이
(지적장애, 자폐아, 정신장애 및 치매 노인 등)

후견인의 지원을 통해
법률행위, 재산관리, 사회복지서비스의 이용, 신상보호 및
기타 사회생활에 긴요한 사무를 처리할 수 있도록
인권옹호와 자기결정권 존중, 잔존능력의 활용을 기본으로 한
새로운 개념의 성년에 관한 제한능력자 보호제도

후견인의 주요업무

1) 재산관리
- 후견인은 피후견인의 재산을 관리하고 법률행위의 대리권 · 동의권 등을 행사할 수 있음
- 이는 후견의 종류에 따라 법원의 심판에서 구체적으로 정해짐

2) 신상보호
- 의료, 개호, 재활, 교육, 주거의 확보 등 신상에 관한 사항에 관하여는 피후견인이 단독으로 결정하는 것이 원칙
- 피후견인이 스스로 결정하기 어려운 경우라면, 후견인이 법원으로부터 권한을 부여 받아 신상에 관한 결정을 할 수도 있음

후견인 등기

1) 성년후견, 한정후견, 특정후견 및 임의후견에 관한 사항을 등기의 방법으로 공시하는 제도
2) 후견인 등이 피후견인을 대리하여
재산의 매매계약이나 간호서비스 제공계약을 체결할 경우 거래 상대방에게 자신의 대리권을 증명하기 위하여 등기사항증명서를 제시함
3) 피후견인, 배우자 및 4촌 이내의 친족과 후견인, 후견감독인 및 각 직에서 퇴임한 자, 그 밖에 법령상 규정된 사람이 발급받을 수 있음
4) 자신이 거래 상대방이라는 사유만으로는 발급받을 수 없음

판례

● **관련판례 / 대법원 2010. 4. 29. 선고 2009므639 판결[이혼]**

후견인이 의사무능력 상태에 있는 금치산자를 대리하여 그 배우자를 상대로 재판상 이혼을 청구할 수 있는지 여부(적극)
의식불명의 식물상태와 같은 의사무능력 상태에 빠져 금치산선고를 받은 자의 배우자에게 부정행위나 악의의 유기 등과 같이 민법 제840조 각 호가 정한 이혼사유가 존재하고 나아가 금치산자의 이혼의사를 객관적으로 추정할 수 있는 경우에는, 금치산자의 요양·감호와 그의 재산관리를 기본적 임무로 하는 후견인으로서는 의사무능력 상태에 있는 금치산자를 대리하여 그 배우자를 상대로 재판상 이혼을 청구할 수 있다.
[이어서 계속]

판례

● **관련판례 / 대법원 2010. 4. 29. 선고 2009므639 판결[이혼]**

후견인이 의사무능력 상태에 있는 금치산자를 대리하여 그 배우자를 상대로 재판상 이혼을 청구할 수 있는지 여부(적극)
다만, 위와 같은 금치산자의 이혼의사를 추정할 수 있는 것은,
- 금치산자 본인의 결혼관 내지 평소 일상생활을 통하여 가족, 친구 등에게 한 이혼에 관련된 의사표현,
- 금치산자가 의사능력을 상실하기 전까지 혼인생활의 순탄 정도와 부부간의 갈등해소방식,
- 혼인생활의 기간,
- 금치산자의 나이·신체·건강상태와 간병의 필요성 및 그 정 도,

[이어서 계속]

판례

● **관련판례 / 대법원 2010. 4. 29. 선고 2009므639 판결[이혼]**

- 이혼사유 발생 이후 배우자가 취한 반성적 태도나 가족관계의 유지를 위한 구체적 노력의 유무,
- 금치산자의 보유 재산에 관한 배우자의 부당한 관리·처분 여하,
- 자녀들의 이혼에 관한 의견 등의 제반 사정을 종합하여 혼인관계를 해소하는 것이 객관적으로 금치산자의 최선의 이익에 부합한다고 인정되고
- 금치산자에게 이혼청구권을 행사할 수 있는 기회가 주어지더라도 혼인관계의 해소를 선택하였을 것이라고 볼 수 있는 경우이어야 한다.

4. 한정(특정)후견인

한정후견인이란?

한정후견인이란
질병이나 장애, 노령 및 그 밖의 사유로 인한 정신적 제약으로 사무를 처리할 수 있는 능력이 부족한 성인이 법원의 결정으로 선임된 후견인을 통하여 재산의 관리나 일상생활에 있어 보호와 지원을 받게 되는 제도

한정후견및 특별후견 대상과 청구권자

1) 한정후견 대상
   - 질병, 장애, 노령, 그 밖의 사유로 인한 정신적 제약으로 사무를 처리할 능력이 부족한 사람
2) 특정후견 대상
   - 질병, 장애, 노령, 그 밖의 사유로 인한 정신적 제약으로 일시적 후원 또는 특정사무 후원의 필요
3) 청구권자(본, 배, 4, 후, 검, 지)
   - 본인, 배우자, 4촌 이내의 친족, 미성년후견(감독)인, 임의후견(감독)인, 검사 또는 지방자치단체의 장

임의 후견감독인 선임 신청

1) 후견을 받을 사람 스스로가 질병, 노령 기타 사유로 인한 정신적 제약으로 사무를 처리할 능력이 부족한 상황 내지, 부족할 상황에 대비
2) 자신의 재산관리 및 신상보호에 관한 사무의 전부 또는 일부를 사전에 미리 위탁
3) 위탁한 사무에 관하여 대리권 수여의 내용을 정한 계약을 체결
4) 이를 공정증서로 작성하여 후견계약의 등기와 그 사유 발생 시 청구에 의해 법원이 후견감독인을 선임함으로써 후견이 개시되는 제도

임의후견 종료

1) 후견계약의 철회
   - 임의후견감독인 선임 전에는 본인 또는 임의후견인은 공증인의 인증을 받은 서면으로 후견계약 철회 가능
2) 가정법원의 허가에 의한 후견계약의 종료
   - 임의후견감독인 선임 이후에는 정당한 사유가 있는 때 가정법원의 허가를 얻어 후견계약 종료
     → 본인, 임의후견인 청구

임의후견 종료

3) 본인이 성년후견 또는 한정후견개시심판을 받은 때
4) 본인 또는 임의후견인의 사망 및 파산
5) 임의후견인이 성년후견개시심판을 받은 때
6) 임의후견인이 해임되어 후견인이 없게 된 경우

판례

● **관련판례 / 대법원 2017. 6. 1., 자, 2017스515, 결정**

[1] 민법 제959조의20 제1항이 본인에 대해 한정후견개시심판 청구가 제기된 후 심판이 확정되기 전에 후견계약이 등기된 경우에도 적용(성년후견, 한정후견 또는 특정후견의 심판)이 되는지 여부(적극)
[2] 이때 가정법원은 본인의 이익을 위하여 특별히 필요하다고 인정할 때에만 한정후견개시심판을 할 수 있는지 여부(적극)

23장 허위광고

LAW

1. 허위과장 광고

허위·과장의 광고

'허위·과장의 광고'는
사실과 다르게 광고하거나 사실을 지나치게 부풀려 광고하여 소비자를 속이거나
소비자로 하여금 잘못 알게 할 우려가 있는 광고행위로서
공정한 거래질서를 저해할 우려가 있는 광고
(표시·광고의 공정화에 관한 법률)

허위·과장의 광고가 기망행위(사기)가 되는경우

상품의 선전·광고에 있어 다소의 과장이나 허위가 수반되는 것은 그것이 일반 상거래의 관행과 신의칙에 비추어 시인될 수 있는 한 기망성이 결여된다고 하겠으나,

- 거래에 있어서 중요한 사항에 관하여 구체적 사실을 신의성실의 의무에 비추어 비난받을 정도의 방법으로 허위로 고지한 경우에는 기망행위(사기)에 해당한다.
  (대법원 2009. 4. 23. 선고 2009다1313 판결).

사기죄

1) 사기죄의 요건으로서의 기망은
널리 재산상의 거래행위에 있어서 서로 지켜야 할 신의와 성실의 의무를 저버리는 모든 적극적 및 소극적 행위로서 사람으로 하여금 착오를 일으키게 하는 것을 말 한다.
2) 사기죄의 본질은
기망에 의한 재물이나 재산상 이익의 취득에 있고 상대방에게 현실적으로 재산상 손해가 발생함을 그 요건으로 하지 아니하는바, 일반적으로 상품의 선전, 광고에 있어 다소의 과장, 허위가 수반되는 것은 그것이 일반 상거래의 관행과 신의칙에 비추어 시인될 수 있는 한 기망성이 결여된다
(대법원 2002. 2. 5. 선고 2001도5789 판결).

사기죄

TV홈쇼핑업체에 납품한 삼(蔘)이
제3자가 산삼의 종자인지 여부가 불분명한 삼의 종자를 뿌려 이식하면서 인공적으로 재배한 삼이라는 사실을 알면서도
광고방송에 출연하여 위 삼이 자연산삼의 종자를 심산유곡에 심고 자연방임 상태에서 성장시킨 산양산삼이며
자신이 조합의 검품위원으로서 위 삼 중 우수한 것만을 선정하여 감정인의 감정을 받은 것처럼 허위 내용의 광고를 한 것은 진실규명이 가능하고 구매의 결정에 있어 가장 중요한 요소로서 구체적 사실인 판매물품의 품질에 관하여 기망한 것으로서 그 사술의 정도가 사회적으로 용인될 수 있는 상술의 정도를 넘은 것이어서 사기죄의 기망행위를 구성한다고 한 사례

판례

● **관련판례 / 대법원 2009. 4. 23. 선고 2009다1313 판결**

아파트 최상층 분양에 있어
중요한 사항인 다락의 형상에 관하여 신의성실의 의무에 비추어 비난받을 정도로 허위·과장한 내용의 분양광고를 한 사안에서, 분양자(시행사) 뿐만 아니라 시공사도 공동불법행위로 인한 손해배상책임을 부담한다고 한 사례

2. 표시위반 광고

부당한 표시·광고 행위의 금지

사업자 등은 소비자를 속이거나 소비자로 하여금 잘못 알게 할 우려가 있는 표시·광고 행위로서 공정한 거래질서를 해칠 우려가 있는 다음 각 호의 행위를 하거나 다른 사업자등으로 하여금 하게 하여서는 아니 된다(표시광고법 제3조).

1) <u>거짓·과장의 표시·광고</u>
2) 기만적인 표시·광고
3) <u>부당하게 비교하는 표시·광고</u>
4) 비방적인 표시·광고
5) 위 광고를 할 경우 2년 이하의 징역 또는 1억5천만원 이하의 벌금에 처한다.**부당한 표시·광고 행위의 금지**

임시중지명령(제8조)

1) 공정거래위원회는 표시·광고 행위가
다음 각 호 모두에 해당하는 경우에는 사업자등에 대하여 그 표시·광고 행위를 일시 중지할 것을 명할 수 있다(표시광고법 제8조).
가. 표시·광고 행위가 제3조제1항을 위반한다고 명백하게 의심되는 경우
나. 그 표시·광고 행위로 인하여 소비자나 경쟁사업자에게 회복하기 어려운 손해가 발생할 우려가 있어
이를 예방하기 위하여 긴급히 필요하다고 인정되는 경우

임시중지명령(제8조)

2) 소비자단체나 그 밖에 대통령령으로 정하는 기관·단체는 사업자등의
표시·광고 행위가 제1항 각 호 모두에 해당한다고 인정할 때에는 서면(전자문서를 포함한다)으로 공정거래위원회에
그 표시·광고 행위의 일시 중지를 명하도록 요청할 수 있다.

과징금

공정거래위원회는 이를 위반하여 표시·광고 행위를 한 사업자등에 대하여는 대통령령으로 정하는 매출액(대통령령으로 정하는 사업자의 경우에는 영업수익을 말한다. 이하 같다)에 100분의 2를 곱한 금액을 초과하지 아니하는 범위에서 과징금을 부과할 수 있다. 다만, 그 위반행위를 한 자가 매출액이 없거나 매출액을 산정하기 곤란한 경우로서 대통령령으로 정하는 사업자등인 경우에는 5억원을 초과하지 아니하는 범위에서 과징금을 부과할 수 있다. (표시광고법 제9조)

손해배상의 책임

1) 사업자등은 이를 위반하여 부당한 표시・광고 행위를 함으 로써 피해를 입은 자가 있는 경우에는 그 피해자에 대하여 손해배상의 책임을 진다. (표시광고법 제10조).
2) 손해배상의 책임을 지는 사업자 등은 고의 또는 과실이 없 음을 들어 그 피해자에 대한 책임을 면할 수 없다.

판례

● **관련판례 / 대법원 2017. 4. 7. 선고 2014두1925 판결**

[1] 사업자 등이 인터넷 홈페이지 등을 통하여 표시·광고의 공정화에 관한 법률 제2조 제2호가 정하고 있는 사항을 널리 알리거나 제시하는 행위가 '광고'에 해당하는지 여부(적극)
[2] 거짓·과장의 광고, 기만적인 광고로서 소비자를 속이거나 소비자로 하여금 잘못 알게 할 우려가 있는지 판단하는 방법
[이어서 계속]

판례

● **관련판례 / 대법원 2017. 4. 7. 선고 2014두1925 판결**

[판결요지]

◆ 기만적인 광고는 사실을 은폐하거나 축소하는 등의 방법으로, 거짓·과장의 광고는 사실과 다르게 광고하거나 사실을 지나치게 부풀려 광고하여 소비자를 속이거나 소비자로 하여금 잘못 알게 할 우려가 있는 광고행위로서 공정한 거래질서를 저해할 우려가 있는 광고를 말한다.

◆ 한편 일반 소비자는 광고에서 직접적으로 표현된 문장, 단어, 디자인, 도안, 소리 또는 이들의 결합에 의하여 제시되는 표현뿐만 아니라 광고에서 간접적으로 암시하고 있는 사항, 관례적이고 통상적인 상황 등도 종합하여 전체적·궁극적 인상을 형성한다.

◆ 따라서 광고가 소비자를 속이거나 소비자로 하여금 잘못 알게 할 우려가 있는지는 보통의 주의력을 가진 일반 소비자가 그 광고를 받아들이는 전체적·궁극적 인상을 기준으로 하여 객관적으로 판단하여야 한다.

3. 식품등의 표시광고

표시의기준

식품 등에는 다음 각 호의 구분에 따른 사항을 표시하여야 한다 (약칭: 식품표시광고법 제4조).

1) 식품(식품첨가물 또는 축산물 포함)
   가. 제품명, 내용량 및 원재료명
   나. 영업소 명칭 및 소재지
   다. 소비자 안전을 위한 주의사항
   라. 제조연월일, 유통기한 또는 품질유지기한
   마. 그 밖에 소비자에게 해당 식품, 식품첨가물 등

표시의기준

2) 기구 또는 용기·포장
   가. 재질
   나. 영업소 명칭 및 소재지
   다. 소비자 안전을 위한 주의사항
   라. 그 밖에 소비자에게 해당 기구 또는 용기·포장에 관한 정보를 제공하기 위하여 필요한 사항으로서 총리령으로 정하는 사항

표시의기준

3) 건강기능식품
   가. 제품명, 내용량 및 원료명
   나. 영업소 명칭 및 소재지
   다. 유통기한 및 보관방법
   라. 섭취량, 섭취방법 및 섭취 시 주의사항
   마. 건강기능식품이라는 문자 또는 건강기능식품임을 나타내는 도안
   바. 질병의 예방 및 치료를 위한 의약품이 아니라는 내용의 표현

영양표시

식품 등을 제조・가공・소분하거나 수입하는 자는 식품등에 영양표시를 하여야 한다(약칭: 식품표시광고법 제5조).

가. 영양표시가 없거나 표시방법을 위반한 식품 등은 판매하거나 판매할 목적으로 제조・가공・소분・수입・포장・보관・진열 또는 운반하거나 영업에 사용해서는 아니 된다.

나트륨 함량 비교 표시

식품을 제조・가공・소분하거나 수입하는 자는 식품에
나트륨 함량 비교 표시를 하여야 한다(약칭: 식품표시광고법 제6조).
나트륨 함량 비교 표시가 없거나 표시방법을 위반한 식품은 판매하거나 판매할 목적으로 제조・가공・소분・수입・포장・보관・진열 또는 운반하거나 영업에 사용해서는 아니 된다.

부당한 표시 또는 광고행위의 금지

누구든지 식품등의 명칭・제조방법・성분 등다음 각 호의 어느 하나에 해당하는 표시 또는 광고를 하여서는 아니 된다(약칭: 식품표시광고법 제8조).

1) 질병의 예방・치료에 효능이 있는 것으로 인식할 우려가 있는 표시 또는 광고
2) 식품등을 의약품으로 인식할 우려가 있는 표시 또는 광고
3) 건강기능식품이 아닌 것을 건강기능식품으로 인식할 우려가 있는 표시 또는 광고
4) 거짓・과장된 표시 또는 광고
5) 소비자를 기만하는 표시 또는 광고

부당한 표시 또는 광고행위의 금지

6) 다른 업체나 다른 업체의 제품을 비방하는 표시 또는 광고
7) 객관적인 근거 없이 자기 또는 자기의 식품등을 다른 영업자나 다른 영업자의 식품등과 부당하게 비교하는 표시 또는 광고
8) 사행심을 조장하거나 음란한 표현을 사용하여 공중도덕이나 사회윤리를 현저하게 침해하는 표시 또는 광고 등
9) 이를 위반하여 표시 또는 광고를 한 자는 10년 이하의 징역 또는 1억원 이하의 벌금에 처하거나 이를 병과(竝科)할 수 있다.

판례

● **관련판례 / 대법원 1990. 2. 9. 선고 89누6860 판결**

[부당표시등행위시정조치처분취소]

"천연"이란 상표권의 권리행사를 빙자하여 마치 천연적으로 생산된 사이다인 것처럼 허위. 과장 광고한 행위라고 본 사례

상품명을 "천연사이다"로 한 청량음료제조업허가를 받고 "천연"이란 연합상표등록을 받은 이상 그 상품을 [천연사이다]라고 표시하여 광고하는 행위는 상표권의 정당한 권리행사가 될 수 있다.

상품용기인 유리병에 한글로 크게 [천연사이다]라고 표시하면서 한글 "천연" 다음에 바로 한자 천연을 써 넣지 않고 다른 줄에 작은 한문자로 천연이라고 기재하였다면
그것이 천연적으로 생산된 사이다라고 오해되기를 바라고 한 것이라고 볼 여지가 충분하다.

[이어서 계속]

판례

● **관련판례 / 대법원 1990. 2. 9. 선고 89누6860 판결**

[부당표시등행위시정조치처분취소]

<u>"천연"이란 상표권의 권리행사를 빙자하여 마치 천연적으로 생산된 사이다인 것처럼 허위. 과장 광고한 행위라고 본 사례</u>

영문자로 MINERAL WATER와 CIDER를 각각 분리표시한 것도 그 제품을 광천수로 보이게 하려는 의도가 없다고 보기 어려우며 "천연사이다시대 개막선언"이란 표제의 신간광고를 하였다면 그 표제는 보는 사람으로 하여금 지금부터 천연적으로 생산되는 사이다가 나오는 시대가 되었다는 뜻으로 받아들여질 염려가 충분한 것.

위 일련의 상품선전 내지 광고행위는 특단의 사정이 없는 한 허위과장광고행위에 해당하지 아니한다고 하기 어렵다.

4. 화장품의 표시광고

화장품의 기재 사항

1) 화장품의 명칭
2) 영업자의 상호 및 주소
3) 해당 화장품 제조에 사용된 모든 성분
4) 내용물의 용량 또는 중량
5) 제조번호
6) 사용기한 또는 개봉 후 사용기간
7) 가격
8) 기능성화장품의 경우 "기능성화장품"이라는 글자 또는 기능성화장품을 나타내는 도안으로서 식품의약품안전처장이 정하는 도안
9) 사용할 때의 주의사항 등(화장품 법 제10조)

부당한 표시·광고 행위 등의 금지(화장품법 제13조)

1) 의약품으로 잘못 인식할 우려가 있는 표시 또는 광고
2) 기능성화장품이 아닌 화장품을 기능성화장품으로 잘못 인식할 우려가 있거나 기능성화장품의 안전성·유효성에 관한 심사결과와 다른 내용의 표시 또는 광고
3) 천연화장품 또는 유기농화장품이 아닌 화장품을 천연화장품 또는 유기농화장품으로 잘못 인식할 우려가 있는 표시 또는 광고
4) 그 밖에 사실과 다르게 소비자를 속이거나 소비자가 잘못 인식하도록 할 우려가 있는 표시 또는 광고
5) 이를 위반한 자는 1년 이하의 징역 또는 1천만원 이하의 벌금에 처한다.

판매 등의 금지(화장품법 제16조)

1) 등록을 하지 아니한 자가 제조한 화장품 또는 제조·수입하여 유통·판매한 화장품
2) 의약품으로 잘못 인식할 우려가 있게 기재·표시된 화장품
3) 화장품의 포장 및 기재·표시 사항을 훼손(맞춤형화장품 판매를 위하여 필요한 경우는 제외) 또는 위조·변조한 것
4) 화장품의 용기에 담은 내용물을 나누어 판매하여서는 아니 된다.
5) 이를 위반할 경우 3년 이하의 징역 또는 3천만원 이하의 벌금에 처한다.

판례

● **관련판례 / 대법원 2014. 3. 27. 선고 2013다212066 판결**

갑 주식회사가 발효 에센스 신제품을 출시하면서 '이제 더 이상 비싼 수입화장품에 의존하지 않아도 됩니다.
발효 효모액 80% 함유'라는 문구를 사용하여 광고하고, 을 주식회사의 발효 에센스 제품의 공병을 가져오면 갑 회사의 발효 에센스 정품으로 교환해 주는 행사를 한 사안에서, 위 광고 및 행사가 부당한 이익에 의한 유인행위에 해당하지 않는다고 본 사례

판례

● **관련판례 / 대법원 1984. 10. 23. 선고 84도1945 판결**

[보건범죄 단속에 관한 특별조치법 위반]

허가를 받지 아니하고 의약품 또는 화장품을 제조한 자, 그 정을 알고 이를 판매하거나 판매할 목적으로 취득한 자 등을 그 소정 각호의 구분에 따라 처벌한다고 규정하고 있는 바,

이는 무허가의약품의 제조행위와 판매행위를 개별적으로 가중처벌하는 것이라고 보아야 할 것이어서 허가없이 판매의 목적으로 의약품을 제조하여 이를 판매한 경우에도 그 제조행위와 판매행위는 각각 독립된 행위로서 별개의 죄를 구성한다(보건범죄단속에 관한 특별조치법 제3조 제1항은 약사법 제26조 제1항).

24장 형사고소

LAW

1. 고소(고발)

고소

1) 범죄의 피해자 또는 그와 일정한 관계에 있는 고소권자가 수사기관에 대하여 범죄사실을 신고하여 범인의 처벌을 구하는 의사표시
2) 고소는 수사기관에 대한 신고여야 함
3) 고소는 범죄사실을 신고하는 것이어야 함
4) 고소는 범인의 처벌을 구하는 의사표시여야 함

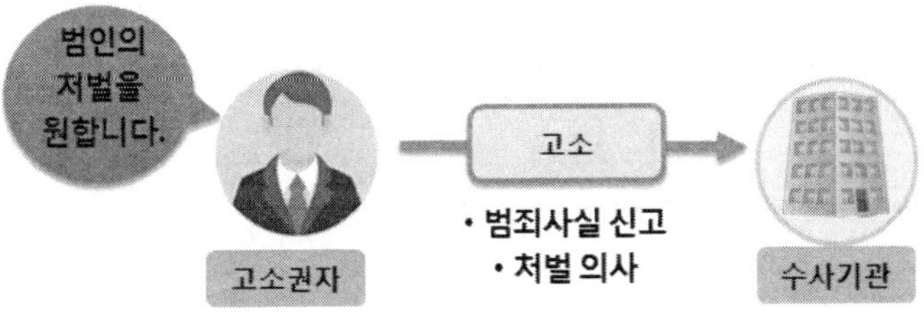

고소권자와 방법

1) 고소권자

- 범죄로 인한 피해자(법 제223조)
- 피해자의 법정대리인(미성년자의 경우, 법 제225조1항)
- 피해자의 배우자 · 친족(법 제225조2항)

고소권자와 방법

2) 고소의 방법
- 고소는 서면 또는 구술로써 검사 또는 사법경찰관에게 하여야 함 (법 제237조 1항)
- 구술에 의한 고소를 받은 때에는 조서를 작성하여야 함 (법 제237조 2항)

고소의 취소와 효과

1)고소를 철회하는 것
2)고소는 제1심 판결선고 전까지 취소할 수 있음(법 제232조1항)
3) 고소취소의 방식은 고소의 방식과 동일(법 제239조)
•공소제기 전 : 고소사건을 담당하고 있는 수사기관
•공소제기 후 : 고소사건의 수소법원
4) 합의서 제출
- 범인과 피해자 사이의 합의서 작성만으로는 고소의 취소라고 할 수 없다. (대법원 81도1968호 판결 참조).

형의 시효

1) 형의 선고를 받은 사람은 (공소)시효가 완성됨에 따라 그 형의 집행이 면제된다.
2) 형의 시효의 기간
- 형의 시효는 형을 선고하는 재판이 확정된 후 그 집행을 받지 않고 형의 종류별로 다음에 해당하는 기간을 경과함으로써 완성된다.(「형법」제78조).
- 사형: 30년
- 무기징역 또는 무기금고: 20년
- 10년 이상의 징역 또는 금고: 15년
- 3년 이상의 징역이나 금고 또는 10년 이상의 자격정지: 10년
- 3년 미만의 징역이나 금고 또는 5년 이상의 자격정지: 7년
- 5년 미만의 자격정지, 벌금, 몰수 또는 추징: 5년
- 구류 또는 과료: 1년

판례

● **관련판례 / 2001. 10. 26. 선고 2001도4546 판결**

[절도]

형법상 절취의 의미 및 약정에 기한 인도청구권이 인정되는 경우에도 점유자의 의사에 반하여 점유를 배제하는 행위를 함으로써 절도죄는 성립하는지 여부(적극)

◆ 굴삭기 매수인이 약정된 기일에 대금채무를 이행하지 아니하면 굴삭기를 회수하여 가도 좋다는 약정을 하고 각서와 매매계약서 및 양도증명서 등을 작성하여 판매회사 담당자에게 교부한 후 그 채무를 불이행하자 그 담당자가 굴삭기를 취거하여 매도한 경우,

◆ 그 굴삭기 취거행위는 절도죄에 해당하고 불법영득의 의사도 인정된다고 한 사례

2. 성희롱과 성폭력

성희롱의 법적 개념

성희롱이란

상대방이 원하지 않는 성적(性的)인 말이나 행동을 하여 상대방에게 성적 굴욕감이나 수치심을 느끼게 하는 행위

예로서 '지위를 이용하거나 업무와 관련하여' 성적(性的) 언동(言動) 등으로 성적 굴욕감(屈辱感) 또는 혐오감(嫌惡感)을 느끼게 하거나, 성적 언동 그 밖의 요구 등에 대한 불응을 이유로 고용에서 불이익을 주는 것까지 포함한다

성폭력의 개념

강간이나 강제추행뿐만 아니라
언어적 성희롱, 음란성 메시지 및 몰래카메라 등
상대방의 의사에 반해서 가해지는
모든 신체적·정신적 폭력을 포함한다.

성희롱과 강제추행과의 구별

1) 강제추행(強制醜行)이란 폭행·협박으로 다른 사람을 추행하는 것
2) 폭행이란 사람에 대한 유형력(有形力)의 행사
3) 협박이란
상대방의 반항을 불가능하게 하거나
현저히 곤란하게 할 정도의 해악(害惡)을 알리는 것

성희롱과 강제추행과의 구별

4) 추행(醜行)이란
주관적인 목적이나 경향을 불문하고 객관적으로
일반인에게 성적 수치심이나 혐오감을 느끼게 하는 일체의 행위
5) 강제추행은 성희롱과 구별하기 어려운 경우가 많지만,
폭행·협박의 정도에 이르지 않은 경우에는
성희롱이라고 볼 수 있다.

성적인 언동

1) 육체적 행위
- 입맞춤, 포옹 또는 뒤에서 껴안는 등의 신체적 접촉행위
- 가슴·엉덩이 등 특정 신체부위를 만지는 행위
- 안마나 애무를 강요하는 행위

성적인 언동

2) 언어적 행위
- 음란한 농담을 하거나 음탕하고 상스러운 이야기를 하는 행위(전화통화 포함)
- 외모에 대한 성적인 비유나 평가를 하는 행위
- 성적인 사실 관계를 묻거나 성적인 내용의 정보를 의도적으로 퍼뜨리는 행위
- 성적인 관계를 강요하거나 회유하는 행위
- 회식자리 등에서 무리하게 옆에 앉혀 술을 따르도록 강요하는 행위

성적인 언동

3) 시각적 행위
- 음란한 사진·그림·낙서·출판물 등을 게시하거나 보여주는 행위(컴퓨터통신이나 팩시밀리 등을 이용하는 경우 포함)
- 성과 관련된 자신의 특정 신체부위를 고의적으로 노출하거나 만지는 행위
- 그 밖에 사회통념상 성적 굴욕감 또는
혐오감을 느끼게 하는 것으로 인정되는 언어나 행동

신상정보공개와 위치추적

1) 신상정보 등록 및 공개
법원은 일정한 성폭력 범죄자에 대하여 판결로 성명, 나이, 주소 및 실제거주지 등의 공개정보를 정보통신망을 이용하여 신상을 공개하도록 하는 명령을 등록대상 사건의 판결과 동시에 선고해야 한다.
(「성폭력범죄의 처벌 등에 관한 특례법」 제47조제1항 및 규제「아동·청소년의 성보호에 관한 법률」 제49조제1항, 제3항).

신상정보공개와 위치추적

2) 위치추적 전자장치 부착

성폭력 범죄자의 재범 방지와 성행교정을 통한 재사회화를 위하여 그의 행적을 추적하여 위치를 확인할 수 있는 전자장치를 신체에 부착하게 하는 부가적인 조치를 취할 수 있다.
(「전자장치 부착 등에 관한 법률」 제1조 및 제2조제2호).

판례

● **관련판례(1) / 대법원 2009. 9. 24. 선고 2009도6779 판결**

피해자가 피고인의 처벌을 구하는 의사를 철회한다는 의사로
합의서를 제1심법원에 제출하였다가,
그 후 피해자가 위 합의를 취소하고 다시 피고인의 처벌을 원한다는 진술을 함으로써 고소취소를 철회하는 의사표시를 한 경우, 고소취소의 효력이 있는지 여부(소극/적법하게 취소됨)

판례

● **관련판례(2) /대법원 2008. 7. 10. 선고 2007두22498 판결**

[부당해고구제재심판정취소]

직장 내 성희롱 행위자에 대한 징계해고처분이 정당하다고 볼 수 있는 경우

▶ 근로관계를 계속할 수 없을 정도로 근로자에게 책임이 있다고 보아 내린 징계해고 처분은 객관적으로 명백히 부당하다고 인정되는 경우가 아닌 한 쉽게 징계권을 남용 하였다고 보아서는 안 된다.

▶ 자신의 지휘·감독을 받는 8명의 여직원을 상대로 14회에 걸쳐 반복적으로 성희롱 행위를 한 카드회사 지점장에 대한 징계해고처분이 정당하다고 한 사례

판례

● **관련판례(3)/서울행법 2004. 2. 11. 선고 2003구합23387 판결**

[성희롱결정처분 취소] 항소

초등학교 교사들의 회식자리에서
교감이 여자교사들에 대하여 남자교장에게 술 한 잔씩 따라 드리라는 언행을 한 것은 상사에게 답례로 술을 권하라는 취지라는 점 등을 고려하여
구 남녀차별금지및구제에관한법률상의 성희롱에 해당하지 않는다고 한 사례

판례

● **관련판례(4)/ 대법원 2013. 5. 16.선고 2012도14788 전원합의체 판결**

부부사이에도 강간죄가 성립하는가?

▶ 종래 대법원은 혼인생활에서 부부사이에 은밀히 이루어지는 성관계에 대한 국가의 개입을 자제하여 가정이 유지되도록 하기 위해 혼인관계가 실질적으로 유지되는 한 아내에 대해 강제적인 성관계를 한 남편을 강간죄로 처벌할 수 없다고 해석하였다.

▶ 그러나 최근 대법원은 전원합의체 판결을 통해 혼인관계가 파탄된 경우뿐만 아니라 실질적인 혼인관계가 유지되고 있는 경우에도 남편이 반항을 불가능하게 하거나 현저히 곤란하게 할 정도의 폭행이나 협박을 가하여 아내를 간음한 경우에는 강간죄가 성립한다고 판시

3. 불법촬영과 유포

불법촬영

당사자와 합의하지 않은 상태에서
카메라 등으로 상대방을 촬영하거나
그 촬영물을 유포 및 판매하는 행위들의 불법행위를 말한다.
이는 성폭력범죄의처벌등에 관한 특례법 제14조에 따라
명백한 범죄행위로 규정돼 있어 처벌대상이다.
신체 일부나 특정 행위를 불법으로 촬영하는 행위로 인해
성적 수치심 유발의 여지가 있는 사진 및 동영상을 촬영했다면
당사자의 동의 여부에 상관없이
촬영 자체만으로도 범죄에 해당된다.

불법촬영물 등으로 인한 피해자에 대한 지원 등

1) 국가는 촬영물 또는 복제물이 정보통신망에 유포되어 피해를 입은 사람에 대하여 촬영물 등의 삭제를 위한 지원을 할 수 있다. (성폭력 방지법 제7조의3)
2) 지원 대상자, 그 배우자(사실상의 혼인관계를 포함한다), 직계친족 또는 형제자매는 국가에 촬영물 등의 삭제를 위한 지원을 요청할 수 있다. <신설 2020. 1. 29.>

불법촬영물 등으로 인한 피해자에 대한 지원 등

3) 이에 소요되는 비용은 죄를 범한 성폭력행위자가 부담한다.
4) 국가가 촬영물등 삭제 지원에 소요되는 비용을 지출한 경우 성폭력행위자에 대하여 구상권(求償權)을 행사할 수 있다.

4. 폭행죄와 상해죄

폭행의 개념

1) 폭행은 신체에 대한 일체의 불법적인 유형력의 행사를 며, 그 성질이 반드시 상해의 결과를 초래할 필요는 없다.
2) 따라서 불법하게 모발·수염을 잘라버리는 것, 손으로 사람을 밀어서 높지 않는 곳에 떨어지게 하는 것, 사람의 손을 세차게 잡아당기는 것 등도 폭행이 된다.
3) 구타 등과 같이 직접 행위에 의한 경우뿐만 아니라 물리적인 힘의 행사에 한하지 않고 예컨대, 담배연기를 상대방에게 뿜거나 강제로 키스하는 것도 폭행에 해당한다.

특수폭행죄

단체 또는 다중(多衆)의 위력(威力)을 보이거나
위험한 물건을 휴대하여 폭행죄 또는 존속폭행죄를 범한 경우에는 5년 이하의 징역 또는 1천만원 이하의 벌금에 처해지고,
10년 이하의 자격정지가 병과될 수 있다.
(「형법」 제261조 및 제265조).

상해의 개념

상해는 신체의 생리적 기능에 장해를 일으키는 것을 말한다.
예컨대 피부의 표피를 박리하는 것,
중독증상을 일으켜 현기·구토를 하게 하는 것,
치아의 탈락,
피로·권태를 일으키게 하는 것,
처녀막열상,
성병에 감염시키는 것
등은 모두 상해에 해당

폭행치상죄(暴行致傷罪)·폭행치사죄(暴行致死罪)

폭행죄, 존속폭행죄 또는 특수폭행죄를 범하여 사람을 다치게 하거나 사망하게 한 경우에는 다음의 구분에 따라 처벌(「형법」 제257조, 제258조, 제258조의2, 제259조 및 제262조).

1) 사람의 신체를 상해(傷害)한 경우에는 7년 이하의 징역, 10년 이하의 자격정지 또는 1천만원 이하의 벌금
2) 자기 또는 배우자의 직계존속의 신체를 상해한 경우에는 10년 이하의 징역 또는 1천500만원 이하의 벌금

폭행치상죄(暴行致傷罪)·폭행치사죄(暴行致死罪)

3) 사람의 신체를 상해하여 생명에 대한 위험을 발생하게 한 경우에는 1년 이상 10년 이하의 징역
4) 신체의 상해로 불구 또는 불치나 난치의 질병에 이르게 한 경우에는 1년 이상 10년 이하의 징역
5) 자기 또는 배우자의 직계존속의 신체를 상해하여 불구 또는 불치나 난치의 질병에 이르게 한 경우에는 2년 이상 15년 이하의 징역
6) 단체 또는 다중의 위력을 보이거나 위험한 물건을 휴대하여 사람이나 자기 또는 배우자의 직계존속의 신체를 상해한 경우에는 1년이상 10년 이하의 징역

폭행치상죄(暴行致傷罪)·폭행치사죄(暴行致死罪)

7) 단체 또는 다중의 위력을 보이거나 위험한 물건을 휴대하여 사람이나 자기 또는 배우자의 직계존속을 상해하여 생명에 대한 위험을 발생하게 하거나 불구 또는 불치나 난치의 질병에 이르게 한 경우에는 2년 이상 20년 이하의 징역
8) 사람의 신체를 상해하여 사망에 이르게 한 경우에는 3년 이상의 유기징역
9) 자기 또는 배우자의 직계존속의 신체를 상해하여 사망에 이르게 한 경우에는 무기 또는 5년 이상의 징역

정당방위 등 위법성의 조각사유

자기 또는 다른 사람의 법익에 대한 현재의 부당한 침해를 방위(防衛)하기 위한 행위는 상당한 이유가 있는 때에는 위법성이 조각(阻却)되어 처벌되지 않는다. (「형법」 제21조제1항).
다만, 방위행위가 정도를 초과한 경우에는 정황에 따라 그 형이 감경 또는 면제될 수 있다(「형법」 제21조제2항).
※ 방위행위가 정도를 초과한 경우라도 그 행위가 야간,
그 밖의 불안스러운 상태에서 공포, 경악, 흥분 또는 당황으로 인한 때에는 처벌되지 않는다(「형법」 제21조제3항).

판례

● **관련판례(1) / 대법원 1994. 8. 23. 선고 94도1484 판결**

[폭행에 해당한다고 본 판례(1)]
안수기도행위에 수반하는 신체적 행위가 단순히 손을 얹거나 약간 누르는 정도가 아니라 그것이 지나쳐서 가슴과 배를 반복하여 누르거나 때려 그로 인해 사망에 이른 것과 같은 정도의 것이라면 이는 사람의 신체에 대한 유형력의 행사로서 폭행에 해당한다.

판례

● **관련판례(2) / 대법원 2003. 1. 10. 선고 2000도5716 판결**

[폭행에 해당한다고 본 판례(2)]
피해자의 신체에 공간적으로 근접하여 고성으로 폭언이나 욕설을 하거나 동시에 손발이나 물건을 휘두르거나 던지는 행위는 직접 피해자의 신체에 접촉하지 않았다고 하더라도 피해자에 대한 불법한 유형력의 행사로서 폭행에 해당될 수 있다.

판례

● **관련판례(3) / 대법원 1984. 2. 14. 선고 83도3186 판결**

[폭행에 해당하지 않는다고 본 판례(1)]
문을 부수고 건물로 들어가 폭언하면서 잠겨 있는 방문을 여러 번 발로 찬 행위는 피해자들의 신체에 대한 유형력의 행사로는 볼 수 없기 때문에 폭행에 해당하지 않는다(재물손괴죄 및 무단침입죄는 별론).

판례

● **관련판례(4) / 대법원 1977. 2. 8. 76도3758 판결**

[폭행에 해당하지 않는다고 본 판례(2)]
갑이 먼저 을에게 덤벼들고, 뺨을 꼬집고, 주먹으로 쥐어박았기 때문에 피고인이 상대방을 부둥켜안은 행위는 유형력의 행사인 폭행에 해당하지 않는다.

판례

● **관련판례(5) / 대법원 1985. 10. 8. 85도1915 판결**

[폭행에 해당하지 않는다고 본 판례(3)]
피해자가 시비를 걸려고 양팔을 잡는 것을 피하고자 몸을 틀어 뿌리친 것뿐인 행위는 폭행에 해당하지 않는다.

판례

- **관련판례(6) / 대법원 2003. 1. 10. 선고 2000도5716 판결**

[폭행에 해당하지 않는다고 본 판례(4)]
거리상 멀리 떨어져 있는 사람에게 전화기를 이용하여 전화하면서 고성(폭행)을 내거나 그 전화 대화를 녹음 후 듣게 하는 경우에는 특수한 방법으로 수화자의 청각기관을 자극하여 그 수화자로 하여금 고통스럽게 느끼게 할 정도의 음향을 이용하였다는 등의 특별한 사정이 없는 한 폭행에 해당하지 않는다.

25장 회생파산

LAW

1. 개인파산

개인파산의 목적?

자연인인 개인 채무자가
객관적으로 지불능력이 없음을(지급불능) 법원으로부터 인정받아 파산선고를(경제적인 파탄) 받고
채권자에게 잔여 재산을 배당하고 파산절차를 종결하게 되며
이후 면책절차로 진행되어
잔여채무에 대한 법적 책임에서 벗어나는 것(면책)을 목적으로 한다.

면책 불허가 (법 제564조 제1항 면책불허가 사유)

법원은 면책불허가 사유가 없으면 면책을 허가하여야 하고,
면책불허가 사유는 다음과 같다.

① 파산재단에 속하는 재산을 은닉, 손괴하거나
채권자에게 불이익하게 처분(헐값 매매) 하는 행위(법 제650조 사기파산죄)

② 파산재단의 부담을 허위로 증가시키는 행위(법 제650조 사기파산죄)

③ 파산원인의 사실이 있음을 알면서
어느 채권자에게 특별한 이익을 줄 목적으로 한 담보의 제공 또는 채무의 소멸에 관한 행위로서 채무자의 의무에 속하지 아니하거나 그 방법 또는 시기가 채무자의 의무에 속하지 아니하는 것 (법 제651조 과태파산죄)

면책 불허가 (법 제564조 제1항 면책불허가 사유)

④ 파산선고 전 1년 내에 파산원인 사실이 있음에도 그 사실이 없는 것으로 믿게 하기 위하여 사술을 써서 신용거래로 재산을 취득한 경우 (법 제564조 제1항 제2호)

⑤ 채무자가 자기 또는 타인의 이익을 도모하거나 채권자를 해할 목적으로 파산재단에 속하는 재산을 은닉, 손괴 또는 불이익하게 처분하는 경우

⑥ 허위의 채권자목록을 제출하거나 법원에 대하여 그 재산 상태에 관하여 허위의 진술을 하는 행위 등 (법 제564조 제1항 제3호)

면책 불허가 (법 제564조 제1항 면책불허가 사유)

⑦ 파산절차에 의한 면책허가결정 확정일로부터 7년이 경과하지 아니한 때, 개인회생절차에 의한 면책을 받은 경우에는 면책확정일부터 5년이 경과되지 아니한 때(법 제564조 제1항 제4호)

⑧ 낭비, 도박 기타 사행행위로 현저히 재산을 감소시키거나 과대한 채무를 부담한 경우(법 제564조 제1항 제6호)

⑨ 채무자가 이 법에 정하는 채무자의 의무를 위반한 때

판례

● **관련판례 / 대법원 2017. 10. 12. 선고 2017다17771 판결**

[면책효력확인]

[1] 파산채무자에 대한 면책결정의 확정에도 불구하고 어떠한 채권이 비면책채권에 해당하는지 여부 등이 다투어지는 경우, 채무자가 면책확인의 소를 제기할 수 있는지 여부(적극)

[2] 면책된 채무에 관한 집행권원을 가지고 있는 채권자를 상대로 면책확인을 구하는 소에 확인의 이익이 있는지 여부(소극)

2. 개인회생

개인회생이란?

1) 파산의 원인인 사실이 있거나
그러한 사실이 생길 염려가 있는 자로서
2) 총 채무액이 무담보채무(신용)의 경우 5억 원,
담보부채무의 경우에는 10억 원 이하인
급여소득자 또는 영업소득자가 신청가능
3) 변제기간으로 일반적으로 3년이며,
변제(사안에 따라 최장 5년 이내의 기간 동안 일정한 금액을 변제)하면 채무잔액을 면책 받을 수 있는 절차

신청자격

1) 개인채무자가 신청할 수 있음
2) 파산절차처럼 채권자가 채무자를 상대로 개인회생절차의 개시를 신청할 수는 없음
3) 개인회생절차는 채무자가 장래에 얻는 수입을 통하여 변제하는 것
4) 파산의 원인 사실이 있거나 그러한 사실이 생길 염려가 있는 자로서 일정한 금액 이하의 채무를 부담하는
급여소득자 또는 영업소득자가 이용할 수 있음

개인회생 절차흐름도

신청	• 중지/금지, 변제계획안(접수와 동시에 회생위원 면담일 지정해줌)
중지/금지 명령 신청	• 보전처분 중지명령, 포괄적 금지명령
개시결정	• 채권자들에게 개시결정문 및 채권이의기간 통지(중지/금지 법률적 효과 발생)
채권자이의기간	• 개시결정일로부터 2월 이내
채권자집회	• 채무자 출석, 채권자들은 대부분 출석 안함
변제계획인가	• 연체정보 등록해제(법원에서 은행연합회에 통지함)
변제계획의 수행	• 회생위원 감독
면책	• 5년 이내 재신청 금지

개시결정의 효과

1) 다른 도산절차의 중지·금지
2) 변제의 금지
3) 강제집행·가압류·가처분의 중지·금지
4) 담보권설정·담보권실행경매의 중지·금지

개인회생채권조사확정재판에 대한 이의의 소

1) 개인회생채권조사확정재판에 대하여 불복 시
 - 결정서 송달받은 날로부터 1개월 이내에 이의의 소를 제기
2) 개인회생채권자표
 - 채권 확정된 때에 법원사무관 등이 개인회생채권자표 기재시 개인회생채권자 전원에 대하여 확정판결과 동일한 효력
3) 개인회생절차폐지결정 확정 시
 - 채권자가 개인회생채권자표에 기하여 채무자에 대하여 강제집행을 할 수 있도록 하고 있어 집행력을 부여함

판례

● **관련판례(1) / 대법원 2013. 9. 12. 선고 2013다42878 판결**

개인회생절차개시의 결정이 내려진 후에 개인회생채권자목록에 기재된 개인회생채권에 기하여 이행의 소를 제기할 수 있는지 여부(소극)

● **관련판례(2) / 대법원 2017. 1. 12. 선고 2014다32014 판결**

개인회생채권자목록에 기재되지 아니한 청구권에 면책결정의 효력이 미치는지 여부(소극)

판례

● **관련판례(3) / 대법원 2017. 5. 23. 자 2016마1256 결정**

회생절차개시 이전부터 회생채권 또는 회생담보권에 관하여 집행권원이 있었던 경우, 회생계획인가결정이 있은 후 종전의 회생채권 또는 회생담보권에 관한 집행권원에 의하여 강제집행 등을 할 수 있는지 여부(소극)

3. 면책의 효력

면책이란?

1) 파산선고를 받은 자연인 채무자에 대하여 파산절차에 의한 배당되지 아니한 잔여 채무에 대하여 법원의 결정으로 변제책임을 면제하는 것 (법 제566조)

2) 자연인 채무자가 자신의 잘못이 아닌 자연재해나 경기변동 등과 같은 불운으로 인하여 파산선고를 받은성실하나 불운한 채무자에게 새로운 출발의 기회를 주기 위한 것

3) 파산절차를 통하여 변제되지 아니한 잔여채무에 대한 파산자의 변제책임을 파산법원의 재판에 의하여 면제시킴으로써 파산자의 경제적 갱생을 도모하는 절차

채무자의 심문

1) 면책을 신청한 자에 대하여 파산선고가 있는 때에는 법원은 기일을 정하여 채무자를 심문할 수 있다.

2) 법원은 위 심문기일을 정하는 결정을 한 때에는 이를 공고하고, 파산관재인과 면책의 효력을 받을 파산채권자로서 법원이 알고 있는 파산 채권자에게 송달하여야 한다.

면책제외 채권

다음의 각 청구권은 면책의 효력을 받는 대상에서 제외된다(법 제625조 제2항).

1) 개인회생채권자 목록에 기재되지 않은 청구권
2) 법 제583조 제1항 제2호의 규정에 의한 조세 등의 청구권
3) 벌금·과료·형사소송비용·추징금 및 과태료
4) 채무자가 고의로 가한 불법행위로 인한 손해배상
5) 채무자가 중대한 과실로 타인의 생명 또는 신체를 침해한 불법행위로 인하여 발생한 손해배상
6) 채무자의 근로자로서의 임금, 퇴직금 및 재해보상금
7) 채무자의 근로자로서의 임치금 및 신원보증금
8) 채무자가 양육자 또는 부양의무자로서 부담하여야 할 비용

판례

- **관련판례(1) / 대법원 2016. 4. 29. 선고 2015다71177 판결**

채무자가 면책신청의 채권자목록에 파산채권자 및 그 파산채권의 원본 내역을 기재하여 제출하면 그 채권자는 면책절차에 참여할 수 있는 기회가 보장된다 할 것이므로, 채무자가 채권자목록에 원본 채권만을 기재하고 이자 등 그에 부수하는 채권을 따로 기재하지 않았다고 하더라도,
그 부수채권이 채무자가 악의로 채권자목록에 기재하지 아니한 비면책 채권에 해당한다고 할 것은 아니다.

판례

- **관련판례(2) / 대법원 2013. 7. 16. 자 2013마967 결정**

채무자 회생 및 파산에 관한 법률 제557조 제1항 전단은 '면책신청이 있고, 파산폐지결정의 확정 또는 파산종결결정이 있는 때에는 면책신청에 관한 재판이 확정될 때까지 채무자의 재산에 대하여 파산채권에 기한 강제집행·가압류 또는 가처분을 할 수 없다'고 규정하고 있다.

만일 집행법원이 위와 같은 면책절차 중의 집행신청임에도 간과하고 강제집행을 개시한 다음 이를 발견한 때에는 이미 한 집행절차를 직권으로 취소하여야 하고, 이는 그 후 면책불허가 결정이 확정되었다고 하더라도 마찬가지라고 할 것이다.

4. 부인권의 효력

의의

1) 부인권이란 도산절차에서 채무자가 행한 변제나 담보제공 등 도산재단에 불리한 행위를 취소하는 것이다.
2) 부인권 행사를 통해 채무자의 재산을 확보하고 부인된 행위로 인해 특정 채권자가 다른 채권자에 비해 유리한 처지에 있는 불공평을 막으려는 취지이다.
3) 이러한 부분에서 민법 406조의 채권자 취소권과 유사하지만 이러한 채권자 취소권에 비하여 그 범위가 넓다.

부인권 행사의 효력

1) 부인권이 행사되면, 대상행위는 취소되고,
그 행위가 없는 상태로 된다.
2) 즉, 변제기가 부인되면 변제된 금원은 반환하여야 하고,
그 채권은 다시 살아난다.
3) 담보의 제공이 부인되면 담보는 없는 것이 된다.(채무자 재산으로 원상 회복)
원상회복이 안될 경우 가액배상한다.

소멸시효와 제척기간

개시 이후 2년 이내,
사건발생일로부터 10년 - 소멸

부인권 4가지 행위(위기시)와 행사자

1) 부인권의 종류

① 다른 채권자의 이익을 해하는 것을 알고 한 행위
② 지급정지 등이 있는 후에 한 행위
③ 지급정지 등이 있기 전 60일 이내 한 의무 없는 행위
④ 지급정지 등이 있기 전 6개월 이내 한 무상행위

부인권 4가지 행위(위기시)와 행사자

2) 부인권 행사자

① 회생절차: 관리인
② 파산절차: 파산관재인
③ 개인회생: 채무자

부인권 행사 사례

1) 부동산의 매각: 헐값 매각(0), 적정한 가격(x)
2) 금전 등 변제행위: 부도 이후(0), 부도이전 60일 이내(0)
3) 담보권의 설정
4) 채권의 양도
5) 부작위: 지급명령 이의 등
6) 변제기 전의 변제행위
7) 무상변제: 계열사 지급보증 등

중앙법■사무교육원 교육과정 안내 (2021.01. 기준)

■ 집체강의 국비과정 (중앙법률사무교육학원 / 취업반 및 단과반)

NO	집체강의 국비 과정명	주요 강의 내용
1	법률사무직원 취업교육과정 (종합반)	소송업무(송무) 위주, 부동산등기업무까지 5주간 종합적 학습
2	소장작성 및 회생파산 법률취업교육과정	법률소장작성(소송분야) 개인회생파산업무, 상업등기업무 실무학습
3	강제집행과 가압류,가처분,공탁실무	민사집행절차위주 / 가압류신청서, 강제집행신청서 등 작성법
4	민사,형사,가사실무 및 소송사례연습	민사가사실무위주 / 소송사례연습통한 법률서류작성
5	부동산권리분석과 명도소송실무	부동산권리분석 중심으로 경매법률실무강의
6	인사노무법률실무	채용에서 퇴직까지 인사노무 관련 법률업무 특화과정
7	개인회생파산실무	개인회생파산절차 / 파산면책 및 개인회생신청서
8	부동산등기실무	부동산등기절차실무 / 부동산등기신청서류작성
9	상업등기실무	상업등기절차실무 / 상업등기신청서류작성

■ 온라인강의 국비과정 (중앙법률원격평생교육원 / 과목별)

NO	온라인강의 국비 과정명	NO	온라인강의 국비 과정명
1	가사소송 및 비송 실무	14	보전소송(가압류, 가처분) 실무
2	개인파산 실무	15	부동산등기 실무
3	개인회생 실무	16	부동산신탁 실무 및 판례
4	계약법의 이해와 유형별 계약서 작성	17	부동산의 권리분석과 강제집행(경매) 실무
5	금전채권관리의 이론과 실무	18	사무직 근로자가 알아야 할 법률실무와 사례
6	기업지배구조의 운영과 쟁점 (회사법)	19	상업등기 실무
7	기업활동에 관한 규범적 이해 (회사법)	20	상인의 지위와 활동에 관한 이해 (상법총칙과 상행위)
8	민법의 이해와 실무	21	손흥수 변호사의 민사집행법 실무
9	민사 사건유형별 쟁점과 실무	22	실제 사건으로 알아보는 형법의 이해
10	민사소송 실무	23	자영업자와 그 직원이 알아야 할 법률실무와 사례
11	민사집행 실무	24	저작권법의 이해와 분쟁 실무
12	민사신청(가압류, 가처분) 실무	25	형사소송 및 쟁점 실무
13	법인회생파산 실무		

도서목록 중앙법률사무교육원 (2021.01. 기준)

소송의 길잡이 **소송119** 2021.01.20
한병호 저 500페이지 / 정가 30,000원

법률실무를 위한 **민사소송실무** 2021.01.20
한병호 저 570페이지 / 정가 35,000원

법률실무를 위한 **보전소송 · 공탁실무** 2019.10.23.
차경진 · 김현선 저 530페이지 / 정가 30,000원

법률실무를 위한 **강제집행실무** 2020.01.31.
한병호 · 임황묵 저 520페이지 / 정가 30,000원

법률실무를 위한 **가사소송실무** 2019.11.27.
한병호 · 백성기 공저 540페이지 / 정가 30,000원

법률실무를 위한 **형사소송실무** 2021.01.20
이규진 저 600페이지 / 정가 30,000원

법률사무원을 위한 실무지침서 **부동산등기신청실무** 2019.04.26.
이민주 법무사 저 676페이지 / 정가 40,000원

등기실무를 위한 **상업등기신청실무** 2019.11.29.
신천수 법무사 저 720페이지 / 정가 35,000원

개인회생파산 실무와 사례 2020.07.31.
한병호 외 2 저 500페이지 / 정가 40,000원

부동산경매실무 (경매절차와 권리분석) 2017.10.10.
이민주 저 400페이지 / 정가 30,000원

법률실무를 위한 **민법학개론** 2020.04.29.
이황 법무사 저 615페이지 / 정가 30,000원

최신 생활법률 100선 2021.01.20.
한병호 저 400 페이지 / 정가 20,000원

저자 : 한 병 호 원장

▣ 주 요 약 력

* 중앙대학교 법학전문대학원 졸업. 법학박사(S J D)
* 고려대학교 법무대학원 졸업(법학석사)
* 중앙대학교 대학원 졸업(MBA)
* 카이스트 최고경영자 과정 수료
* (전)법무법인 재직(경력 10년)
  소액주주를 위한 시민연대 사무총장
  법률사무관리사 자격검정 위원장
* (현)중앙법률사무교육원 원장
  서울지방변호사회 사무직원 양성 강사(민사소송실무)
  농협중앙회, 저축은행 강사 (민사, 집행, 회생파산)
  한국표준협회 전문위원(채권관리 전문역)
  지식경제부 공무원교육원 외래교수(민사소송)
  금융기관 승진시험 출제위원
  법무부 및 각 대학교 법실무 강사

▣ 저서 및 논문

* 민사소송실무
* 개인회생파산실무
* 개인회생파산 실무와 사례
* 소송누구나 할수있다.
* 가사소송실무
* 전자소송실무
* 소송119
* 채권실무총론(상,하)
* 강제집행실무
* 신 종합법률 실무대전(상,중,하)
* 종업원직무 모티베이션에 대한 연구
* 주식의 강제집행에 관한 연구
* 제조물피해자 구제 관점에서 집단소송제와 징벌적손해배상제의 개선방안에 관한 연구 등
* 최신 생활법률 100선

▣ 연 락 처

* E-mail : aha30000@hanmail.net
* 홈페이지: http://www.linklaw.co.kr
* TEL : 02) 525-1007

최신 생활법률 100선

2021. 1. 20. 초판 발행

저 자 : 한 병 호
발 행 인 : 한 병 호
등 록 : 제2004-000165호

발 행 처 : (주)중앙법률사무교육원
주 소 : 서울 서초구 반포대로87 대천빌딩2층
전 화 : 02-525-1007 팩 스 : 02-525-2433
홈페이지 : www.linklaw.co.kr

ISBN **979-11-90627-09-2 13360**

정 가 20,000 원